고전의 고전

서양 고전학자들이 들려주는
문사철 탄생의 순간 10

고전의 고전

강대진 김주일 이기백 이준석 장시은

아카넷

위대한 책은 위대한 악이다

"큰 책은 큰 악이다mega biblion mega kakon"라는 말이 있습니다. 기원전 3세기에서 기원전 2세기 사이에 활동한 리비아의 퀴레네 출신의 문헌학자이자 시인인 칼리마코스의 말입니다. 제가 고대 그리스어를 막 배우기 시작할 무렵, 교재에 연습문제로 나온 문장으로 이 말을 처음 접했습니다. 그때 이 말을 '위대한 책은 위대한 악이다'라고 번역해놓고는 멋지다고 생각한 기억이 납니다. 고전 공부를 한참 더 하고 나서야 칼리마코스가 한 이 말은 호메로스의 서사시처럼 길게 쓰지 말고 간결하고 깔끔한 시를 써야 한다는 뜻이라는 것을 알았습니다. 풀어 쓰면 '두툼한 책은 아주 나쁘다'란 말이겠습니다. 지금 생각해보면, 당시에 빠져 있던 《장자》〈거협〉편에 도척이 "성인이 태어나자 큰 도둑이 일어났다聖人生而大盜起"라고 한 말이 있어 이 말에 홀려 칼리마코스의 말을 그렇게 번역한 듯했습니다. 위대한 책이 제 생각을 지배해 해석을 좌우한 것이죠. 하긴 애초에 'mega'를 '위대한'이라고 번역한 것이 단순히 그리스어를 몰라서만은 아니었습니다. 영어의 'big'도 우리말의 '큰'도 그렇듯, 그리스어 mega도 '크다'라는 기본 의미에서 오는 '위대하다'라는 뜻도 같이 갖기 때문이죠. 칼리마코스가 보기에 호메로스라는 위대한 시인이 남긴 서사시 전통이 당대에 오히려 인습으로 굳어졌기에 이를 경계하고자 한 말이니, 그리 보면 제가 한 번역이 그리 틀린 번역도 아니겠습니다.

우리가 고대 그리스의 '위대한' 책 중에 열 권을 가려 뽑고, 마땅한 분들을 모셔 2019년 가을 서울도서관에서 〈서양 고전의 탄생〉이라는 이름으로 강의를 열고, 그 결과물을 이렇게 책으로 엮은 것은, 이렇듯 사람을 지배해 생각하는 틀을 세우고 인문학의 전통을 일으킨 서양 고전의 의미를 살펴보기 위해서였습니다. 보통 인문학의 핵심인 세 분과를 '문사철文史哲'이라고 합니다. 이 문사철의 순서는 그리스 문화가 번성한 대체적인 순서이기도 합니다. 기원전 9~5세기에는 오늘날의 문학에 해당하는 서사시와 비극이, 그다음 기원전 5세기 후반에는 역사가, 마지막으로 기원전 4세기에 철학이 번성했기 때문입니다. 역사가 됐든, 철학이 됐든, 문학이 됐든 인문학의 고전에는 그 고전이 만든 전통과 흐름이 있고, 따라서 우리가 고전에 관한 공부를 하다 보면 결국 그 학문이 가진 전체적인 흐름을 이해하게 됩니다. 이를테면 우리가 호메로스의 서사시를 읽게 되면 그 서사시에 반응하는 나를 보게 됩니다. 3천 년 전 사람 이야기인데 읽다가 감동이 오고, 고전이 만든 흐름 속에 위치하고 있는 나를 깨닫게 됩니다. 그럼 나를 그냥 우리 집안의 둘째 딸, 첫째 아들로 보는 게 아니라, 인류의 역사 속에서 나의 위치와 의미를 생각하게 됩니다.

저는 옛것을 익혀서 새로운 것을 안다는 "온고지신溫故知新"이라는 말과 "패러다임 시프트paradigm shift"란 말을 자주 씁니다. 패러다임 시프트라는 말은 토마스 쿤의 《과학혁명의 구조》라는 책에서 나온 말입니다. 요새는 4차 산업혁명이 도래하면 어떤 문제들이 생길지를 걱정하기도 하고 기대하기도 하는데, 쿤은 시대가 품고 있는 근본적인 문제를 해결할 방법을 그 시대에서는 찾을 수 없다고 이야기합니다. 문제 자체가 시대가 가진 한계를 그대로 반영하고 있는, 구조적인 문제이기 때문입니다. 그래서 그 구조적 문제를 볼 수 있으려면 구조 바깥으로 나와야 한다는 것이죠. 제 생각에 우리가 구조 바깥으로 나오는 일은 오히려 옛날 고전을 통해서 우리와 다른 사고를 하는 사람들을 군이 이해하려고 노력해야 비로소 가능해지고, 그렇게 온고지신이라는 말과 패러다임 시프트라는 말을 연결할 수 있을 것 같습니다.

이 책은 책에 대한 강의를 책으로 담은 책, 그러니까 책에 대한 책입니다. 하지만 우리 자신의 이야기를 들어달라고 우리가 이렇게 책에 대한 이야기를 강의로, 책으로 한 것은 아닙니다. 단지 우리가 이야기하는 책을 보다 많은 독자들이 직접 읽어보면 좋겠다고 이야기하고 싶을 뿐입니다. 자전거를 처음 배울 때를 떠올려볼까요? 불안해서 누군가가 뒤를 잡아주어야 조심스레 페달을 돌릴 수 있었지요. 우리는 자전거의 뒤를 잡아주는 이 누군가의 역할을 자처합니다. 하지만 결국 남이 잡아주는 자전거는 재미가 없습니다. 본인이 자기 발로 쌩쌩 달려야 재미가 있죠. 그렇게 독자 여러분이 직접 이 위대한 고전들을 읽을 수 있도록 보조하는 역할을 우리는 할 뿐입니다.

그리스의 문화 전통을 이해하려는 노력은 단지 고답적인 취미 때문이 아니라 그들이 세운 문화 전통이 오늘날 한국인의 문화 전통의 일부로 이미 편입되어 버렸기 때문입니다. 한국의 전통문화와 서양의 외래문화를 단순논리로 구별하던 시대는 이미 가버렸다고 믿습니다. 전통은 만들어갈 것이지 변하지 못하게 지키고 있을 것은 아니라고 생각합니다. 다만 현재를 이해하기 위해서는 옛것을 제대로 알 필요가 있기 때문에, 우리는 고대 중국의 한자를 배워 공자의 《논어》도 읽고 고대 그리스어를 배워 플라톤의 대화편들도 읽을 뿐입니다. 물론 고전이 현재의 우리에게 주는 여전히 생생한 충격과 재미도 이런 어려운 공부들을 하는 또 하나의 중요한 이유가 됩니다. 강의를 준비하고 글을 다듬었던 여러 선생님들과 출판사의 아낌없는 노력이,

독자 여러분들이 고전의 재미에 발을 들여놓고 이런 전통의 연속에 동참하는 좋은 결과로 이어지기를 기대합니다.

2021년 봄
정암학당 학당장 김주일

차례

I
문학

II
역사

III
철학

일러두기

- 각 장의 끝부분에는 국내에 출간된 해당 고전의 그리스어 원전 번역본을 적어두었습니다. 고전으로부터의 인용문들은, 지은이들이 그리스어 원전에서 직접 우리말로 옮기거나 이 번역본들을 다소 수정해서 사용했습니다. 고전의 묘미는 특히 그 어휘와 표현에서 온전히 드러나는데, 영어나 일어, 기타 언어로부터의 중역이 아닌 적어도 그리스어 원전 번역본을 읽어야 이런 묘미를 물씬 느낄 수 있습니다.
- 그리스 문자는 독자 편의를 위해 로마자로 바꾸어 표기했고, 우리말로 표기하는 경우 고전 시대의 발음에 가깝게 적었습니다.
- 일부 장에서는 고대 그리스를 '희랍希臘'이라고 표기하기도 합니다. 희랍은, 그리스인들이 자신들을 지칭하는 그리스어 '헬라스Hellas'의 발음을 한자로 옮겨 적은 경우로서, 고전학계에서는 통용되어온 말입니다.

I

문학

《일리아스》 호메로스

《오뒷세이아》 호메로스

《오레스테이아》 아이스퀼로스

《엘렉트라》 소포클레스와 에우리피데스

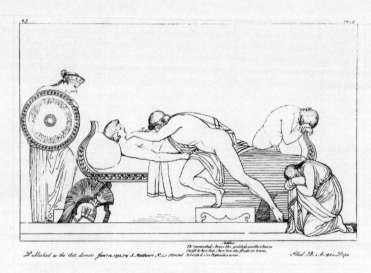

〈파트로클로스를 애도하는 아킬레우스〉. 영국 화가 존 플락스만의 에칭 판화. 1795년. 파트로클로스의 시신 위에 아킬레우스가 엎드려 울고 있습니다. 오른쪽의 여인들 중 한 명은 아마도 브리세이스로 보입니다. 왼쪽에는 아킬레우스의 어머니 테티스가 헤파이스토스가 새로 만든 무장을 들고 서 있습니다.

1

《일리아스》호메로스

진노하는 영웅, 연민하는 인간

이준석

육체의 죽음을 피할 수 있는 인간은 없습니다. 다만, 영웅의 위업은 시인의 노래 속에서 영원히 살아남습니다. 반대로, 사람들이 그를 더 이상 언급하지 않고 잊어버린다면, 두 번째 죽음이자 완전한 죽음을 맞이하게 됩니다. 이것은 동시에 전쟁의 두 얼굴이기도 합니다. 전쟁은 많은 이들에게 육체적인 죽음을 안겨주기도 하고, 몇몇에게는 이름을 떨칠 기회를 주기도 합니다. 이러한 인간의 현존을 더없이 날카롭게 깨달았던 이들이 바로 호메로스의 인물들입니다. 트로이아 전쟁에 나선 그들은 마멸을 모르는 영광을 갈망합니다. 설령 자신보다 강한 상대라 하더라도 맞서 싸웁니다. 이기면 이기는 대로 명성이 생기고, 져서 죽더라도 비겁한 죽음이 아니니 명성은 남게 되겠지요.

이처럼 사후에 그들의 명예는 시인의 노래 속에서 기억되고, 생전의 명예는 전리품이나 선물 같은 물질적 보상으로 상징되곤 했습니다. 지금 우리의 눈으로는 심한 야만이지만, 포로로 잡은 여인도 어엿한 전리품이던 시절이었습니다.

트로이아 전쟁이 9년째이던 어느 날, 희랍군의 총지휘관 격이었던 아가멤논은 자신의 탐욕으로 아폴론의 진노를 삽니다. 포로로 잡아 온 어떤 여인을 전리품으로 삼은 그에게 그녀의 아버지가 찾아와 많은 선물을 약속하며 제발 딸을 풀어달라고 간청하지만, 아가멤논은 그를 겁박하며 쫓아냅니다. 그런데 이 서러운 아버지는 아폴론의 사제였고, 그의 탄원을 들은 아폴론은 희랍군에게 무서운 역병을 내려보냅니다. 제 잘못 때문에 벌어진 사태라는 것이 밝혀졌음에도, 아가멤논은 후안무치했습니다. 제 몫으로 취한 여인을 마지못해 내준 후, 보상이랍시고 아킬레우스의 여인을 억지로 빼앗지요. 격노한 아킬레우스는 아가멤논과 맹렬한 설전을 벌입니다. 끝내는 칼로 그를 치려고까지 하지요. 하지만 아테네 여신의 만류로 칼을 거두고, 대신 전투에서 물러나겠다고 선언합니다. 아가멤논의 비열함이야 아킬레우스도 익히 알고 있었지만, 이젠 그를 위해 싸울 마음이 아예 없어진 겁니다. 이것이 《일리아스》의 시작입니다.

이후 희랍군이 수세에 몰리자 아가멤논은 9권에서 엄청난 선물을 약속하며 아킬레우스에게 사절을 보냅니다. 물론 이 목록에는 그가 아킬레우스에게서 빼앗은 여인 브리세이스도 포함되어 있고요. 이만한 선물이라면 충분히 설득할 수 있으리라 모두가 기대했지만, 아킬레우스는 거절합니다. 아마도 아킬레우스는 여전히 자신을 굴복시키려는 아가멤논의 저의를 간파하고 있었을지도 모릅니다. 어쨌든, 아킬레우스의 기준은 희랍군의 관습으로는 이해하기 어려운 것이었습니다. 그는 독특하고, 비범한 인물입니다. 전쟁 서사시에서 영웅의 비범함이란 으레 무력에서 비롯되게 마련입니다. 그러나, 그의 가장 강력한 힘은 바로 정서에 있습니다. 이 시는 여신에게 아킬레우스의 진노를 노래해달라고 청하며 시작합니다.

> 노여움을 노래하소서, 여신이여, 펠레우스의 아들 아킬레우스의
> 노여움을!
> 헤아릴 수 없이 많은 고통을 아카이아인들에게 안겨주었고,
> 그 많은 영웅들의 강인한 목숨을 하데스로 떠나보내었으며,
> 그들 자신을 온갖 개 떼와 새 떼의 먹이로 만든
> 그 저주받을 것을! (…)
>
> _1권 1~5행

　그리고 이 진노는 중간에 방향을 한 번 틀죠. 먼저 아가멤논을 향했던 그의 노여움은, 친구 파트로클로스의 죽음을 계기로 헥토르를 향해 훨씬 더 맹렬하게 전환됩니다. 아킬레우스는 누구보다도 무섭게 노여워하며, 그가 노여움을 품는 대상은 파멸

을 피할 수 없습니다. 그의 첫 번째 분노에 희랍군은 전멸의 위기에 몰리고, 두 번째 진노에는 헥토르가 목숨을 잃습니다. 말하자면, 아킬레우스는 자신의 노여움만으로 《일리아스》 전체의 틀을 만들어낼 만한 위력이 있는 인물인 셈입니다. 그러나, 그의 분노는 다른 수많은 영웅시와는 달리 적들에 대한 보복과 응징으로 끝나지 않습니다. 이 작품이 다른 문화권의 수많은 영웅시들과 다른 점이죠. 우리는 아킬레우스가 동정심과 연민으로 분노를 잠재우는 것까지 보게 됩니다.

1권에서 아가멤논과의 다툼 이후, 전장에서 이탈한 아킬레우스는 깊은 분노와 자기연민 속으로 매몰됩니다. 그래서 꽤 오랫동안 우리는 주인공 없는 《일리아스》를 읽어야 합니다. 16권에서 파트로클로스는 그에게 출전을 애원합니다. 희랍군이 전멸의 위기에 몰렸으니, 자기라도 대신 내보내달라고요. 자기연민 속에 오래 갇혀 있던 그는, 이제 처음으로 타인에게 동정심을 드러냅니다. 그는 벗을 가여워하기 시작하고, 이렇게 다시 시작된 그의 동정심은 파트로클로스를 추모하는 23권의 장례 경기에서 다른 많은 희랍군 전우들에게 확산되어, 마침내 24권에서는 원수의 아버지 프리아모스에게까지 확대됩니다. 《일리아스》는 아킬레우스의 분노로 시작되어, 그의 동정심이 최고조에 달하는 지점에서 막을 내립니다. 그래서 그의 분노와 동정심을 이해하는 것은 곧 《일리아스》의 시학을 이해하는 길이기도 합니다.

아킬레우스와 헥토르

그런데 아킬레우스가 품는 분노와 동정심의 관계가 그렇게 단순한 것만은 아닙니다. 16권에서 그는 파트로클로스를 가여워하며 그의 출전을 허락합니다. 그러나 자기연민을 어렵게 뚫고 회복한 동정심에서 우러나온 이 결정은, 그의 소망과는 정반대로 파트로클로스의 죽음을 부릅니다. 그는 이제 더 무서운 진노에 사로잡힙니다. 그리고 이 진노는 파트로클로스를 죽인 헥토르에게, 그리고 동시에 파트로클로스를 죽음으로 내몬 자기 자신에게 동등한 위력으로 향합니다. 최종적으로 헥토르를 겨누고 있는 이 살육전은 이렇게 처절한 자기파괴의 과정과 한 궤적 위에서 움직이게 되지요. 그가 갈구하는 것은 오로지 헥토르를 향한 복수와, 자신의 파멸입니다.

> 그러나 이제, 목숨을 잃게 될 자식 탓에, 어머니의 심정에는
> 이루 헤아릴 수 없는 슬픔이 깃들 것이고, 그 아이가 집을 향해
> 고향으로 돌아오는 것을 다시는 반겨 맞을 수 없을 거예요.
> 제 기백은 제게 사람들 틈에 머물며 지내라고도, 살아 숨 쉬라고도
> 명령하지 않아요. 일단 헥토르가 제 창에 맞고 숨통이 끊어져
> 메노이티오스의 아들 파트로클로스를 죽인 대가를 치르기 전
> 에는요!
>
> _18권 88~93행

그런데, 시인은 이 과정 중에서 아킬레우스와 헥토르, 이 두 사람을 조금씩 조금씩 하나로 만들어나갑니다. 하나씩 살펴보기로 하겠습니다.

죽음을 상징하는 무장

제우스는 15권에서 이르러 전쟁의 전개에 대한 자신의 계획을 구체적으로 밝힙니다. 요약하자면 희랍군은 패주하고, 아킬레우스는 파트로클로스를 출전시키며, 헥토르는 그를 죽이고, 아킬레우스는 헥토르를 죽임으로써 결국은 트로이아의 멸망까지 가리라는 것입니다.

　　포이보스 아폴론더러는 헥토르가 전투에 나서도록 그를 북돋
　아주고
　　다시금 기운을 불어넣으라 해서, 지금 그의 횡격막 언저리를
　　짓누르고 있는 통증도 잊게 하려는 것이고, 반면 아카이아 사람
　들은 힘 한 번 못쓰고
　　줄행랑을 치도록 부추기게 해서 도로 그들을 돌려세우게 하려
　하는 거요.
　　그러면 그자들은 도망치다가 펠레우스의 아들 아킬레우스의, 노
　저을 자리도 넉넉한
　　배들 속으로 쏟아져 들어갈 거요. 그러면 그는 전우 파트로클
　로스를

일으켜 세울 거요. 파트로클로스는 한껏 피어오른 다른 많은 젊은이들을

죽이게 될 것인데, 그중에는 내 아들, 신과 같은 사르페돈도 있다오.

하지만, 빛을 뿜는 헥토르가 일리오스 앞에서 창으로 그의 목숨을 빼앗게 될 거요.

또, 신과 같은 아킬레우스는 그를 두고 노여움을 못 이겨 헥토르를 죽일 거라오.

그때부터는, 내 그대가 보는 앞에서 배들로부터 반격을

쉴 새 없이 일으킬 것이고, 이는 아카이아 사람들이 아테네의 계획을 통해

가파른 일리오스를 함락할 때까지 멈추지 않을 거라오.

_15권 59~71행

이러한 제우스의 계획이라는 틀에서 본다면, 살해자 아킬레우스의 운명과, 살해당하는 헥토르의 운명 사이에 어떤 질적인 차이랄 것이 없어 보입니다. 아킬레우스의 승리 역시 트로이아의 멸망에 다가가기 위한 제우스의 계획 중 한 단계일 뿐이고, 그는 헥토르를 죽임으로써 자신의 죽음을 앞당기고 있는 셈이니까요.

먼저 주목해볼 만한 것은, 아킬레우스도 헥토르도 각자 자신의 죽음을 상징하는 무구를 걸치고 서로에게 맞선다는 점입

니다. 먼저 헥토르입니다. 파트로클로스의 시신을 둘러싼 공방전에서 헥토르는 마침내 파트로클로스의 무장을 입습니다. 아킬레우스가 파트로클로스에게 내주었던, 그 무장입니다. 제우스는 고개를 저으며 이렇게 말합니다.

> 저 딱한 것, 죽음이 가까이 왔음에도
> 심중에 아무런 대책도 없구나. 다른 사람들은 두려워 몸을 떠는
> 가장 뻬어난 자의 불멸의 무장 속으로, 네가 잠겨 들어가다니!
> 부드러웠지만 강력했던 그의 전우를 네가 쳐 죽인 것도 모자라
> 당치도 않게 그 무장마저 그 머리에서, 두 어깨에서 집어 들었구나!
> 그러나 지금만큼은 내 너를 위해 엄청난 위력을 쥐어주마.
> 하지만 네가 전투에서 돌아올 때 펠레우스의 아들의 그 이름난 무장을
> 안드로마케가 받아들 일은 절대로 없을 테니, 이것이 바로 네 핏값이다.
>
> _17권 201~208행

이미 배들을 둘러싼 전투에서 헥토르는 혼자서 수많은 희랍군을 상대하며 수훈을 올린 바 있었고, 시인은 이 영광이 요절할 헥토르에 대한 제우스의 보상이라 말한 바 있습니다. 이 시한부의 영광은 이제 헥토르가 아킬레우스의 무장을 입음으로써 절정에 달하고, 그의 임박한 죽음도 확정됩니다. 이 무장은

그의 목숨값이며, 그는 이제 살아서 집에 돌아올 수 없게 됩니다.

　한편, 아킬레우스의 무장과 그의 죽음의 관계는 헥토르의 경우만큼 직접적이진 않아서 조금 더 많은 설명이 필요합니다. 물론 아킬레우스가 이 시 내부에서 죽음을 맞는 것은 아니지만, 상징적인 죽음을 겪는다는 점은 여러 학자들이 강조해왔습니다. 18권에서 파트로클로스의 사망 소식을 전해 들은 아킬레우스는 흙바닥을 뒹굴고, 그의 얼굴과 옷을 더럽히며 몸을 뻗고 눕습니다. 우리 생각에야 친구의 죽음을 슬퍼하는 젊은이의 모습 정도로 여길 수 있겠지요. 하지만 호메로스 시에서 흙먼지 속에 누운 인간의 모습은 전장에서 죽은 전사의 시신을 묘사할 때만 그려집니다. 이어서 그는, 그의 하녀들과 어머니 테티스 여신을 따라온 바다요정들의 애곡哀哭을 받는데, 이 장면은 나중에 《오뒷세이아》 24권에 기록될 그의 장례식 장면과 일치합니다.

　그러나, 이 상징적인 장례식 장면에도 불구하고, 정작 그의 부고訃告에 해당하는 것은 분명히 보이질 않아요. 아무리 작은 무명의 전사의 죽음 앞에서도, 호메로스는 될 수 있는 대로 부고를 허락한다는 것을 생각해보면 아주 이상한 일입니다. 시인은 전사가 목숨을 잃을 때, 그가 남기고 온 것, 그가 잃은 것, 그리고 그를 잃어버린 사람들을 보여줍니다. 전사의 아내와 자식은 과부와 고아가 되고, 아비는 절망 속에서 늙어갑니다. 전쟁으로 그 전사와 가족은 서로를 영원히 잃어버립니다. "미처 다

짓지 못하고 온 신혼집", "물려줄 이를 잃은 유산"과도 같이 상실이 물질적으로 표현되는 구절도 적잖이 있습니다. 18권에는 헤파이스토스가 아킬레우스의 새 무구, 특히 방패를 제작하는 장면이 길고 상세하게 묘사되는데, 저로서는 이 방패의 묘사가 아킬레우스의 부고에 해당하는 부분이라고 생각하고 싶습니다.

테티스의 요청을 받은 헤파이스토스는 자신이 신임에도 아킬레우스의 임박한 죽음을 물리칠 힘이 없다는 회한을 드러내며 작업을 시작합니다. 그리고 이 회한 속에 그가 방패에 새겨 넣은 것들은, 곧 죽음을 선택한 아킬레우스가 누리지 못하고 잃은 것들과 잃을 것들의 목록 그 자체입니다. 이 방패에는 해와 달과 별, 큰 바다와 같은 자연, 그리고 결혼식 잔치, 재판, 전투, 밭갈이, 파종과 추수, 포도밭과 목장의 노동, 무도회의 기쁨 같은 인간의 삶 그 자체가 순서대로 새겨집니다. 전쟁이 아니었다면, 그도 누리고 겪고 돌볼 수 있는 일들의 목록이겠지요. 아니, 그가 복수를 포기하고 귀향했다면 얼마든지 누릴 수 있었던 인간의 일상 그 자체라고 해도 과언이 아닙니다. 그러나 죽음을 결심한 이상, 그는 곧 어두운 저승Hades으로 내려가 인간 삶의 모든 것과 완전히 절연될 겁니다. 이 방패는 전쟁이 인간에게 어떤 상실을 안겨주는지를 가감 없이 알려줍니다. 그의 방패에 이 세상 전부가 담겨 있다면, 인간이 전쟁으로 잃어버리는 것 역시 이 세상 전부인 겁니다. 이 방패는 그 자체로 아킬레우스의 부고이고, 아킬레우스는 이를 받아 안은 채 확정된 자신의 죽음을 향해 헥토르와 맞서게 됩니다.

추격자와 도망자

아킬레우스를 수식하는 많은 표현 중 가장 대표적인 것은 아마도 "발 빠른podas okys, podarkes"일 것이고, 실제로도 그는 이 시에서 가장 날랜 인물입니다. 22권이 시작될 때, 홀로 성문 밖에서 아킬레우스를 기다리며 버티던 헥토르는 돌연 그를 피해 달아나고, 아킬레우스는 그를 추격합니다. 도망자는 벗어나지 못하고, 추격자도 끝내 따라잡질 못합니다. 마침내 아테네 여신이 개입해 멈춰 설 때까지, 이 둘은 성벽을 세 바퀴나 돕니다. 이 장면이 보여주는 여러 의미에 대해서는 이미 학자들의 좋은 해석들이 있어요. 예를 들어, 성벽 근처의 일상적인 풍경을 좇아가는 시인의 시선을 통해, 평화로웠던 트로이아의 옛 시절이 헥토르의 죽음으로 상징되는 트로이아의 임박한 멸망과 함께 비극적으로 대조되고 있다는 점을 놓칠 수 없겠지요. 그러나 사실 이보다 더 중요한 것은 역시 추격자 아킬레우스와 도망자 헥토르가 하나로 엮이고 있다는 점입니다. 이들이 세 바퀴를 쫓고 쫓기는 이 성벽은 "드넓은 트로이아Troie eureie"의 성벽으로, 이 장면은 《일리아스》에서 가장 긴 추격전입니다. 그러니 아킬레우스의 빠른 발로도 따라잡지 못하는 헥토르 역시, 그와 다를 바 없는 '발 빠르며 요절할' 사람인 겁니다. 희랍군은 벌판에서, 트로이아인들은 성벽에서, 그리고 신들은 올림포스에서 이 둘의 싸움을 지켜봅니다. 마침 헥토르는 파트로클로스의 시신에서 걷어낸 아킬레우스의 갑옷을 입고 있으니, 이 결투를 바라보는 사람은 과연 누가 아킬레우스이고 누가 헥토르인지 쉽게 분간하지 못했을 겁니다. 이는 마치 자신이 또 다른 자신을 추격하여 죽이는 모습이라고 할까요.

이어지는 보복과 자기파괴

헥토르를 죽인 뒤에도 아킬레우스의 보복과 자기파괴는 여전히 한길을 갑니다. 그는 헥토르의 시신을 부러 능멸하기 위해 발꿈치를 뚫어 가죽끈으로 전차에 매달아 끌고 갑니다. 그런데, 이 부위는 흔히 우리가 '아킬레스 건'이라고 부르는, 아킬레우스 자신이 파리스의 화살을 맞고 숨을 거둘 치명적인 자리입니다. 이후, 그는 프리아모스가 찾아올 때까지 자기 진영에서 헥토르의 시신을 전차에 매달고 끌고 다니며 모욕에 모욕을 더합니다. 그러나, 이 집요하고 맹목적인 보복의 어느 틈엔가 그가 끌고 다니는 것은 다름 아닌 자기 자신의 몸이지요. 파트로클로스의 시신을 화장하던 밤, 그는 밤새 통곡하며 화장터를 둘러 땅바닥을 기어 다니고 있었습니다.

아킬레우스도 전우의 뼈를 불태우며 통곡했고
쉴 새 없이 탄식하며 화장터 둘레로 제 몸을 끌고 다녔다.

_23권 224~225행

시인은 그의 또 다른 세부적인 몸짓에서도 헥토르와의 동일화를 이루어냅니다. 파트로클로스의 시신을 화장하던 밤, 아킬레우스는 파트로클로스를 잃은 고통을 이기지 못하고 전전반측하다가 얼굴을 파묻고 엎드립니다. 이는 얼굴이 바닥을 향한 채 내팽개쳐진 헥토르의 모습과 겹치며 한 쌍을 이루도록, 호메로스가 그려낸 것이지요. 《일리아스》의 인물들은 절대로 얼굴을 파묻고 자는 경우가 없답니다.

헥토르와 파트로클로스

아킬레우스와 헥토르가 동일화되는 과정과 더불어, 시인은 헥토르와 파트로클로스 역시 하나로 이어놓습니다. 헥토르와 파트로클로스는 둘 다 다정하고 상냥한 성격을 보인 사람들이었어요. 폭력과 살육이 난무하는 전장에서 이러한 성격은 이 둘의 독특한 공통점이 될 수 있겠지요. 그런가 하면, 전사로서의 특징이 두드러지는 "남자다움androtes"이라는 표현도 오직 이 두 사람에게만 사용됩니다. 그러나 이러한 표면적인 요소들을 훌쩍 넘어, 이 둘이 보이는 더 깊은 차원의 유사성은 죽음을 중심으로 한층 더 비극적으로 드러납니다.

임박한 운명을 알지 못하는 두 사람

아킬레우스는 이 시의 시작부터 자신이 요절할 운명임을 알고 있어요. 나중에 그가 헥토르에게 보복하기로 마음먹은 순간, 어머니 테티스 여신은 헥토르 다음에는 그가 죽을 것이라고 경고합니다. 하지만 그는 자신의 결심을 돌이키지 않죠. 그러나 헥토르는, 우리와 마찬가지로, 자신의 운명에 대해 알지 못하는 사람입니다. 그래서, 죽어가는 파트로클로스가 아킬레우스의 보복을 예언할 때에도, 아킬레우스가 분노와 자기연민을 딛고 다시 일어섰던 때에도 자신이 아킬레우스를 이길지도 모른다는 희망을 품습니다. 심지어, 돌진해오는 아킬레우스를 홀로 기다리는 순간에도 그는, 파멸에서 벗어날 수도 있지 않을까 하는 희망을 다시 한번 품어봅니다.

> 아킬레우스와 정면으로 부딪쳐 숨통을 끊어놓고 돌아가든지,
> 아니면, 성 앞에서 그자의 손에 명예롭게 죽든지!
> (…)
> 될 수 있는 한 빨리 싸움에서 서로를 몰아치는 것이 더 낫고말고,
> 올륌포스에 계신 분께서 둘 중 누구에게 영예를 내리실지 한번 보자!
>
> _22권 109~110, 129~130행

어떤 학자의 말대로, 아킬레우스는 알고 있는 채로 죽을 준비가 된 사람인 반면, 헥토르는 알지 못한 채 죽음에 사로잡힌 자인 겁니다. 파트로클로스도 마찬가지입니다. 그 역시 자신의

운명을 알지 못한 채 죽음을 향해 돌진하고 말아요, 안타깝게도.

11권에서는, 자신의 배에서 전황을 관찰하던 아킬레우스가 의사 마카온의 부상 여부를 확인하라며 파트로클로스를 희랍군 진영으로 보냅니다. 희랍군 진영으로 달려간 파트로클로스는 부상자들을 직접 만나서 치료해주기도 하고, 패색 짙은 전황에 대해서도 생생하게 알게 됩니다. 아킬레우스의 막사로 돌아온 그는 전우들에 대한 연민과 책임감으로 아킬레우스에게 출전을 간청합니다. 시인은 그의 애원을 두고 이렇게 말합니다.

> 그는 이렇게 매달려보았으나, 너무나도 어리석은 그가 저 자신을 위해
> 애원하러 들었던 것은, 다름 아닌 몹쓸 죽음이요, 죽음의 여신이었다.

_16권 46~47행

서로를 닮은 죽음

제 운명을 알지 못하고 죽음을 향해 뛰어든 헥토르와 파트로클로스는 죽음의 과정에서도 서로를 각별하게 닮아 있습니다. 먼저, 이 둘에게 가해지는 치명타는 모두 신의 도움으로 이루어집니다. 파트로클로스는 등 뒤에서 다가온 아폴론에 의해 가격당하고 무장이 해제되며, 헥토르는 친동생 데이포보스의 모습

으로 변장한 아테네에 의해 사지로 몰리니까요.

다음, 이 둘은 마지막 숨을 거두기 전에 상대방의 운명을 예언합니다. 파트로클로스는 아킬레우스가 헥토르에게 복수할 것이라 말하고, 헥토르는 아폴론과 파리스가 아킬레우스를 쓰러뜨리게 될 것이라 말합니다. 이들이 생전 안 하던 예언을 느닷없이 하는 이유는 쉽게 설명할 수 없어요. 저라면 이것을 승자와 패자를 같은 시선으로 바라보려는 시인의 균형감각으로 보고 싶습니다. 즉, 승자에게도 패자에게도 신들이 도움을 준 경우인데, 승자는 신의 물리적 도움을 얻어 패자의 목숨을 앗아가고, 패자는 예언으로 승자가 거둔 현재의 승리를 임박한 죽음으로 바꿔버리는 것이지요. 가장 격렬한 분투로 얻어낸 승리 뒤에 숨 쉴 틈도 없이 곧바로 다가서는 변화와 죽음, 이것은 정말이지 호메로스만의 것이라 해도 과언이 아닙니다.

또, 이 둘은 똑같은 무장을 걸치고 죽음을 맞아요. 파트로클로스는 아킬레우스의 무장을 입고 헥토르에게 쓰러지고, 헥토르는 그 무장을 빼앗아 입은 후 아킬레우스에게 살해당한다고 이미 여러 차례 설명했지요.

마지막으로, 이 둘의 죽음의 배경에는 모두 아킬레우스가 있답니다. 다시 말해, 헥토르는 아킬레우스에 의해 목숨을 잃고, 파트로클로스는 아킬레우스가 사지로 내몬 격이지요. 물론 파트로클로스의 경우, 아킬레우스에게 전적으로 책임을 물을 순 없을 겁니다. 그가 출전하게 되는 동기는 아킬레우스가 제공했지만, 그만 경고를 잊고 지나치게 앞서 나가 싸운 것은 파트로클로스 자신의 결정이었으니까요. 그러나 이와 상관없이, 아킬레우스는 그의 죽음을 자신의 책임으로 받아들입니다.

죽음 이후

이제 남은 것은 이 둘의 장례입니다. 수많은 전사들의 죽음이 기록되는 《일리아스》에서 개인적인 장례를 받고 장례식 장면이 세부적으로 묘사되는 경우는 단 둘, 헥토르와 파트로클로스뿐이랍니다. 그리고 이 배경에도 역시 아킬레우스가 있다는 사실은 기억할 만한 가치가 있습니다. 23권에서 모든 정성을 다해 파트로클로스의 장례를 치른 아킬레우스는, 24권에서 프리아모스에게 오롯이 헥토르의 장례만을 위한 임시 휴전을 자진해서 제안합니다.

> 자 그건 그렇다 치고, 제게 이것을 말씀해 주시되, 정확하게 설명해 주셔야 합니다.
> 신과 같은 헥토르를 합당하게 장사지내는 데 당신께 간절한 시간이 과연 며칠인가요?
> 그동안은 저 자신도 여기 머무르고, 군사들도 막아두렵니다.
>
> _24권 656~672행

이렇게 아킬레우스는 죽음을 애원하던 벗 파트로클로스의

간청을 들어주고, 죽은 다음의 일을 애원하던 원수 헥토르의 간청도 끝내 들어주게 되지요. 이 결정으로 헥토르는 파트로클로스의 것과 대등한, 성대한 장례식을 받습니다. 가장 사랑하던 벗과, 그 벗을 죽인 원수에게 동등한 명예를 부여하고, 이 둘 모두 합당한 애곡을 받으며 저승에 갈 수 있도록 길을 터준 사람은 아킬레우스입니다. 그에게 헥토르와 파트로클로스의 죽음은 동등한 것입니다.

아킬레우스와 프리아모스, 그리고 파트로클로스

상징적인 죽음의 공유

24권에서는 아킬레우스와 헥토르의 아버지 프리아모스의 만남이 그려집니다. 이 둘이 통곡과 위로를 나누는 대목은 어떤 구송 영웅시에서도 볼 수 없는 장면이랍니다. 그렇다고 해서, 이 장면이 갑자기 삽입된 것은 더더욱 아니고요. 시인은 이 화해를 아킬레우스와 프리아모스, 이 두 사람의 끊임없는 동일화를 통해 공들여 준비해오고 있었습니다. 특히 이 둘이 겪는 상징적인 죽음은 눈여겨볼 만하지요. 친구 파트로클로스를 잃은 아킬레우스가 흙먼지로 자기 몸을 더럽히며 누워버리듯, 아들 헥토르를 잃은 프리아모스는 분뇨 더미 위를 뒹굴며 절규합니다. 마치 죽은 사람들처럼, 아킬레우스는 복수를 이룰 때까지, 프리아모스는 헥토르의 시신을 되돌려 받기 전까지 음식을 입에 대지 않아요. 아킬레우스의 복수전이 자기파괴의 과정이듯, 프리아모스가 목숨을 걸고 한밤중에 적진을 지나 아킬레우스의 막사까지 오는 것 역시 일종의 '저승 여행'으로 볼 여지가 있습니다. 식구들이 그를 배웅하며 마치 죽으러 가는 사람처럼 취급하는 대목도 그렇고, 헤르메스 신과의 동행이 특히 그렇죠. 헤르메스는 말하자면 '강림도령' 같은 존재라서 망자의 영혼을 저승으로 데려다주는 역할을 하는데(《오뒷세이아》 24권 1~10행), 산 사람을 호위하여 목적지까지 데려다주는 경우는 호메로스 시에서 이 지점이 유일합니다. '신과 함께'가 된 셈입니다.

서로의 상실을 품고 만나다

호메로스는 비범한 직유를 통해 아킬레우스와 프리아모스가 만날 수 있는 정서적인 기반을 만듭니다. 파트로클로스를 장사 지내며 통곡하는 아킬레우스를 그리는 직유를 볼까요. 그는 젊은 아들을 잃은 참담한 아비의 모습으로 그려집니다.

> 마치 새신랑이 되자마자 죽어 불행한 부모에게 슬픔을 안긴
> 자식의 뼈를 아비가 불태우며 통곡하듯이,
> 아킬레우스도 친우의 뼈를 불태우며 통곡했고
> 쉴 새 없이 탄식하며 화장터 둘레로 제 몸을 끌고 다녔다.
>
> _23권 222~225행

제 눈에는 이 슬픈 아버지가 꼭 프리아모스로 보입니다. 6권에서 갓난아기를 안고 마지막 짧은 행복을 누리던 안드로마케와 '새신랑' 헥토르의 모습이 스쳐가고, 22권에서 그 헥토르를 잃고 절규하는 프리아모스의 모습이 겹쳐지거든요. 아마도 시인은 여기서 아킬레우스가 프리아모스와 다를 바 없다고 알려주는 것 같습니다. 한편, 아킬레우스를 찾아가 탄원하는 프리아모스에게는 다음과 같은 직유가 따라 나와요.

> 마치 가득 차오른 맹목이 어떤 사람을 붙들어, 그가 고향 땅에서
> 어떤 이를 죽이고 타향 어느 살림살이 넉넉한 사람의 집에
> 가닿게 되면, 그를 보는 사람들을 충격이 사로잡게 되듯이,
> 꼭 그처럼 아킬레우스도 신과 같은 프리아모스를 보고는 충격에
> 휩싸였고,
> 다른 이들 역시 서로를 쳐다보며 충격에 휩싸였다.
>
> _24권 480~484행

마치 이 직유의 내용처럼, 맹목에 휩싸여 고향에서 살인을 저지르고 타향의 어느 부잣집으로 도피한 사람은 이 시에서 단 한 명, 파트로클로스입니다.

> 내 어리석게도 그만 주사위 놀이를 하다가 화가 나서,
> 그러고 싶지 않았음에도 암피다마스의 아들을 죽이고 말았고,

바로 그날, 그 후회막심한 살인 때문에 아직 어렸던 나를

메노이티오스께서 오푸스에서 너희 집으로 데려오셨지.

전차를 타는 펠레우스께서는 나를 당신 집 안으로 받아주셨고

정성을 다해 나를 키워주셨고, 나를 너의 부하로 불러주셨단다.

_23권 85~90행

이렇게 각자 서로의 가장 뼈아픈 상실을 품은 두 사람은 한 지붕 아래에서 목 놓아 통곡합니다. 이제, 아킬레우스가 지금껏 사로잡혔던 격렬한 자기연민과 분노의 자리에는 원수 헥토르와 그 아버지 프리아모스에 대한 동정심이 깃들게 됩니다.

그는 곧 의자에서 일어서더니 노인의 잿빛 머리와, 잿빛 뺨을

가여워하며 손을 내밀어 노인을 일으켜 세웠고

그에게 소리 내어 날개 돋친 말들을 건네었다.

"아아, 가련한 분, 당신은 그 기백으로 모진 일들을 참으로 많이

도 견디셨군요. (…)"

_24권 515~518행

프리아모스와 파트로클로스

제 목숨보다 소중한 벗을 잃은 아킬레우스와, 가장 아끼는 자식을 잃은 프리아모스의 소원 역시 한가지입니다. 꿈속에 찾아온 파트로클로스를 본 아킬레우스의 유일한 소망은 그를 부

둥켜안고 통곡하는 것이고, 프리아모스 역시 헥토르의 시신을 부둥켜안고 통곡할 수만 있다면 그 자리에서 죽어도 좋겠다고 말해요. 그런데, 이 두 사람은 마침내 서로를 앞에 두고 통곡하게 됩니다.

> 노인은 이렇게 말하며 그에게 제 아버지를 두고 통곡하고 싶은 욕망을
> 불러일으켰고, 그는 노인의 손을 쥐더니 조심스레 한쪽으로 젖혀내었다.
> 이 둘이 기억을 떠올리자, 그이는 사람을 잡아 죽이는 헥토르를 두고
> 쉴 새 없이 통곡하며 아킬레우스의 발치에서 뒹굴었고,
> 아킬레우스는 때로는 제 아버지를 두고, 그러다가 또 파트로클로스를 두고
> 통곡했으니, 이들의 흐느낌이 집 안 가득 솟구쳐 올랐다.
>
> _24권 507~512행

여기에서 아킬레우스는 자기 자신을 위해서가 아니라, 자기 아버지 펠레우스와 파트로클로스를 떠올리며 눈물을 쏟고, 탄원자 프리아모스를 위해 웁니다. 요절로 슬픔을 남기는 두 젊은 아들의 두 늙은 아버지, 펠레우스와 프리아모스 사이의 닮음은 어렵지 않게 이해할 수 있어요. 그렇다면, 아킬레우스가

프리아모스를 보며 파트로클로스를 떠올리는 것은 어떻게 이해해야 할까요? 이것은 프리아모스와 파트로클로스의 외적인 유사성이 아니라, 아킬레우스가 이 두 사람에게 취하는 태도에서 실마리를 얻을 수 있는 문제라고 생각합니다.

생전에 아킬레우스와 파트로클로스는 남들과 멀리 떨어진 채 둘이서만 의논을 하던 각별한 사이였지요. 지금 아킬레우스는 프리아모스와 둘이서 대화하고, 의논합니다. 그뿐만 아니라, 꿈속에서 자신의 장례를 청하러 온 파트로클로스의 영혼에게, 그리고 아들의 장례를 청하는 프리아모스에게 아킬레우스는 상대방의 청을 반드시 들어주겠다며 같은 태도로 약속합니다.

> (…) 어찌 되었든 나 네가 명령하는 대로
> 이 모든 것을 너를 위해 반드시 이루마, 네 말대로 하고말고! (…)
>
> _23권 95~96행

> 프리아모스 어르신, 그대가 청하는 바대로 분명히 이루어집니다.
> 당신이 요구하신 동안에는 제가 전쟁을 막아두겠습니다.
>
> _24권 669~670행

아킬레우스는 이 두 사람을 제외하고는 다른 누구에게도 이런 말로 확약을 하는 법이 없습니다. 아킬레우스가 파트로클로스와 프리아모스를 대하는 태도는 이미 동일한 수준까지 이른 셈입니다.

이제, 이들이 잠든 모습을 볼까요? 9권의 사절 장면 끝에서, 우리는 아킬레우스가 막사에서 잠들고, 포이닉스와 파트로클로스도 그와 한 지붕 아래서 잠자리에 드는 장면을 봅니다. 그에게 포이닉스는 아버지와 다름없는 사람이고, 파트로클로스는 가장 사랑하는 친구입니다. 그러나 파트로클로스를 잃은 후로 아킬레우스는 이렇게 '정상적'으로 잠들지 못합니다. 파트로클로스가 죽던 날, 그는 밤을 새워 애도하며 통곡합니다. 다음 날 마침내 헥토르를 죽이고 돌아온 그는, 지쳐 쓰러져 잠들지만 꿈속에서 파트로클로스를 만나고 곧 깨어납니다. 그리고는 파트로클로스를 화장하며 밤새 통곡하고 땅바닥을 기어 다니다가 새벽에 맥이 풀려 쓰러져버려요. 그렇게 잠들지만 곧 깨어나, 이후로는 아예 잠을 이루지 못하지요.

그러다가 프리아모스가 찾아온 밤, 우리는 그가 다시 9권과 마찬가지로 정상적으로 잠드는 장면을 보게 됩니다. 그렇지만 구성원이 좀 달라요. 포이닉스와 파트로클로스가 들었던 잠자리에는 이제 프리아모스가 누워 있습니다. 그는 아킬레우스에게 어느새 아버지와 같은 사람, 사랑하는 벗과 같은 사람이 된 겁니다. 아킬레우스를 자기연민에서 빼내어 타인에게 처음으로 동정심을 갖게 했던 파트로클로스와, 그렇게 생기기 시작한 동정심을 최고조로 이끌어낸 프리아모스가 동등한 대접을 받는 것은, 동정과 연민을 향하는 이 시의 결말에 잘 어울리는 설정이라고 생각합니다.

호메로스의 시학과 호메로스 문제

이 장에서 저는 아킬레우스의 정서가 분노에서 동정심으로 갑자기 전환된 것이 아니라, 자신과 원수, 그리고 사랑하는 벗과 원수 사이의 끊임없는 동일화를 통해 섬세하게 준비된 것임을 말하고자 했습니다. 저와 같은 입장에서 호메로스의 서사시를 해석하는 사람은, 일관된 시학을 바탕으로 섬세하게 시 전체를 계획해낸 한 사람의 시인의 존재를 인정하게 됩니다. 그래서 불가피하게 여러 명의 시인을 상정하는 분석론, 그리고 전통적인 스토리 패턴을 금과옥조로 여기는 구송시학과 충돌하게 됩니다. 갑자기 전문적인 학술용어가 난무하게 되어 송구스럽습니다. 《일리아스》와 《오뒷세이아》의 시인에 대해서는 알려진 '팩트'가 전혀 없기 때문에 저자에 대한 추정 문제, 즉 '호메로스 문제'가 큰 논란거리가 됩니다. 호메로스의 서사시에는 언뜻 보기에 앞뒤가 잘 안 맞는 듯한 부분들이 있는데, 이를 근거 삼아 후대의 편집과 가필이 있었다고 보는 사람들, 즉 여러 명이 작시에 관여했다고 보는 사람을 분석론자라고 합니다. 반면, 저 같은 사람은 단일론자라고 부르죠. 구송론자는 호메로스의 서사시가 글로 작시된 게 아니라고 여깁니다. 과거부터 구전되던 영웅시 전통의 테마와 정형구를 익힌 가수들이 공연 때마다 즉석에서 부른다는 입장이지요.

실제로 20세기 중반까지 분석론자들은 분노로 시작해 연민의 에피소드로 귀결되는 이 시의 진행을 이해하지 못했고, 이 시를 한 명의 시인이 썼을 리 없다고 주장해왔습니다. 그들의 주장에 따르면, 우리에게 전해지는 《일리아스》는 아가멤논을 향한 아킬레우스의 분노와, 헥토르를 향한 아킬레우스의 분노라는 두 개의 서로 다른 시가 나중에 어떤 별 볼 일 없는 편집자에 의해 하나로 합쳐진 것이며, 동정심의 에피소드로 끝나는 24권은 이 편집자의 작업이라는 건데요. 예를 들어 분석론의 우두머리 격이었던 폰 빌라모빗츠는 이렇게 해석했어요. 즉, 선대로부터 폭력이 난무하는 이야기를 물려받은 후대의 시인이 자신의 시대 분위기에 어울리는 문명적인 에필로그를 추가했다는 겁니다. 그러나 우리는 분노에서 동정심이라는 정서의 변화 과정과, 피아彼我를 초월하는 동일화 과정을 하나의 궤적 위에서 그리는 시인의 기술을 확인했습니다.

한편, 현대 구송시학 형성에 가장 큰 영향력을 행사한 알버트 로드와 그 후계자들의 견해에 따르면, 호메로스의 서사시는 유고슬라비아 지역 등지에서 구전되는 전통 서사시와 똑같은 패턴과 테마를 공유하는, 수천 년에 걸쳐 중동부 유럽에 걸쳐 전해진 구송시라고 합니다. 전통에 익숙한 청중은 이미 서사시의 전개 순서를 잘 알고 기대하고 있으며, 가수도 이들의 예상을 벗어나지 않게 공연하게 마련이라고 합니다. 이러한 해석은 그들이 직접 채록한 구송 서사시에는 어울리겠지만, 《일리아스》에는 잘 들어맞지 않아요. 아킬레우스의 분노가 아가멤논으로부터 헥토르로 방향을 틀리라고는, 이 시를 읽기 전에는 알 수 없습니다. 또 분노에서 시작하는 시가 연민으로 끝나리라고 미리 예측할 수도 없습니다. 게다가 호메로스는 선악과 피아의 대립이 선명한 전통 구송시의 전형적 구도와는 달리 양편을 동등한 무게로 다룹니다.

많은 입문서의 소개처럼 《일리아스》를 단순히 영웅의 분노를 노래하는 시라고 본다면, 그건 너무 빈약한 시선입니다. 《일리아스》의 시학의 핵심은 동정심이며, 저는 이것이 얽히고설킨 여러 동일화 과정이라는 시인의 섬세한 계획과 함께 솟아난다고 말하고 싶습니다.

❀ 《일리아스》에서의 인용문들은 국내에 출간된 《일리아스》의 희랍어 원전 번역본인 《일리아스》(이준석 옮김, 민음사, 2021)를 사용했습니다. 그 밖의 희랍어 원전 번역본으로는 《일리아스》(천병희 옮김, 도서출판 숲, 2015)가 있습니다.

〈트로이아 전쟁을 노래하는 데모도코스〉. 플락스만의 또 다른 에칭 판화. 1810년. 스케리아 섬의 궁정에서 가수 데모도코스는 뤼라를 타며 트로이아 전쟁을 노래하고 있습니다. 오뒷세 우스는 눈물을 흘리고, 이를 알키노오스 왕이 알아차립니다.

2

《오뒷세이아》호메로스

아버지의 모험, 아들의 모험

이준석

'일리아스'가 일리오스라는 도시, 즉 트로이아에 관한 이야기라면, '오뒷세이아'는 오뒷세우스에 관한 이야기라는 뜻입니다. 오뒷세우스라면 참 이야깃거리가 많죠. 트로이아의 목마도 있고요. 하지만, 서사시는 처음부터 끝까지 모든 이야기를 순서대로 말하는 법이 없습니다. 먼저, 호메로스의 서사시《오뒷세이아》가 시작하기 전 상황에 대해 알아보지요.

이타카섬을 다스리던 오뒷세우스는 페넬로페라는 여인과 결혼합니다. 이 신혼부부가 아들 텔레마코스를 얻었을 때, 트로이아 전쟁이 일어나려고 해요. 막 행복을 누리려는데 징집 영장이라니, 안 될 말이죠. 그래서 오뒷세우스는 징병관들 앞에서 미친 사람 흉내를 냅니다. 소에 쟁기를 얹어 밭을 가는데, 씨앗 대신 소금을 뿌린 겁니다. 하지만 징병관들도 보통내기들은 아니었는지, 쟁기 앞에다 아기 텔레마코스를 놓아둡니다. 오뒷세우스는 그만 쟁기를 아기 앞에서 멈추죠. 그리고 아내에게 이렇게 말하고 끌려갑니다. 아기 텔레마코스에게 수염이 날 때까지도 돌아오지 않걸랑, 그땐 더 이상 기다리지 말고 재혼하라면서요.

이렇게 트로이아에 갔는데, 전쟁이 무려 10년이나 걸립니다. 귀향도 쉽지가 않습니다. 인간 세상 밖으로 나간 오뒷세우스는 괴물도, 마녀도 만나고, 저승도 다녀옵니다. 이렇게 3년이 가고, 나중엔 풍랑에 혼자 살아남아 결국 칼륍소라는 여신의 섬으로 떠밀려 가 7년째 억류 중입니다. 오뒷세우스가 집 떠난 지는 이미 20년째. 아들 텔레마코스는 수염이 막 나고 있어요. 그러면, 아내 페넬로페는? 그 동네에서 힘깨나 쓰는 젊은이들 108명이 이미 4년 전부터 오뒷세우스의 집을 점거하고 페넬로페에게 청혼을 하고 있습니다. 페넬로페는 이 젊은이들의 구혼을 물리치려고 꾀를 냈죠. 연로하신 시아버지가 곧 돌아가실 것 같아 수의를 만들어드리려고 하니 그때까지만 좀 기다려 달라고요. 페넬로페는 낮에는 베틀 앞에 앉아 수의를 짜고, 밤에는 몰래 다시 풀어버리기를 3년간 계속해왔습니다. 그러다 그만 구혼자들과 내통하던 하녀에게 발각되었고, 이제는 구혼자들의 요구를 물리치기 어려운 상황이 되고 맙니다. 아내가 더는 재혼을 미루기 어려워졌고, 아들은 청년이 되어 수

염도 납니다. 오뒷세우스가 올 거면 지금 와야 하는 겁니다. 하지만, 칼륍소 여신은 오뒷세우스를 자기 남편으로 삼고 싶어 하죠. 호메로스의 《오뒷세이아》는 바로 이 시점에서 시작합니다. 전체 1만 2000행, 24권으로 되어 있는 이 서사시에서, 5~12권은 오뒷세우스의 모험과 귀향, 그리고 13~24권은 오뒷세우스가 구혼자들을 처단하고 페넬로페와 재결합하는 내용을 담고 있어요. 그런데 첫 부분인 1~4권에는 오뒷세우스가 나오지 않습니다. 대신 아들 텔레마코스의 이야기가 담겨 있습니다. 그래서 이 부분을 특별히 '텔레마키아Telemacheia'라고 부르기도 합니다. 이번 장의 주제는 바로 이 텔레마키아의 의미입니다.

오뒷세이아와 텔레마키아

이 시는 올림포스 신들의 회의로 시작합니다. 아테네 여신은 칼륍소에게 7년째 억류 중인 오뒷세우스를 그만 풀어주자며 제우스의 승인을 얻어내지요. 그런데, 여기서 주인공의 귀향이 바로 진행되는 건 아니고요. 4권이 끝날 때까지 사건의 주역은 오뒷세우스의 아들 텔레마코스입니다. 이 아들이 아테네의 계획에 따라 퓔로스와 스파르타로 가서 아버지의 귀향에 대해 알아보아야 하기 때문입니다.

나(=아테네 여신)는 또 그를 스파르타와 모래 많은 필로스로 인도
하여, 그가 혹시

듣게 될는지, 제 아버지의 귀향에 대해 알아보게 할 것인데,

이는 그가 사람들 사이에서 훌륭한 명성을 얻게 하려는 것입니다.

_1권 93~95행

그러나 아테네의 계획과는 달리, 언뜻 보기에 그의 여행은
아버지의 귀향과도, 자신의 명성과도 상관이 없어 보인다는 것
이 문제예요. 그는 필로스와 스파르타로 가서, 그곳에서 아버
지의 옛 전우들의 접대를 받으며 지내다가, 다시 이타카로 돌
아올 뿐입니다. 이 싱거워 보이는 과정에서 텔레마코스는 딱히
명성에 어울리는 위업도 달성하지 못한 것 같고, 오뒷세우스의
귀향에 관한 중요한 실마리도 얻지 못한 것처럼 보이거든요.
1~4권의 텔레마코스 이야기는 도대체 무엇일까요?

사실 이건 2800여 년 동안 풀리지 않은 고전문헌학의 난제
입니다. 《오뒷세이아》의 흐름과 관계가 없어 보이는 이 부분을
어떻게 해석할지, 학자들은 골머리를 앓아왔던 겁니다.

심지어, 《오뒷세이아》전체를 한 시인이 썼다고 생각하는 사
람들 사이에서조차, 텔레마코스의 여행이 아버지 오뒷세우스
와는 별로 관계없다는 견해가 지배적입니다. 이 사람들은 주
로, 텔레마코스의 여행에 숨겨진 다른 의의가 있다고 봅니다.
예를 들면, 텔레마코스가 여행을 통해 교육도 받고 성장도 한

다는 겁니다. 작은 섬에서 아버지 없이 살던 텔레마코스가 대처로 나가서, 영웅 세계를 경험하고 성장한다는 거예요. 하지만, 이런 해석은 더 큰 문제에 부딪힙니다. 먼저, 그가 여행을 통해 아무리 성장하고 교육받는다고 해도, 이것이 가문의 파멸이라는 위험을 감수하면서까지 감행해야 하는 절박한 여행이냐는 질문에는 대답하기 어렵지요. 텔레마코스가 외국에 가 있는 동안, 가문의 재산과 어머니 페넬로페는 수년째 기회를 노리고 있는 구혼자들 앞에 무방비로 남겨지게 되잖아요.

만약 이 여행의 목적이 텔레마코스의 교육과 성장이라면, 그의 여행담은 젊은 영웅의 독립적인 이야기로 존재할 경우에나 의미 있는 겁니다. 이 경우, 텔레마키아는 그 주제에서 이 시의 다른 부분과 쉽게 분리되고 맙니다. 《오뒷세이아》를 전체적으로 볼 때, 텔레마코스의 성장과 교육은, 아버지의 귀향과 이렇다 할 인과관계를 맺지 못하니까요. 그래서 이 학자들의 이야기를 따라가면, 결과적으로, 텔레마키아와 《오뒷세이아》의 나머지 부분을 한 명의 시인이 썼다고 생각하기 어렵게 됩니다. 두 개의, 별로 상관도 없는 이야기가 그냥 거칠게 용접되어 버린 격, 얼기설기 누더기가 된 격입니다. 《일리아스》장 끝에서 말했던 분석론자들이 바로 이런 입장이고요. 또 구송론자들은 두 편의 시가 아니라 두 전통이 하나로 합쳐졌다고 말하는데, 이것도 별반 다르지 않은 논의입니다. 그럼, 우리의 세계고전 목록에서 《오뒷세이아》를 지금이라도 빼야 할까요? 아니요.

아니라고 말하기 위해 제가 이 장을 쓰고 있습니다. 저는 텔레마코스의 이야기가 있어야 비로소 《오뒷세이아》가 완전히 이해된다고 생각합니다.

텔레마코스의 신기한 여행

사람으로 변장한 아테네는 자기 계획대로 텔레마코스에게 아버지의 소식을 찾아 여행을 다녀오라고 권유합니다. 텔레마코스는 동료들을 모으고, 배를 빌려 한밤중에 출항합니다. 다음 날 새벽 필로스에 도착하고, 필로스에서 전차를 타고 스파르타를 향해 육로로 이동한 다음, 다시 전차를 타고 필로스로 돌아와, 다시 한밤중에 출항해, 다음 날 새벽 고향 이타카섬으로 돌아오지요. 그런데 뭔가 좀 이상합니다. 호메로스 시절 사람들은 야간항해를 하지 않았어요. 더구나 일부러 밤에 출항하는 건 있을 수 없는 일입니다. 세찬 바람은 밤에 일어 배를 난파시킨다고 생각했거든요. 게다가, 이때 작중 시점은 겨울 직전입니다. 희랍어에서 겨울과 폭풍은 '케이몬cheimōn'이라는 한 단어로 표현합니다. 즉, 겨울은 폭풍의 계절이고, 배를 띄우면 안 되는 시기입니다. 뭔가 범상치 않죠. 이 시에서 일부러 밤에 배를 띄우는 유일한 다른 예는 파이아케스 사람들이 오뒷세우스를 집에 데려다줄 때뿐입니다. 그런데, 그 항해는 환상 세계에서 실제 세계로 들어오는, 즉 서로 다른 두 세계의 경계를 넘어가는 여행이지요. 그렇다면 텔레마코스의 야간출항은? 아직 결론을 내리기엔 이르고, 좀 더 살펴봐야 할 것들이 있습니다. 이제 겨우 시작입니다.

텔레마코스의 육로여행은 더욱 기이합니다. 텔레마코스는 페라이라는 곳을 중간 경유지로 삼아 필로스와 스파르타를 왕복합니다. 그렇다면, 이들은 거의 아무런 우회 없이 직선 주로를 택한 것이 되는데, 문제는 이 두 도시 사이에 가로놓인 길이 100킬로미터, 높이 약 2400미터의 타위게토스산이죠. 그런데 이들은 어떠한 장애도 없이 비현실적인 속도로 질주하며 이 두 도시를 왕복해낸다고 묘사됩니다. 당시에 잘 건설된 산악도로나, 이 도로를 주파할 수 있는 어떤 탈 것이 존재했을 리 만무하지요. 게다가 그들의 이동수단은 2인승 입식 전차인데, 이 전차는 호메로스 시에서 전장과 경주용 주로에서만 쓰일 뿐이며, 이러한 장거리 여행용 교통수단으로 적합하다고는 생각할 수가 없습니다. 우리가 주목해야 할 것은 이 비현실적인 이동 뒤에 놓인 제의적인 배경과 '저세상 여행'이라는 속성입니다. 이 여행의 불가사의한 속성을 암시하는 또 다른 장치는 다음 구절입니다.

이제 해는 지고, 길이란 길은 모두 어두움에 덮였다.

_3권 287, 497행, 15권 185행

이 시에서 모두 7번 발견되는 이 시행은, 텔레마코스의 야간 항해에서 2번, 페이시스트라토스와 함께 전차로 이동하는 장면에서 3번 나타나고, 다른 한 용례는 오뒷세우스 일행이 하데스의 문턱에 이른 상황에서 나타납니다. 똑같은 표현이 매번 특정한 문맥에서 재등장하는 것을 우연으로 치부하지 않는다면, 이 여행은 인간 세상 밖의 여행과 의미 있게 엮인다고 말할 수 있겠지요. 제 말은, 텔레마코스의 여행이 마치 오뒷세우스의 여행과 대위적인 선율을 이루듯이 인간 세상 너머에서 이루어지고 있다는 겁니다.

많이 다른 사람들

만일 제 추정대로, 이 시의 필로스와 스파르타가 '저세상'에 속하는 곳이라면, 그곳의 인물들인 네스토르, 메넬라오스, 그리고 헬레네를 시인이 그리는 방식 역시 검토하지 않을 수 없습니다. 저는 이들이 호메로스 시의 다른 인물들과는 존재론적으로 다른 사람들이라는 점을 말하려고 합니다.

네스토르

여행의 첫 번째 무대는 노장 네스토르가 다스리는 필로스입니다. 시인이 소개하는 네스토르의 첫 모습은, 그가 약 4500명의 인원이 참석한 헤카톰베를 집전하는 장면입니다. 헤카톰베는 고대 희랍 세계에서 가장 성대한 제사 형식입니다.

네스토르는 20여 년 전 아가멤논에 이어 두 번째로 많은 90척의 함대를 거느리고 트로이아 전쟁에 참전했는데요(《일리아스》 2권 601~602행). 당시 함선은 약 50명씩 타게 되어 있으니까, 현재 네스토르가 집전하고 있는 헤카톰베 참가자 수와 그 당시 원정군 숫자가 비슷할 겁니다. 네스토르가 여전히 강력한 권력을 유지하고 있다는 증거겠지요. 이 시에서, 네스토르는 지난 세월 동안 전혀 쇠약해지지 않은 것처럼 보입니다. 네스토르야 희랍 문학에서 언제나 노인으로 등장하니까, 그 친숙함 탓에 우리는 그의 길고 긴 여생을 당연하게 여기지만, 그의 노령은 이미 인간 상식 밖의 것입니다. 그가 《일리아스》에서 처음 소개될 때는 세 번째 세대를 다스리고 있는 사람이었고, 지금은 이미 세 세대의 인간들을 다스린 다음입니다. 아주 오랫동안 학자들은 그의 노령과 통치 기간을 '합리적으로' 설명하기 위해 노력해왔지만, 이러한 논의는 그다지 생산적으로 보이지 않습니다. 전사한 안틸로코스를 제외하고도 네스토르에게는 아들이 여섯이나 더 있었지만, 어떠한 전승에서도 네스토르의 왕위승계를 다루지 않는다는 사실을 염두에 두면 말이죠.

영웅이 자신의 아들을 통해 살아남고, 사회의 질서가 부자 관계 속의 계승에 의존하는 호메로스 시에서, 네스토르의 이 각별한 지위는 그를 다른 인물들과 본질적으로 떨어뜨려 놓습니다. 그의 영원한 통치와 계승 없음의 배경에는, 그의 불사^{不死}가 있습니다. 우리는 호메로스 외에 다른 어떤 전승에서도 그의 죽음에 대해 전해 들은 바가 없습니다.

《일리아스》의 시인도 분명 네스토르의 불사에 대해서 잘 알고 있었을 겁니다. 그럼에도 불구하고, 이러한 개념은 인간은 물론이고, 반인반신들에 대해서조차 불사에 대해 일말의 가능성도 남기지 않는 《일리아스》의 생사관에 배치되지요. 삶과 죽음에 대한 이 확고부동한 인식이 《일리아스》의 저류로 흐르고, 《일리아스》는 죽음과 그 의미에 천착하는 까닭에, 네스토르의 불사는 암시조차 되지 않습니다. 오히려 《일리아스》의 시인은 프리아모스와 펠레우스와 마찬가지로, 그의 노령과 쇠약함을 지속적으로 강조할 뿐입니다.

《오뒷세이아》에서도, 필멸의 운명에 묶인 두 노인 라에르테스와 펠레우스에게 노년이란 상실, 고통, 그리고 슬픔의 시간이지요. 그러나 유독 네스토르에게만은 노년에 대한 이러한 음울한 서술을 단 한 번도 사용하지 않아요. 그는 여전히 "아카이아인들의 보루"이며 "아카이아인들의 위대한 영광"이요, "게레니아의 전사"입니다. 심지어 그에게는 생식능력의 저하조차 없는 것 같습니다. 그의 막내아들 페이시스트라토스는 텔레마코스와 나이가 같죠. 그러니까, 텔레마코스가 그를 불사신에 빗대는 것도 부자연스럽지 않을 정도입니다.

나는 저 분을 보고 있자니 꼭 불사신을 보고 있는 것 같은 생각
이 들어요.

_3권 246행

헬레네

텔레마코스의 두 번째 방문지는 스파르타인데요. 재결합한 메
넬라오스와 헬레네가 다스리고 있는 곳이지요. 헬레네부터 이
야기하겠습니다. 헬레네가 처음 등장하는 순간부터, 시인은 그
녀를 다른 인간 여인들과는 완전히 다른 방식으로 그리기 시작
합니다. 황금 베틀 앞에 앉은 여주인의 모습, 이건 전형적인 저
세상 여신의 등장 장면입니다. 여신 칼립소는 황금 북으로 베
를 짜는 모습으로, 여신 키르케는 불멸의 베틀 앞에서 베를 짜
는 모습으로 등장하지요. 다른 어떤 인간 여인도 이렇게 소개
되는 법은 없습니다.

　이어, 헬레네는 초인적인 직관력을 감추려 하지 않고, 지체
없이 텔레마코스가 오뒷세우스의 아들임을 알아봅니다. 호메
로스의 습속에 따르면, 주인은 손님의 정체를 미리 밝히려 해
서는 안 됩니다. 낯선 손님이 오면, 버선발로 달려 나가 먼저 좋
은 자리를 권하고 음식을 정성껏 대접한 다음에 통성명을 하는
것이 철칙이었습니다. 숙박이 필요하면 좋은 잠자리를 내주고,
떠날 때는 선물도 안겨주죠. 이런 접대의 전통을 희랍에서는
'크세니아Xenia'라고 부릅니다(물론 진짜로 버선을 신은 건 아닙니다).

이 불문율을 무시해버린 헬레네의 무례는 인간의 예법에서는 용인될 수 없겠지만, 사실 인간 세상 밖에서는 흔한 일입니다. 신들은 상대방을 알아보기 위한 사전정보가 필요 없거든요. 키르케도, 세이렌 자매도 오뒷세우스를 바로 알아보며 지목해버리지요.

헬레네의 기이한 행동은 이어지는 에피소드들에서도 끊임없이 드러납니다. 자식들의 결혼잔치가 진행되는 동안, 헬레네와 메넬라오스는 텔레마코스에게 각각 하나씩 이야기를 들려주는데, 먼저 이야기를 꺼낸 헬레네는 오뒷세우스의 트로이아 정탐 일화를 들려줍니다. 이 이야기 속에서도, 다른 누구도 알아보지 못했던 오뒷세우스의 정체를 오직 헬레네만이 알아봤답니다. 이 이야기가 끝나자, 메넬라오스는 헬레네가 트로이아의 목마를 찾아온 일화를 말합니다. 이 이야기에서 헬레네는 남편 파리스를 잃고 데이포보스와 새로 결혼해, 트로이아의 목마를 찾아옵니다. 그녀는 목마 둘레를 세 바퀴 돌면서 그 안에 매복한 희랍군의 아내들 목소리를 흉내 내요. 그녀의 모사가 어찌나 완벽했던지, 오뒷세우스를 제외한 모든 희랍인들이 속아 넘어갈 지경이었지요. 그들의 치밀한 준비와 교묘한 매복에도 불구하고, 헬레네는 이 목마의 정체뿐만 아니라, 이미 그 안의 희랍인이 각각 누구인지도, 그 아내들이 누구인지도 알고 있었다는 뜻이에요. 이 목마는 인간 지략의 결정체입니다. 전쟁을 끝내버린 이 장치를 고안했던 오뒷세우스는

"도시의 파괴자"라는 불멸의 명성을 얻습니다. 그러나, 헬레네에게 이것은 쉬이 꿰뚫어 볼 수 있는 물체에 지나지 않아요. 이 일화에서, 그녀는 모든 희랍인 지도자들의 운명을 손아귀에 쥐고 있습니다. 여기에서 우리는 인간의 위대한 업적마저 무화시킬 수 있는 신들의 헤아릴 수 없는 힘이라는, 익숙한《일리아스》의 패턴을 기억합니다. 마치 어린아이가 모래성을 장난 삼아 부수듯 아폴론이 발길질 한 번으로 방벽을 무너뜨린 것과 같이, 그녀 역시 마음만 먹었다면 희랍군의 이 회심의 전술을 좌초시킬 수 있었을 겁니다. 이 일화들은 다른 어떤 고대 희랍 문헌에서도 발견되지 않는 것인 까닭에, 이를 호메로스의 창작으로 볼 수 있는 근거는 충분합니다. 저는 이 일화들이《오뒷세이아》에서 존재론적으로 다른 위치에 서 있는 헬레네의 위상을 보여주기 위해서 창작되었다고 생각합니다. 그녀는 다른 인간들에 대해 자신의 압도적인 우위를 선보이며 신성神性을 드러내는 겁니다.

많은 학자들은 이 두 일화의 관계가 상보가 아닌 상충이라고 해석해요. 헬레네 본인의 이야기에서, 그녀는 자신의 마음이 '이미 오래전에 다시 고향으로 돌아가기로 돌아섰고' '과거의 어리석음을 한탄하고 있었다'고 말합니다. 그러나, 메넬라오스의 회상은 헬레네를 다른 시각에서 비추는 듯 보이거든요. 파리스 사후에도 헬레네는 새 남편 데이포보스와 동행하며 목마 주위를 돌고 있으니, 메넬라오스가 자신에 대한 그녀의 배반을 강조했다고 볼 수도 있는 겁니다. 게다가 그녀는 희랍군 아내들의 목소리를 교묘하게 흉내 내어 그들을 파멸 직전까지 몰고 갔거든요. 그래서 어떤 학자들은 헬레네라는 캐릭터를 경솔하고 불안정하며, 따분함을 견디지 못하는 여인 정도로 치부했고, 또 다른 학자들은 이 에피소드들이 헬레네와 메넬라오스가 재결합 후에 집안에서 겪는 불화와 긴장을 상징하는 장치라고 해석합니다. 그러나, 헬레네의 신성을 고려한다면, 이 두 일화가 상충을 일으키지 않는다는 점을 곧 알 수 있어요. 호메로스의 신들은 인간사에 개입하되, 인간들을 사랑하고 동정하기도 하지만, 사태를 즐기기도 하며, 마음만 먹으면 언제든지 떠나가 버릴 수도 있어요. 그러나 이것이 상충을 일으키지는 않지요. 서로 양립할 수 없어 보이는 이러한 면모들이, 실은 호메로스의 신들에게서는 분리될 수 없는 것이기 때문입니다. 이 두 일화에서, 헬레네는 어떤 전형적인 호메로스의 신적 존재로 일관되게 그려지고 있어요.

그런가 하면, 메넬라오스와 헬레네의 재결합 역시 지나칠 수 없는 문제입니다. 호메로스에서 결혼생활의 신의라는 문제는 결코 가벼운 주제가 될 수 없어요. 이 시 전체에 걸쳐 어두운 배경을 형성하고 있는 아트레우스 가문의 이야기가 좋은 예가 됩니다. 여기에서 클뤼타임네스트라의 간통은 아가멤논의 피살과 오레스테스의 복수라는 무서운 결과를 초래하거든요. 그러나 자기 형 아가멤논의 비극과는 달리, 메넬라오스는 헬레네와 재결합합니다. 헬레네의 간통이 전쟁의 원인이 되었음에도, 그는 그녀를 왕비로 다시 받아들인 겁니다. 그녀는 어떠한 처벌도 받지 않습니다. 이 특이한 재결합은 호메로스 사회의 윤리로는 설명할 수 없고, 다만 신들에게서나 보이는 일이에요. 즉, 8권에서 가수 데모도코스가 노래하는 아레스와 아프로디테의 간통 정도가 이 시에서 유의미한 유일한 비교 대상이 됩니다. 간통한 아프로디테는 어떠한 처벌도 받지 않고 자신의 위엄을 금세 회복하잖아요. 아프로디테의 성역인 퀴프로스에서 카리테스 여신들이 그녀를 씻기고 아리땁게 단장해주지요. 신들은, 인간들과 달리, 보복과 처벌을 두려워할 일이 없답니다.

물론 신들도 인간들처럼 연민과 슬픔을 토로하기도 합니다. 그러나 그들은 언제든 원하기만 하면 고통의 영역을 떠나 지복의 상태로 돌아올 수 있으며, 이는 신들과 인간들 사이에 건널 수 없는 간극을 만들어내지요. 《오뒷세이아》에서 메넬라오스와 헬레네 역시 이러한 신적인 특권을 누린다는 점을 잊지 마세요. 가장 좋은 예는 헬레네의 약입니다. 그녀는 이 약을 몰래 술동이에 섞는데, 호메로스의 설명에 따르면, 이 약은 지상의 인간들에게는 완전히 낯선 것으로서, 가장 비극적인 상황에서조차 눈물을 마르게 하며, 복된 망각을 보장해준다고 전해집니다(4권 219~226행).

메넬라오스

우리는 이 시에서 헬레네의 존재가 질적으로 다르게 그려지고 있다는 것을 확인했습니다. 그녀는 심지어 제우스의 딸이라고까지 거듭 소개되는데, 이러한 그녀의 위치가 남편의 인생도 바꿔놓습니다. 메넬라오스도 덩달아 불사의 존재가 되는 겁니다. 메넬라오스는 귀향 도중 바다 노인 프로테우스에게서 예언을 듣습니다. 메넬라오스는 필멸의 운명을 등지고 엘뤼시온으로 가게 될 것인데, 그가 제우스의 사위이기 때문이랍니다.

엘뤼시온은 마치 신들의 거처인 올륌포스처럼, 늘 온화한 미풍이 불어오는 곳, 폭풍도, 눈보라도 범접하지 못하는 곳입니다. 또는 파이아케스인들을 다스리던 알키노오스의 정원과도 같아요. 뒤에 나오지만, 알키노오스의 정원은 오뒷세우스가 잠시 머무는, 전설의 섬 스케리아에 있지요. 이렇게 엘뤼시온은 복 받은 이들이 슬픔과 고통에 지배받지 않고 영원히 살아가는, 낙원 같은 곳입니다. 예언에 따르면, 이 부부는 엘뤼시온으로 가게 된다고 해요. 그런데, 그날이 언제가 될지, 호메로스는 함구합니다. 그러나, 그들이 어느 날엔가 엘뤼시온으로 옮겨가야 한다 할지라도, 그들의 여생에 어떤 질적인 변화는 없을 겁니다. 그 부부가 지금 스파르타에서 누리는 환경은 엘뤼시온의 환경과 근본적으로 다르지 않으며, 우리 인간 일상과는 전혀 다른 것이니까요. 인간들이라면 누구나 겪게 되는 고통을 그들은 외면할 수 있습니다. 엘뤼시온에서도 이런 수월한 삶을 지속하게 될 테지요. 저는, 이들이 이미 엘뤼시온에서 살고 있는 게 아닌지 생각해봅니다. 적어도 《오뒷세이아》의 스파르타는 엘뤼시온과 질적으로 동등한 곳으로 보입니다.

마치 아내 헬레네처럼, 메넬라오스의 특별한 존재론적 위치는 스파르타 일화 전체에 걸쳐 발견됩니다. 메넬라오스의 궁전에 도착한 텔레마코스와 페이시스트라토스는 이 궁전의 화려함에 압도되는데, 이 궁전은 그 자체로, 메넬라오스가 인간의 일상을 완전히 뛰어넘은 전혀 다른 차원에 속한 존재임을 드러내는 장치입니다. 이 궁전의 비일상적인 속성은 '신과 같은'이라는 충격적인 수식어에 의해 드러납니다(4권 43행). 호메로스 시의 다른 어떤 곳에서도 이 단어는 건물과 연결되는 법이 없어요. 궁전의 화려함에 압도된 텔레마코스는 자신이 제우스의 처소에 온 것이 아니냐며 놀라움을 표현합니다. 이에 메넬라오스는 어떤 인간도 제우스와 부를 다툴 수는 없다고 곧바로 대답하는데, 틀린 말은 아니죠. 하지만 그의 궁전은 이 세상의 어떤 집과도 본질적으로 달라요. 이 집에 가득한 광채 때문입니다. 호메로스 시에서, 집 안을 채운 신비로운 광채에 대한 또 다른 언급은 알키노오스의 궁전과 올륌포스 단 둘에서만 발견될 수 있을 뿐이니까요.

여행에서 일어난 일들

지금까지 우리는 필로스와 스파르타의 주인들이 불사의 존재들이라는 점을 살펴봤어요. 이제는 이들이 텔레마코스를 대접하며 생긴 일들을 볼 차례입니다.

텔레마코스와 페이시스트라토스가 메넬라오스의 궁전에 도착했을 때, 이곳에서는 결혼잔치가 한창입니다. 그것도, 메넬라오스와 헬레네 사이의 유일한 자식인 헤르미오네, 그리고 메넬라오스의 서자 메가펜테스가 각각 같은 날 결혼식을 올리는 것이니, 이는 스파르타 왕가에는 각별한 날입니다. 그런데, 텔레마코스는 스파르타에 도착하고 나서야 결혼식이 있다는 것을 알게 되지요. 심지어는 텔레마코스에게 스파르타를 방문할 것을 권했던 네스토르조차 이 겹결혼식에 대해 모르고 있었던 것으로 보입니다. 아마도 이 잔치는 네스토르뿐만 아니라, 어떤 다른 희랍 영웅들에게도 알려지지 않았던 것 같아요. 시인은 이 잔치에 메넬라오스의 친지와 이웃이 참석했다고 기록하지만, 이들 중 누구의 이름도 우리에게 알려주지 않습니다. 이것은 스파르타의 속성에 대한 결정적인 실마리 중 하나가 됩니다. 스파르타는 혹시 다른 존재들로부터 완전히 고립된 곳이 아닐는지요.

저세상으로서의 스파르타의 특징은 4권에서 드러나는 일련의 결례를 통해 반복적으로 암시됩니다. 만일 해석가들의 통념

대로 텔레마코스의 여행이 그의 교육과 성장을 위한 것이라면, 청년 텔레마코스에게 본보기가 되어야 할 영웅들의 손님 접대 장면에서 그 많은 실수와 결례가 보이는 점을 이해하기 어렵습니다. 그러나 우리가 스파르타를 저세상으로 이해하는 순간, 이 이상한 점들은 곧 시인의 탁월한 이야기 솜씨의 결과로 바뀌게 된답니다.

텔레마코스와 페이시스트라토스가 스파르타에 도착했을 때, 메넬라오스의 시종은 이들을 즉시 맞아들이지 않고 밖에 세워둔 채 메넬라오스에게 갑니다. 그리고 이들을 정말 안으로 들여야 하는지를 묻습니다. 좀 전에 본 손님 접대 관습에 비춰 보면, 이건 너무나 이상한 태도입니다. 학자들도 이 부분을 설명하지 못해요. 저는 그 시종의 어색한 태도를 이렇게 봅니다. 즉, 신의 도움 없이는 올 수 없는 영역에 다가온, 뜻밖의 손님에 대한 전형적인 태도라고요. 알키노오스의 궁전에서, 느닷없이 나타난 오뒷세우스를 향한 스케리아인들의 첫 번째 반응은 즉각적인 환영이 아닌 당황스럽고 어색한 침묵이었지요. 《일리아스》에서 프리아모스가 아킬레우스의 막사에 도착했을 때에도 이와 유사한 분위기가 읽힙니다. 오뒷세우스는 아테네의 도움으로 알키노오스의 궁전에 잠입할 수 있었고, 앞 장에서 보았듯 헤르메스의 도움이 아니었다면, 프리아모스는 적진을 통과하지 못했을 겁니다. 그렇다면 텔레마코스의 여행은요? 아테네의 계획과 인도가 없었더라면 있을 수 없는 일이었지요.

텔레마코스의 여행은 불가능했을 거예요. 알키노오스 앞에 선 오뒷세우스와, 아킬레우스 앞에 선 프리아모스의 경우와 같이, 텔레마코스의 도착은 메넬라오스 왕가에서 손님맞이를 책임진 시종을 당황케 합니다. 이것은 그가 전혀 예측할 수 없는 상황이었습니다. 다른 근거를 또 보지요. 이 결혼잔치에 초대받은 다른 손님들 중 누구도 말이나 마차를 타고 왔다는 암시가 없어요. 다시 말해, 텔레마코스와 페이시스트라토스를 제외하면, 누구도 먼 곳에서 오지 않았다는 뜻입니다. 다른 손님들은 가축을 몰거나 음식을 직접 들고 올 정도로 충분히 가까운 곳에 사는 것으로 묘사됩니다. 따라서, 외부에서 마차를 타고 낯선 자가 왔다는 것 자체가 극히 예외적인 경우에 해당하는 건데요. 오뒷세우스의 모험에서 반복적으로 확인하는 바와 같이, 이러한 고립성, 또는 원격성은 저세상의 전형적인 속성입니다. 저세상에서는 외부인들과 교류가 드물어요. 칼륍소의 섬은 신들도 인간도 찾아오지 않는 곳이고, 알키노오스가 다스리는 파이아케스인들도 남들과 왕래가 없다고 합니다.

이 고립된 세계에서 발견되는 또 하나의 주제는 '억류'입니다. 스파르타에서 돌아오는 길에, 텔레마코스는 퓔로스에 다시 들리기를 거부하는데, 네스토르가 자기를 붙들어둘까 걱정이라는 것이지요. 스파르타에서 떠날 때는 어땠을까요? 텔레마코스가 고향 이타카로 돌아가려 하자, 메넬라오스는 느닷없이 스파르타 '관광'을 제안합니다. 자신이 직접 '가이드'가 되어주겠다면서요. 메넬라오스는 텔레마코스를 이타카로 바로 돌려보내지 않고 자신의 영역 안에 오래 머물게 하려는 것 같아요. 똑같은 종류의 잠재적인 위험이 오뒷세우스에게도 예고됩니다. 만일 오뒷세우스가 돌아온다면, 메넬라오스는 그를 이타카가 아닌, 자신의 권역에서 정주시키려 합니다.

> 오뒷세우스가 돌아온다면, 나는 그에게 아르고스에서 살 도시를 주고,
> 그를 위하여 집을 지어주었을 것이며, 내 자신의 통치를 받는, 주위에 있는
> 도시들 가운데 하나를 비우고는, 그의 재산과 그의 아들과
> 그의 모든 백성들과 함께 그를 이타케에서 데려왔을 것이오.
>
> _4권 174~177행

어떤 학자들은 메넬라오스와 네스토르가 인격적인 결함 때문에 텔레마코스를 잡아두려 한다고 보았어요. 그러나 다른 이유에서가 아니라, 억류는 그저 저세상에서 일어나는 흔한 일이랍니다. 오뒷세우스가 겪은 환상계에서는 거의 모든 단계마다 예외 없이 억류의 위험이 도사리고 있거든요. '망각의 열매' 로토스를 먹는 이들은 오뒷세우스의 동료들로부터 귀향의 의지를 빼앗아 그들을 머물게 하려 했고요. 심지어 오뒷세우스 본인조차도 키르케의 섬에서 쾌락에 빠진 채 1년간이나 귀향을

잊어버린 바 있어요. 알키노오스는 오뒷세우스를 사위로 삼아 스케리아섬에 정주시키려 하지요. 칼립소는 오뒷세우스를 남편으로 만들고자 오귀기아섬에 7년이나 붙들어놓습니다. 저세상 접대자들의 공통적인 희망은 손님을 그 뜻에 거슬러 영원히, 또는 최소한 얼마 동안 억류하는 겁니다.

영웅의 부활

진노한 신을 달래다

지금까지 우리는 텔레마코스가 여행한 곳이 이 세상이 아닌 저세상이고, 거기서 만난 존재들도 우리와 같은 조건의 인간들이 아니라, 인간 조건을 뛰어넘은 불사의 존재들이라고 이야기했습니다. 이제 가장 중요한 질문에 대답할 차례가 왔어요. 그렇다면 아테네는 텔레마코스를 왜 저세상으로 보낸 걸까요? 그것은 바로 오뒷세우스를 구해내고 다시 살려내기 위함입니다. 좀 더 자세히 물어보죠. 그렇다면 오뒷세우스는 왜 돌아오지 못하고 있는 걸까요?

오뒷세우스의 귀향이 지체되는 까닭은 포세이돈의 분노라고 전해집니다. 오뒷세우스가 포세이돈의 아들, 외눈박이 폴뤼페모스의 눈을 멀게 했으니까요. 그 사건 이후, 포세이돈의 분노는 오뒷세우스가 지나는 거의 모든 길목마다 파괴적으로 도사리고 있었고, 그때마다 이 불운한 영웅은 동료들의 목숨과

물자를 잃어왔지요. 그런데 이 신의 분노는 스케리아 해안가의 풍랑을 끝으로 갑자기 자취를 감춰요. 이상한 일입니다. 포세이돈과 짝으로 놓을 만한 헬리오스 신을 예로 들어보죠. 그의 분노의 원인은 가축의 손실로, 포세이돈의 분노의 원인인 아들의 실명보다는 덜 심각해 보이죠. 그럼에도 헬리오스는 오뒷세우스의 남은 동료 모두를 단번에 몰살시킵니다. 이를 상기할 때, 포세이돈의 마지막 보복치고는 스케리아 해안가의 풍랑은 그 정도가 약하다는 인상이 듭니다. 물론 오뒷세우스가 몇 번이나 죽음을 예감할 만큼 이 풍랑이 위협적이기는 했지만, 결국 그는 어떤 치명적인 부상 하나 없이 스케리아에 상륙해요. 이와 동시에, 우리는 마침내 포세이돈이 분노를 거두었음을 그 신의 독백에서 확인할 수 있어요.

> 이제 너는 수많은 고통을 당했으니, 제우스가 양육한 인간들 사이에
> 섞일 때까지, 그렇게 바다 위를 떠돌아다니도록 하라. 그렇게 된다 하더라도
> 너는 고통이 없었다고 설마 뭐라고 하진 못하겠지.
>
> _5권 375~379행

그렇다면, 이 시에서 광포한 신의 분노라는 모티브는 도대체 어떻게 사라지게 된 것일까요? 우리는 그 신이 분노를 거두기

직전에, 텔레마코스가 포세이돈에게 바치는 헤카톰베에 참석했다는 사실에 주목해야 합니다. 텔레마코스가 필로스에 도착해 내리는 순간, 네스토르는 포세이돈에게 헤카톰베를 막 바치려는 참이었습니다. 그리고 이 제사는 호메로스 시의 모든 헤카톰베 중에서 가장 풍부한 세부를 드러냅니다. 장소, 참석인원, 제물의 종류와 숫자, 색깔, 그리고 제사의 순서가 이처럼 상세하게 기술되는 곳은 여기 말고는 없어요. 한편, 호메로스 시 어디에도 이방인이나 손님이 즉흥적으로 헤카톰베에 참여하는 법은 없습니다. 그러나 아테네와 텔레마코스는 단순 참석을 넘어, 결정적인 역할까지 담당하지요. 그들은 네스토르에 의해 포세이돈에게 기도를 바쳐달라는 부탁을 받습니다. 호메로스의 모든 헤카톰베 중에서 집전자(여기서는 네스토르)에 의해 제사의 목적이 드러나지 않는 경우는 이 지점이 유일합니다. 이 장대한 제사의 목적은 아테네의 기도와, 이를 되풀이하는 텔레마코스의 기도에서만 드러날 뿐입니다.

내 말을 들어주소서, 대지를 떠받드는 포세이돈이여, 그대는
기도하는 우리에게 이 일이 이루어지는 것을 거절하지 마소서.
(…)
텔레마코스와 제가, 날랜 검은 배를 타고
이리로 온 목적을 이루고 나서, 귀향하게 해 주소서!

_3권 55~61행, 63~64행

여기서 "이리로 온 목적"이 무얼까요? 아테네의 개입이 오뒷세우스의 귀향이라는 목표 아래에서 계획된 것임을 떠올릴 때, 이 목적은 비로소 분명해집니다. 아테네의 관심사는 오로지 오뒷세우스의 귀향입니다. 그런데, 자기 외삼촌 포세이돈이 오뒷세우스를 끔찍이도 미워하지만, 정면 대결은 할 수 없는 상대이지요. 이는 그녀가 오뒷세우스를 위하여 포세이돈과 맞서지 않고 회유나 타협 등 다른 방법들을 모색했음을 암시합니다. 그리고 그 계획은 마침내 여기에서 헤카톰베로 실현됩니다. 호메로스 시에서 신들의 명예는 제사로 확인되는데, 그중에서 헤카톰베는 으뜸이죠. 어떤 신이 이 제사를 마다하겠습니까마는, 포세이돈은 남다릅니다. 오로지 헤카톰베를 즐기려고 신들의 회의마저 뒷전으로 한 채 이 세상 끝까지 가는 게 포세이돈이거든요(1권 22~25행).

이 헤카톰베에서 특기할 만한 또 다른 점은, 포세이돈의 면모가 저세상의 신으로 부각되고 있다는 겁니다. 여기서 그에게 바쳐지는 제물은 특이하게도 검은 소들인데, 검은색 동물들은 보통 지하의 신들이나 망자에게 바쳐지는 제물이랍니다. 호메로스의 다른 어떤 곳에서도 올림포스의 신들은 검은 동물들을 제물로 받지 않습니다. 이런 요소들을 통해 강조되는 것은 저세상에서 오뒷세우스를 가두고 있는 신으로서의 포세이돈의 이미지지요.

되살아나는 영웅

인간이 육체적인 죽음을 피할 길은 없어요. 그러나 영웅은 자신의 행적이 사람들의 입에 오르내림으로써 현존을 이어가게 되며, 그의 명성은 가객들의 노래 속에서 영원히 살아남습니다. 따라서 사람들이 그를 더 이상 언급하지 않는 것, 잊어버리는 것은 인간의 두 번째 죽음이자 완전한 죽음이며, 이러한 인간 현존을 누구보다도 민감하게 파악하고 있던 이들이 바로 호메로스의 인간들입니다. 그런데, 《오뒷세이아》가 시작될 때, 오뒷세우스는 사람들의 기억에서 잊혀진 존재였습니다. 《일리아스》는 첫 행부터 아킬레우스의 이름을 선명하게 노래합니다. 그러나 《오뒷세이아》의 첫 단어는 그저 '한 남자'이며, 이것은 오뒷세우스의 모호한 처지를 더없이 잘 드러내줍니다. 그는 생사도 행방도 알 길 없이 사람들로부터 감추어진 존재, 사람들의 기억에서 사라진 자일 따름입니다. 텔레마코스가 해낸 일은, 바로 아버지에 관해 지워져버린 이 기억을 복원해낸 겁니다.

그는 필로스와 스파르타에서 아버지의 옛 전우들을 만나 아버지에 대한 기억을 많이 소환해내지요. 그 이야기 하나하나마다 전사요 지략가로서의 오뒷세우스의 명성이 담겨 있었습니다. 네스토르는 그의 뛰어난 계략과 판단력을 두루 칭찬하고, 헬레네와 메넬라오스는 각각 오뒷세우스가 거지로 변장해 트로이아를 정탐한 일화와, 다른 이들의 경솔한 행동을 다스리며

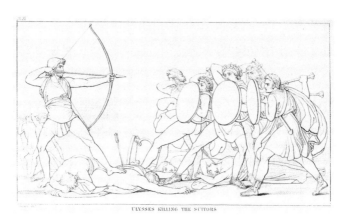

〈구혼자들을 살육하는 오뒷세우스〉. 영국 화가 존 플락스만의 에칭 판화. 1805년. 108명의 구혼자들은 속절없이 쓰러집니다. 이들이 마치 헤카톰베처럼 제물로 바쳐졌다고 본다면 너무 과한 해석일까요? 공교롭게도 이날은 아폴론의 신년축제일이었습니다.

목마 작전을 성공으로 이끈 일화를 들려줍니다. 잊혀졌던 이 오뒷세우스의 이름이 이제 비로소 그들의 입에 오르내리고, 다시 인간의 기억 속에서 되살아나기 시작합니다. 그를 기억해내는 이들은 그의 전우들이지만, 그를 기억하도록 이끌어내는 이는 텔레마코스입니다. 텔레마코스는 아버지의 전우들에게 이렇게 부탁합니다.

지금이야말로 그대는 그것을 기억하시고, 내게 사실대로 말씀해 주십시오.

_3권 101행=4권 331행

이 소생 혹은 부활은 텔레마코스의 자기만족이나 상징에 그치지 않고, 실제와 맞닿습니다. 시인은 3, 4권의 오뒷세우스 회상 장면들을 8, 9권에서 되울리는 정교한 구성을 통해 다시 살아난 오뒷세우스를 우리에게 보여주고 있답니다. 영웅들의 귀향에 대한 네스토르의 회상은 아가멤논과 메넬라오스가 다투는 장면에서 시작되며, 이어 텔레마코스는 메넬라오스 부부에게서 오뒷세우스에 관한 일화 두 대목을 듣습니다. 스케리아섬에서, 오뒷세우스는 가수 데모도코스에게 역시 자신에 관한 노래 두 대목을 듣습니다. 첫째 노래의 주제는 두 영웅의 다툼이었으며, 세 번째 노래는 메넬라오스의 회상과 정확히 같은 부분, 즉 희랍 군대가 목마 안에 매복하고 있는 장면에서 시작되지요. 이 노래에서, 오뒷세우스는 다시 한번 헬레네의 집을 찾아가고 있으며, 4권에서 목마를 회상하던 메넬라오스도 데모도코스의 노래 속으로 들어와 있어요. 이 재미있는 구조가 우연이 아니라면, 이는 오뒷세우스의 부활을 준비하는 시인의 섬세한 구조적 준비라고 봐야겠지요. 텔레마키아의 결정적인 소생 장면들을 8, 9권으로 모두 옮겨 오고 난 다음, 시인은 마침내 오뒷세우스가 자신의 진짜 이름을, 그의 명성과 함께 회복하도록 허락합니다.

나는 라에르테스의 아들, 오뒷세우스입니다. 나는 온갖 책략들로 사람들에게 존경받고 있고, 내 명성은 하늘에 닿았습니다.

_9권 19~20행

이것은, 이 시에서 오뒷세우스가 최초로 자신을 드러내는 장면이에요. 단순한 자기소개가 아닌, 영웅의 부활 선언이지요. 이제 그는 모두의 주목을 한 몸에 받는, 이 시의 영광스러운 주제가 되기 시작한 겁니다. 영웅은 이렇게 망각/죽음을 극복하고 마침내 인간 삶으로의 전면적인 육박을 위한 모든 준비를 마칩니다. 호메로스는 오뒷세우스의 부활 선언을 텔레마코스가 해낸 제의적인 여행의 결과로 끌어냄으로써, 그의 귀향을 준비합니다. 우리의 《오뒷세이아》는 집 나간 주인공이 어느 날 돌연히 귀향하는 민담이나 구송시와는 질적으로 다른 구조로 지어진 정교한 건축물입니다.

돌아보기

텔레마코스의 여행은 호메로스 서사시의 구조를 이해하는 데에도 탁월한 길잡이가 되어줍니다. 우리는 이제 《일리아스》도 《오뒷세이아》도 영웅의 부재로 시작해, 영웅이 자기 운명, 곧 죽음을 자신의 결단으로 받아들이고 난 다음에야 비로소 인간 세상으로 복귀한다는 사실을 알게 되었습니다. 호메로스 서사시의 각별한 예술성 중 하나는, 이 부재와 재등장 사이의 과정을 치밀하게 배열하는 겁니다.

《일리아스》에서, 제우스의 계획을 점진적으로 발설해온 시인은 15권에서 마침내 구체적인 계획을 알려줍니다. 이를 통해 시인은 파트로클로스에 의한 사르페돈의 죽음에서 파트로클로스의 죽음을, 그리고 헥토르에 의한 파트로클로스의 죽음으로부터 필연적으로 아킬레우스의 복귀를 끌어내지요. 《오뒷세이아》의 경우, 비극성은 확연히 적지만, 사태는 훨씬 더 복잡합니다. 오뒷세우스가, 고립된 아킬레우스보다도 더욱 고립된 인물이기 때문입니다. 그가 갇혀 있는 세계는 그가 돌아와야 할 세계와 차원이 달라요. 인간 세계에서 떨어져 나간 채, 저 너머의 세상에 갇혀 있어요. 시인은 그를 저세상에서 이 세상으로 되돌려놓아야 합니다. 제의적인 해결책 말고는 없지요. 그것이 텔레마코스의 여행입니다. 그의 제의적 여행을 통해, 아들은 영웅의 귀환에 요구되는 조건들을 모두 해결해냈어요. 그는 저세상으로 건너가 포세이돈의 분노를 누그러뜨리고, 망각/죽음으로부터 오뒷세우스를 일으켜 세웁니다. 과연 고귀한 명성을 얻을 자격이 있는 젊은이입니다. 그런 까닭에 텔레마코스의 여행은 이 시 자체가 진행될 수 있는 진정한 원동력입니다. 이것은 왜 텔레마코스의 이야기가 이 시의 처음에 배치되어 있느냐는 애초의 질문에 대한 대답이기도 합니다.

16권에서 텔레마코스는 난생처음으로 아버지를 만나게 됩니다. 오뒷세우스는 자신을 위해 오랫동안 모욕과 고통을 참아온 아들을 힘껏 부둥켜안고 눈물을 쏟아요. 그러나, 설령 오뒷세우스가 아무리 지혜롭다 할지라도, 아들이 자신을 위해 저승 원정까지 감행했다고는 상상도 못할 테지요. 그의 아들은, 자신을 위해 '먼 곳에서Tele-' '싸워준machos' 텔레-마코스입니다.

※ 《오뒷세이아》에서의 인용문들은 지은이 이준석이 희랍어 원전에서 우리말로 옮겼습니다. 국내에 출간된 희랍어 원전 번역본으로는 《오뒷세이아》(천병희 옮김, 도서출판 숲, 2015)가 있습니다.

아들 오레스테스는 누구에게 복수의 칼을 먼저 겨누었을까요? 아버지를 죽인 어머니? 아니면 어머니의 정부? 세 비극 작가마다 순서가 다르고, 사소해 보이지만 미묘한 차이가 있습니다. 위 도기 그림은 정부 아이기스토스를 살해하는 장면. 기원전 510년경. 오스트리아 빈예술사박물관. 아래는 어머니 클뤼타임네스트라를 살해하는 장면. 기원전 340년경. 미국 게티박물관.

3

《오레스테이아》아이스퀼로스

저주받은 가문 혹은 인간 구원의 드라마

강대진

현재 그리스 비극 작품은 33편이 온전하게 전해지는데, 이 모두가 단 세 사람의 작품입니다. 아이스퀼로스, 소포클레스, 에우리피데스가 그들입니다. 이들은 기원전 5세기 초반(아이스퀼로스)과 중후반(소포클레스와 에우리피데스)에 활동했는데, 이 셋이 모두 같은 주제에 한 번씩 손을 댄 적이 있습니다. 아가멤논 피살 사건과 그 후에 벌어진 오레스테스의 모친살해 사건이 그것입니다. 이번 장에서는 먼저 위의 셋 중 첫 세대 작가인 아이스퀼로스의 '오레스테이아 3부작'을 살펴보겠습니다. 아가멤논이 트로이아 전쟁에 갔다 와서 자기 부인에게 죽고, 그로부터 약 10년 뒤에 아들이 그 죽음을 복수하려 어머니를 죽이고는, 재판을 받고 풀려나는 이야기입니다. 후배 작가인 소포클레스와 에우리피데스가 같은 주제에 어떻게 접근했는지는 다음 장에 보기로 하고, 그 과정에서 비극 작품 읽는 방법을 함께 공부하기로 하죠.

그리스 문학사에는 조금 특이한 현상이 있는데, 한 시기에는 한 가지 장르만 번성한다는 것입니다. 제일 먼저 번성했던 장르는 서사시로, 기원전 8세기~기원전 7세기가 그 번영기입니다. 그다음엔 서정시가 번성하는데, 기원전 7세기~기원전 6세기입니다. 그러다가 기원전 5세기에 들어서면서 극시(비극과 희극)가 번성합니다. 나중에 이 세 가지 장르가 한꺼번에 번성하는 시기가 오는데, 헬레니즘 시대가 그때입니다.

잠깐 헬레니즘 시대에 대해 설명하겠습니다. 이는 알렉산드로스 대왕이 죽은 해(기원전 323년)부터 클레오파트라가 죽은 해(기원전 30년)까지를 일컫는 말입니다. 두 죽음이 다 큰 의미가 있는데, 우선 알렉산드로스 대왕이 죽었다는 말은 이제 작은 도시국가들의 시대가 끝나고 대제국의 시대가 열렸다는 뜻입니다. 그 전에 그리스와 소아시아, 흑해 연안까지 작은 도시국가들이 수백 개 있었는데 그것들이 다(적어도 육지에 있는 도시들은) 통일되어, 지중해 동쪽이 거대한 제국으로 재편되었습니다. 이 거대한 영역을 알렉산드로스 대왕이 죽은 뒤에 그의 후계자들이 나눠 가졌는데, 대충 네다섯 개의 나라로 쪼개졌지만, 여전히 엄청나게 큰 나라들이었습니다. 그래서 이후 300년 정도 상당히 평준화되고 세계화된 문화가 펼쳐집니다. 한편 클레오파트라가 죽었다는 말은 이제 그리스의 영향력이 약해지고, 마침 내 로마가 동쪽까지 밀고 들어왔다는 뜻입니다. 그러니까 그리 스의 도시국가 체제가 끝나고 로마 제국이 밀려올 때까지, 그 사이를 헬레니즘 시대라고 하는 것입니다.

잠깐 이와 관련된, 사람들이 자주 혼동하는 영어 단어 두 개를 짚고 넘어가죠. '헬레닉Hellenic'과 '헬레니스틱Hellenistic'이 그 것들입니다. 헬레니스틱은 '헬레니즘의'란 말이고, 헬레닉은 '그리스의'라는 말입니다. 그리고 다시 '헬레니즘'은 '그리스를 본받는다'는 뜻입니다. 방금 말했듯 헬레니즘기는, 지중해 동 쪽이 다 평준화되고 그리스 문화를 자기네 모델로 삼아서 굉 장히 국제화된 시대, 사람들이 여러 도시를 자주 오가던 시대 였습니다. 그 시대에 국제 공용어로 쓰이던 게, 쉽게 변한 그리 스어입니다. 전공자들이 표준으로 삼는 것은 기원전 5세기 아 테나이 언어지만, 그다음 시대에 비교적 쉬운 그리스어가 널리 퍼졌는데, 이것을 '코이네 그리스어'라고 합니다. '코이네Koine' 는 '공동의'라는 뜻입니다. 신약성경이 그리스어로 쓰인 이유도 바로 그것입니다. 신약성경이 나올 무렵 지중해 동쪽에서 통용 되던 국제어가, 쉬운 그리스어, '코이네'여서입니다. 앞서 말한 서정시, 서사시, 극시 이 세 가지가 한꺼번에 번성하는 시기가 바로 이 헬레니즘 시대였습니다.

그런데 서사시와 서정시가 먼저 번성했었기 때문에, 그 후에 발달한 비극 속에도 그 흔적이 남아 있습니다. 서정시적 특성은 비극의 주요 장치인 합창 부분에, 서사시적 특성은 '전령의 보고'에 남아 있습니다. 그리스 비극에서 끔찍한 사건은 무대 위에서 직접 보여주지 않고, 어떤 사람이 달려 나와서 저 안에서 이러저러한 일이 있었다고 전달하는 게 원칙입니다. 이렇게 전령이 보고하는 장면이 바로 서사시의 흔적인 것입니다. 앞에서 서사시, 서정시, 극시가 시의 세 가지 주요 장르인 듯 말했는데, 사실 시라는 개념이 하늘에서 뚝 떨어져서 세 조각이 난 게 아니라, 서사시-서정시-극시(비극과 희극)의 순서로 차차 발전한 것입니다.

이 세 장르의 발전 순서를 의식의 발달과 연결시키는 학자들도 있습니다. 서사시는 소설의 전신前身으로 객관적인 묘사를 주로 하니까 3인칭, 서정시는 자기 감정을 전달하니까 1인칭, 그리고 연극이라고 하는 것은 대화 상대방이 있으니 2인칭이라는 것입니다. 또한 3인칭-1인칭-2인칭, 이렇게 변해가는 게 인간 의식의 발달 단계하고 잘 맞는다는 주장도 있습니다. '무슨 소리야! 내가 세계의 중심이니까 1인칭이 제일 먼저지!'라는 생각이 들겠지만, 아이들은 엄마와 자기를, 자기와 자기 배설물을 구별하지 못하는 듯합니다. 아이들이 더러 배설물을 가지고 노는 것도 그 때문이겠죠. 그러다가 차차 '아, 엄마하고 나는 다르구나' 하는 자기의식이 생겨나고(1인칭), '다른 사람도 나하고 똑같이 생각하는 존재구나' 하면서 2인칭으로 넘어갑니다. 3인칭이 맨 앞에 있는 것은, 어떤 생명체든지 일단 태어나면 우선 자기 먹을 것이 어디 있는지, 적이 어디 있는지 먼저 파악하기 때문이겠습니다.

기원전 5세기 그리스 문학의 대표적인 장르인 극시에는 비극도 희극도 포함되는데, 이 둘은 거의 동시에 발생했습니다. 그 당시에 비극은 '아, 나도 심심한데 비극이나 써볼까?' 하고 쓸 수 있는 게 아니었습니다. 매년 국가의 지명을 받은 사람 3명만, 혹은 비극을 발표할 제전이 두 번(레나이아와 대-디오뉘시아) 있기 때문에 다른 기회에 3명 더, 작품 발표 기회를 얻을 수 있었던 것입니다. 발표 작품의 숫자에도 제한이 있었습니다. '아, 쓰기 싫은데 이번엔 한 편만 써야지', 혹은 '이번엔 한꺼번에 100편 써야지' 하는 건 가능하지 않았습니다. 한 번에 4편씩만 내놓게 되어 있었습니다. 정리하자면, 비극경연대회는 1년에 두 번 있던 디오뉘소스축제의 일부로서, 국가 지원금을 받은 세 작가가 작품 4편씩만 발표할 수 있었습니다. 그러니 일단 선정되는 게 영광입니다. 출전하면 일단 3등 안에 들 수 있습니다. 출전자가 3명밖에 안 되기 때문입니다. 한데 이들이 출품하는 네 작품 중, 세 작품은 끔찍한 장면이 나오는 것(좁은 의미의 '비극')이고, 나머지 하나는 이상한 변장을 한 사람들이 나와서 우스운 장난을 하는 것(사튀로스극)입니다.

이 사튀로스극이란 것이 생소할 테니 조금 더 설명해보겠습니다. 여기서는 사튀로스라는, 귀가 크고 꼬리가 달려 있는 디오뉘소스 추종자들이 나와서 우스운 내용의 이야기를 펼쳐 보입니다. 하지만 희극과는 다릅니다. 사튀로스극은 주제나 어휘에 있어서 희극보다는 비극에 훨씬 가깝습니다. 우선 당시의 희극(구'희극)은 매우 정치적인 주제를 다뤘는데, 사튀로스극은 비극처럼 신화에서 주제를 취했습니다. 그리고 사튀로스극은 그 어휘가 희극보다는 꽤 점잖아서, 거의 비극의 수준에 맞춰져 있습니다. 사실 희극은 어휘가 굉장히 폭넓게 위아래로 오르내리기 때문에 번역하기도 쉽지 않았습니다. 등장인물들이 굉장히 근엄한 주제를 논하다가, 갑자기 '화장실 농담' 같은 것을 던지는 식입니다. 희극에는 성적인 농담도 상당히 많이 나옵니다. 그래서 희극 읽기가 비극보다 어렵고, 강연하기도 힘듭니다. 왜 웃기는지 한참 설명해야 하는데, 그 사이에 청중이 지치고 맙니다.

한 번에 발표되는 비극 작품 3편을 묶어서 3부작 '트릴로지 trilogy'라고 부릅니다. 그리고 사튀로스극까지 합쳐서 네 작품을 4부작 '테트랄로지tetralogy'라고 부릅니다. 오레스테스에 관한 이야기라는 뜻의 '오레스테이아Oresteia'도 이렇게 함께 발표된 3부작입니다. 그런데 하나로 묶여 있는 3개의 비극 작품이 내용적으로 연결된 경우도 있고, 서로 상관없는 것 세 가지를 그냥 묶어서 내놓는 경우도 있습니다. 사실은 우리가 가지고 있는 비극 33편 중에서는 '오레스테이아 3부작'이 내용상으로 연결된 유일한 사례입니다.

방금 비극 작품 남은 게 33편이라고 했는데, 이는 사실 전체의 극히 일부일 뿐입니다. 비극경연대회가 대충 기원전 500년부터 약 150년간 지속되었다고 본다면, 1년에 세 사람이, 한 번에 네 작품씩 12편, 기회가 두 번이니까 다시 두 배 해서 24편, 그걸 150년 계속하면 3600편이 됩니다. 그러니 오늘날 남아 있는 것은 전체의 겨우 1퍼센트 미만인 셈이고, 이것을 가지고는 사실 비극의 전모를 파악하는 데 상당히 무리가 있습니다.

비극 전성기 이후의 역사를 조금 더 이야기해보죠. 기원전 5세기 작품 중 우리에게 전해지는 것은 이른바 '빅쓰리'의 작품뿐입니다. 다른 사람 작품은 왜 전해지지 않았을까요? 대개는, 사람들이 이 세 작가의 작품을 너무나 좋아해서, 특히 4세기에는 그것의 재공연이 많았기 때문이라고들 봅니다. 그리고 요즘은 보통 '그리스 비극'이라고 부르지만, 그리스 문화권에 작은 도시국가들이 200개 이상 있었을 텐데도, 사실 남은 것은 아테나이에서 나온 작품들뿐입니다. 그러니까 차라리 '아테나이 비극'이라고 하는 게 더 적절하겠습니다. 물론 다른 도시들에도 극장 유적이 남아 있는 것을 보면, 어떤 식으로든 그들도 나름대로 작품을 만들었을 가능성이 있고, 더러 작은 조각글이 전해지기도 합니다. 하지만 온전한 작품으로는, 다른 도시에서 만든 것은 전해진 게 한 작품도 없습니다. 그리고 전해지는 비극이 33편이라고 했지만, 그중 한 편은 사튀로스극입니다. 《퀴클롭스》란 작품인데, 이것 역시 그 장르에 속하는 것으로는 유일 사례여서, 이것만 가지고는 사튀로스극의 전모를 파악하기가 곤란합니다.

자, 이번엔 방향을 돌려서 비극의 형식에 대해서 이야기해 보겠습니다. 사람들은 형식에 대해서는 잘 이야기하지 않습니다. 그리스 비극은 기본적으로 뮤지컬 형식으로, 노래 한 번, 대화 한 번, 노래 한 번, 대화 한 번, 이렇게 진행됩니다. 그런데 그 대사들도 운율이 있어서, '단-장 단-장'하는 운율이 한 줄에 세 번 나오는, 단장 3보격iambic trimeter이 쓰입니다. 반면에 노래들은 더욱더 자유로운 서정시 운율로 되어 있습니다. 그래서 대화 장면에서는 사건이 진행되고, 합창 장면에서는 방금 벌어진 사건의 의미가 무엇인지, 그 바탕에는 어떤 사건이 깔려 있는지, 앞으로 어떤 일이 일어날 것 같은지를 보여줍니다. 사건 진행 속도를 기준으로 보자면 대화 장면에서는 사건이 진행되고, 합창 장면에서는 그 진행이 중지되니까, 빠르고 느리고, 빠르고 느린 호흡이 생겨납니다. 사실은 거의 모든 시간 예술이 다 이렇습니다. 한편 비극에서 대화 장면과 합창 장면은 운율도 다르고 방언도 조금 다릅니다. 사건이 진행되는 부분에서는 아테나이 방언을 쓰고, 합창 장면에서는 놀랍게도 아테나이의 적수인 스파르타 방언을 씁니다. 물론 완전히 스파르타 방언은 아니고, 말하자면 서울 사람이 흉내 내는 지방말과 비슷합니다. 한데 직접 읽는 사람에게는 합창 장면이 이해하기 좀 어렵습니다. 길이가 긴 경우도 많습니다. 사실 합창 장면을 잘 이해하려면 신화를 알아야 합니다. 합창단이, 지금 일어나는 사건은 옛날의 어떤 사건과 비슷하다는 식으로 노래하는 경우가 많기 때문입니다.

한데 이 비극 작품들은 아테나이의 민주정과 생명을 같이했습니다. 민주정 아래서는 번성하다가 민주정이 약해지는 순간에 비극도 사그라졌습니다. 그 이유는 무엇일까요? 먼저 다른 문제를 보죠. 당시 아테나이 인구는 대략 20만 명 정도로 추정되는데, 이 작은 도시에서 몇십 년 사이에 대천재들이 그야말로 쏟아져 나왔습니다. 어떻게 그럴 수가 있었을까요? 제가 보기엔 두 가지 이유가 있습니다. 하나는 이 사람들의 활동 범위가 굉장히 넓었다는 것입니다. 그들은 온 세상을 다 돌아다녔고, 여러 가지 문화를 목격했습니다. 그래서 문화적 상대주의('나만 옳고 다른 사람은 모두 틀린 건 아니다')라는, 굉장히 포용력 있는 시각을 가지게 되었습니다. 또 하나의 이유는 민주정입니다. 민주주의라고 하는 것은 왕과 귀족들이 사라진 세계에서 보통사람들이 자기들끼리 토론해서 결정을 내리는 것입니다. 한데 이 결정이 잘못되면 자기들이 다 죽을 수도 있습니다. 나중에 6장에서 다룰 《펠로폰네소스 전쟁사》에서도 보겠지만, 전쟁을 하느냐 마느냐도 토론으로 결정했으니까요. 그러니 신중하게 생각해야 합니다. 토론 중에 봐주는 것도 없습니다. 상대의 논리적 허점을 사정없이 추궁합니다.

민주적 토론을 보여주는 다른 예는 크세노폰의 《아나바시스》입니다. 기원전 400년쯤에 소크라테스의 제자 하나가 페르시아 내전에 용병으로 참여합니다. 그와 함께한 1만 명 정도의 그리스인들은, 첫 번째 전투에서 고용주가 죽는 바람에 곤경에 빠집니다. 이들이 적국 한가운데인 메소포타미아에서 흑해까지 탈출하는 이야기가 《아나바시스》, 즉 '페르시아 원정기'입니다. 우리는 이 작품에서도 위기 상황에 그리스의 민주정이 얼마나 잘 작동되는지 볼 수 있습니다. 그들은 긴박한 여러 상황에서도 서로 의논해서 합의를 이루고, 난경을 벗어납니다.

이렇게 아테나이의 민주정과 비극 장르는 성쇠를 같이했습니다. 아테나이에서는 펠레폰네소스 전쟁이 끝난 뒤로도 민주정이 이어지기는 했지만, 이제 이 도시는 옛날처럼 강한 국가가 아니었습니다. 비극경연대회도 약해지고 주로 이전 작품을 재상연했기 때문에, 그 시대에는 작가보다는 오히려 배우가 중심적 위치를 차지했습니다. 배우가 몇 가지 레퍼토리를 소화할 수 있는지가 그 배우의 가치를 측정하는 기준이 되었다고 합니다.

현재 남아 있는 최초의 비극 작품은 기원전 472년의 《페르시아인들》이고, 마지막 작품이 에우리피데스가 죽으면서 남겨놓은 《박코스의 여신도들》입니다.

남편 살해 사건의 복잡한 원인들

'오레스테이아 3부작'이라고 했지만 사실 '오레스테이아'라는 작품은 없습니다. 이는 세 개의 작품《아가멤논》,《제주를 바치는 여인들》,《자비로운 여신들》을 통틀어 일컫는 명칭입니다. 두 번째 작품 제목에서 '제주祭酒'는 제물로 바치는 술입니다. 이 작품의 그리스어 제목은 '코에포로이Choephoroi'인데, '무덤으로 제물을 가져가는 여자들'이라는 뜻입니다. 이 여자들이 작품에서 합창단으로 설정되어 있는데, 제목을 여기서 가져왔습니다. 그리스 비극은 제목을 합창단에서 따오는 경우가 많습니다.

한편 첫 번째 작품 제목은《아가멤논》이어서 얼핏 아가멤논이 주인공 같은 인상을 줍니다. 하지만 대사 분량으로 치면 클뤼타임네스트라가 주인공입니다. 아가멤논은 잠깐 나왔다가 곧 죽는 것으로 끝입니다. 이 무슨 주인공이란 말인가요? 거의 '카메오' 출연 수준입니다. 그래서 '트로이아 전쟁의 전체 지휘관 아가멤논이 집에 오자마자 죽는다'가 한 줄로 요약한《아가멤논》내용입니다. 그로부터 약 10년 뒤에 아가멤논의 아들이 외국에서 돌아와 자기 어머니를 죽여서 아버지의 죽음을 복수하는 게, 또 한 줄로 요약한 둘째 작품의 내용이고, 셋째 작품 내용은 그 아들이 재판을 받고 무죄로 풀려난다는 것입니다.

작품 내용을 보기 전에 비극의 구성 부분 이름을 몇 개 배워두죠. 비극에서 중간중간 나오는 대화 장면은 '에페이소디온

epeisodion'이라고 부릅니다. 오늘날의 에피소드episode란 말의
어원입니다. 원뜻은 '노래와 노래 사이에 끼인 부분'입니다. 전
체의 맨 첫 장면은 '프롤로고스prologos'라고 합니다. 합창이 나
오기 전에 나오는 장면입니다. 요즘은 아무것이나 어떤 작품
맨 앞부분을 프롤로그prologue라고 하는데, 그 어원은 원래 꽤
전문적인 용어였습니다.

이제 《아가멤논》의 맨 앞부분, 그러니까 프롤로고스를 보겠
습니다. 첫 등장인물의 대사를 보면 아직 해뜨기 전입니다. 아
리스토텔레스 《시학》에는 대개 해 떠서부터 해 질 때까지 모든
사건이 다 일어난다고 되어 있습니다. 그런데 프랑스의 문예
이론가들이 이걸 엄격하게 해석해서 '3일치'라는 원칙을 만들
었습니다. 즉, 시간의 일치, 장소의 일치, 주제의 일치라는 것입
니다. '일치'는 영어로 '유니티unity'라는 말인데, 사실 일치라기
보다 시간적 단일성, 장소의 단일성, 주제의 단일성을 뜻합니
다. 하지만 나중 사람들이 그런 식으로 공식화한 것이고, 실제
의 비극 작품에서는 때때로 장소도 달라지고 시간도 달라지는
것을 보게 됩니다.

작품이 시작되고, 해 뜨기 직전 아직 깜깜한데 어떤 사람이
지붕 위에 있습니다. 그는 벌써 오랜 세월 밤마다 거기 엎드려
서, 트로이아를 함락했다는 소식이 봉화를 통해 전해지는지 지
키고 있는 중입니다. 그러다가 "아, 드디어 봉화가 도착했다!"
하고 외치며 기뻐합니다. 곧이어 합창단이 입장해, 트로이아

원정군이 떠날 때 어떤 일이 있었는지를 노래로 들려줍니다. 독수리 전조와 이피게네이아가 희생된 이야기 등입니다. 앞에 말했듯 미리 신화 공부를 해놓지 않았으면 이 대목이 좀 어렵게 느껴질 것입니다. 헬레네가 납치되어 그녀를 구하기 위해 일어난 것이 트로이아 전쟁입니다. 아울리스라고 하는 곳에 그리스 연합군이 다 모였습니다. 그런데 바람이 불지 않거나, 계속 역풍이 붑니다. 예언자가 아가멤논의 딸 이피게네이아를 제물로 바쳐야 한다고 하자, 왕은 그녀를 데려오게 합니다. 제물로 바칠 테니까 딸을 보내라고 하면 부인이 말을 들을 리 없습니다. 그래서 아킬레우스와 결혼시키겠다는 명목으로 딸을 데려옵니다. 마침내 딸도 어머니도 사실을 알고 슬퍼하는데, 아킬레우스는 자기가 핑계가 되었다는 말을 듣고는 처녀를 끝까지 지켜주겠노라고 다짐합니다. 우여곡절 끝에 드디어 처녀를 제물로 바치는데, 아르테미스 여신이 나타나서 그녀를 데려가고 대신 사슴을 가져다 놓습니다. 그렇게 해서 아가멤논은 전쟁터로 떠납니다. 이 모두 10년 전에 있었던 일입니다. 한데 이제 아가멤논이 돌아올 때가 되니까 합창단이 그 일을 노래한 것입니다. 합창단은 지금 벌어지고 있는 사건의 배경이 무엇인지 전해주는 역할을 하고 있습니다.

왜 아르테미스가 처녀를 제물로 바치라고 했는지에 대해서는 여러 가지 판본이 있습니다. 아가멤논이 자기가 사냥을 제일 잘한다고 으스대어 사냥의 여신이 화가 났다는 설명도 있고,

아가멤논이 신성한 사슴을 죽여서 여신이 분노했다는 판본도 있습니다. 한편 이 전쟁이 10년 뒤에 그리스 군의 승리로 끝나리라는 사실을 제우스가 인간들에게 보여주고자, 독수리를 보내서 새끼 밴 어미 토끼를 잡아먹게 했다는 판본도 있습니다. 새끼가 9마리여서 어미까지 모두 10마리가 잡아먹혔다는 것입니다. 그러자 새끼 동물들을 보호하는 아르테미스 여신이 감정이 상해서 이런 요구를 했다는 것입니다. 우리로서는 신들 간의 마찰 때문에 공연히 인간이 피해를 본 듯한 느낌이 드는데, 사실 이는 아이스퀼로스의 세계 이해를 반영한 것입니다. 즉, 이 세계에 일어나고 있는 사건들이 수많은 원인이 있는데, 우리는 그것을 다 알 수도 없고 이해할 수도 없다는 것입니다. 우리는 잠시 후에, 아가멤논이 집에 와서 죽는 사건에도 굉장히 많은 원인들이 밑에 쌓여 있음을 보게 될 것입니다. 그걸 보여주는 게 《아가멤논》이라는 작품의 핵심입니다. 우리 눈앞에 펼쳐지는 사건은 수많은 원인들이 함께 얽혀서 이루어내는 결말이란 말입니다.

파수꾼 장면에 이어서 합창 장면이 나옵니다. 코로스는 춤추면서 합창을 합니다. 사건의 배경, 그것에 대한 평가, 이어질 내용에 대한 예시 등을 보여줍니다. 합창 내용을 보면 지금 일어나고 있는 일보다 훨씬 전으로 돌아가는데, 서사시 《일리아스》 이래의 전통입니다. 《일리아스》에서도, 트로이아 전쟁이 10년 동안 계속됐는데, 첫째 해는 무슨 일, 둘째 해는 무슨 일, 이렇게 다 언급하지 않고, 갑자기 마지막 해의 사건으로 시작합니다. 하지만 차차 읽어가다 보면, 이전의 사건들도, 미래에 일어날 일도 알게 됩니다. 이처럼 이야기를 중간에서 시작하고 차차 앞뒤를 채워 넣는 방법을, 로마의 호라티우스라고 하는 시인이 '사태 한가운데로in medias res'라고 이름 지었습니다. 기원전 8세기에 호메로스가 처음 쓴 수법인데 이 작품에서도 그런 기법을 사용하고 있습니다.

이제 클뤼타임네스트라가 나와서 여기저기 제단에다 제물을 바칩니다. 합창단이 그 이유를 묻습니다. 왕비는 트로이아가 함락됐다는 소식을 전합니다. 그러고는 봉화가 전달된 경로를 소상히 밝힙니다. 트로이아에서 시작해서 어디, 어디, 30행 넘게 유명하지도 않은 지명들이 이어집니다. 직접 읽자면 상당히 지루한 부분인데, 몇 가지 설명이 가능합니다. 우선 옛날 사람들은 '목록시catalog poem'를 좋아했다는 점입니다. 《일리아스》 제2권의 '배들의 목록'이 그 대표적인 사례입니다. 트로이아 전쟁을 위한 부대들을 누가 어디서 배 몇 척과 함께 데리고 갔는지, 수백 행에 걸쳐 소개됩니다. 현대인이 보기엔 그 내용이 너무나 지루하기 때문에 이 대목에서 읽기를 포기하는 사람이 많습니다. 하지만 옛 사람들은 이런 종류의 목록시를 좋아했다는 걸 알아야 합니다. 사실 현대에도 이런 것이 꽤 있습니다. 가장 대표적인 게 초등학교 저학년에서 외우는 구구단입니다. 그 숫자들의 목록을 한번 소리 내어 외워보세요. 거의 민요처럼 반복적인 높낮이와 장단이 있다는 걸 확인하게 될 것입니다. 또 다른 예로 〈독도는 우리 땅〉이라는 노래를 들 수 있습니다. "동경 132, 북위 37, 평균기온 12도, 강수량은 1300." 이걸 우리가 어떻게 기억할 수 있을까요? 이게 다 선율에 얹힌 정보, 즉 목록시이기 때문입니다. 판소리 《흥부가》의 '제비 노정기', 《춘향가》에서 어사또 남행 장면도 다 마찬가지입니다. 예나 지금이나 사람들은 목록시를 즐겁게 듣고 보고 암송해왔습니다.

'봉화의 길' 목록시의 역할 중 일부는 인문학을 공부하는 목적과 관련이 있습니다. 인문학 공부의 목표는, 나와 세계를 알고 타인과 소통하자는 것입니다. 우선 내가 어디 있는지 알려는 것입니다. 그리고 이것은 우리가 편협성을 벗어나는 데 도움이 됩니다. 자기가 처한 상황이 그냥 영원한 것이라고 생각하는 사람은 자신 이외에 다른 것은 생각하지 못합니다. 하지만, 우선 시간적으로 내가 이 자리에 있는 것은 우연입니다. 만일 제가 100년 전에 이 자리에 있었으면 뭘 하고 있었을까요? 1000년 전이라면, 혹은 1만 년 전이라면? 공간적으로도 내가 지금 '여기에' 있다는 것은 우연입니다. 나는 이곳 아닌 다른 곳에 존재할 수도 있었습니다. 제가 사막이나 정글에서 태어났다면 어땠을까요? 이런 사고실험은 우리의 이해와 관용성을 확장시켜 줄 것입니다. 그 시작은 지금 여기가 어떤 곳, 어떤 시점인지 확인하는 데 있습니다.

또 하나 이 '봉화길 목록'에는 심중한 의미가 있습니다. 얼른 보기에 이 《아가멤논》이란 작품의 표면에는 아가멤논 집안의 파멸 이야기가 흘러가고 있습니다. 하지만 그 바닥을 보면 트로이아 왕가의 파멸 이야기가 숨은 채 흘러가고 있습니다. 이 봉화의 길 장면은 그 두 흐름을 연결하는 의미가 있습니다. 트로이아를 멸망시킨 불길이 봉화를 타고 달려와서는 드디어 아가멤논 집 중앙에 놓인 화덕에 자리 잡는 것입니다. 매우 상징적인 장면입니다. 이 '재앙 불길의 이어짐'은 잠시 후에 등장하는 캇산드라의 역할과 연관이 있습니다. 트로이아 공주이자, 아폴론 신의 여사제, 아무도 믿어주지 않는 불길한 예언자. 그녀가 포로 신분으로 이 집에 나타나는 데는 여러 가지 (작가의) 목적이 있지만, 멸망의 불을 품고서 직접 여기 와서 죽는 게 그 하나입니다. 그녀는 사람의 외양을 지닌 '파멸의 불'입니다. 다른 역할도 미리 언급하자면, 그녀는 예언자이기 때문에 과거도 보고 미래도 보며, 또한 지금 집안에서 일어나는 일도 볼 수 있습니다. 그래서 곧 일어날 사건의 배경이 무엇이고, 현재 집 안에서 무슨 일이 일어나는지 밝혀주는 역할도 합니다. 이것이 캇산드라의 등장 이유 중 다른 하나입니다.

왕비가 봉화가 전해진 경로를 설명한 직후, 곧바로 아가멤논의 도착을 알리는 전령이 나타납니다. 방금 봉화가 왔는데 어떻게 벌써 사람이 나타나느냐고 물을 수도 있지만, 일종의 '시적 허용'이라고 보아야 합니다. 앞에 말한 아리스토텔레스의 원칙에 따라 하루 안에 모든 일이 일어나야 하기 때문에, 말하자면 시간이 단축된 것입니다. 전령은 고향 땅에 반가운 인사를 보냅니다. 합창단은 트로이아에서 어찌 지냈는지 사정을 묻습니다. 대답은 좀 의외입니다. 《일리아스》에 나오는 멋진 영웅들의 대결 따위는 없습니다. 겨울에는 어찌나 추운지 새도 얼어 죽을 지경이고 여름에는 어찌나 더운지 쪄 죽을 정도이며, 잠자리도 마땅치 않아서 갑판에서 잠을 잤고, 이가 들끓어 고생했다는 것입니다. 너무나도 누추하고 적나라한 현실을 드러내주는 보고입니다. 이 장면이 서사시와 다른 이유는 일단 전령의 신분이 상당히 낮은 것으로 설정되었다는 점 때문입니다. 전령조차도 일종의 귀족으로 설정된 《일리아스》와는 큰 차이가 있는 셈입니다.

또 트로이아가 그토록 구질구질하게 그려진 다른 이유는, 그 전쟁을 지휘했던 아가멤논이 바로 여기에 와서 죽어야 하기 때문입니다. 말하자면 그는 이런 저급한 환경과 함께, 피살되기에 적절한 지위로 내려가는 중입니다. 《일리아스》에서는 부상조차도 깔끔합니다. 모든 부상이 즉각적인 죽음 아니면 아주 경미한 피해입니다. 현실에서라면 많은 경우 칼로 특히 복부를 찔리면 패혈증에 시달리다가 고통스럽게 죽을 것입니다. 하지만 그런 묘사는 《일리아스》에 보이지 않습니다. 귀족답게 멋지게 싸우고 깨끗하게 죽어 떠날 뿐입니다.

이어서 합창단은 중요한 질문을 던집니다. 귀향길에 무슨 일을 겪었는지 하는 것입니다. 답은, 도중에 엄청난 풍랑을 만나 모두 어디론가 사라졌는데, 자기네만 이상하게도 아무 피해도 입지 않고 돌아왔다는 것입니다. 아마도 신들은 아가멤논을 살려냈다가 자기 아내에게 죽임을 당하게 하려 했던 듯합니다.

한데 이런 대화를 바로 곁에서 클뤼타임네스트라가 듣고 있었습니다. 아마도 시인, 또는 그를 대신하는 연출가는, 그녀가 계속 제단에 제물을 바치면서 대화를 엿듣는 것으로 연출했겠죠. 여기서 잠깐 비극 읽는 방법에 대해 생각해보죠. 사실 희곡(연극 대본)은 어떤 면에서 독자를 불편하게 하는 장르입니다. 소설을 읽으면 묘사가 잘 되어 있기 때문에, 죽 읽어나가기만 해도 장면이 머릿속에 다 떠오릅니다. 반면에 희곡에는 아무 묘사도 없이 그저 덜렁 대사만 적혀 있습니다. 등장인물이 어떤 옷을 입고 있는지, 얼굴 표정은 어떤지, 어떤 동작을 하는지 독자가 모두 집어넣어야 합니다. 제 조언은 이렇습니다. 작품에 나오는 대사를 직접 소리 내어 읽어보라고, 같은 대사도 한번은 야비하게, 다음엔 진중하게, 또는 경망스럽게. 이 모든 게 가능한 해석의 선택지입니다. 이렇게 해석의 여지를 많이 주는 게 연극 대본입니다. 이런 연습은 나로 하여금 배우, 작가, 연출가가 되보게 합니다.

다시 클뤼타임네스트라에게로 돌아가죠. 이제 그녀가 남편을 죽이기 아주 쉬운 상황이 되었습니다. 그는 혼자입니다. 신화 공부가 덜 된 독자라면 이 작품의 줄거리를 대하고서 의문을 품었을 것입니다. 아가멤논이 전쟁터에 갔다 돌아오자마자 자기 부인에게 죽을 위험에 처했는데, 그 형이 10년 동안 도움을 줬던 동생 메넬라오스는 어디서 뭘 하고 있었단 말이죠? 그 답이 여기 나와 있습니다. 풍랑을 만나서 이집트에 가 있는 참입니다. 물론 《오뒷세이아》를 읽은 독자라면 답을 이미 알고 있겠지만 말이죠.

'피의 카펫'에 서린 원혼들

그다음에 굉장히 유명한 장면이 나옵니다. '카펫 장면'이라고 하는 것입니다. 드디어 아가멤논이 집에 도착합니다. 부인이 나옵니다. 보통 여자라면 10년 만에 돌아온 남편에게 '여보' 하면서 달려가서 포옹하거나 어떤 식의 반가움을 표현할 것입니다. 하지만 클뤼타임네스트라는 그러지 않습니다. 남편을 앞에 두고도, 그보다는 합창단을 향해 "어때요. 제가 말한 대로죠?" 하고 항변조로 말합니다. 남편과는 눈도 마주치기 싫다는 이야기이겠습니다. 우리는 비극을 읽을 때, 무엇이 있는지뿐만 아니라 무엇이 없는지에도 주목해야 합니다. 당연히 일어나야 하는 사건 중 어떤 게 생략되었는지를 잡아내야 합니다. 그러자면 한 사건 다음엔 뭐가 있어야 하는지 예상하면서 지켜보아야 합니다. 그 예상이 어긋났으면 왜 작가가 이렇게 했는지 생각해야 합니다.

클뤼타임네스트라는 그러고 나서야 남편을 향해 말을 건넵니다. 굉장히 뻔뻔한 내용입니다. 나는 개처럼 집을 잘 지켰노라고, 외간남자 따위는 필요도 없었노라고 합니다. 얼핏 거짓말로 들리지만, 거의 사실입니다. 그녀는 남자가 필요 없는 여자입니다. 물론 그녀에겐 애인이 있었습니다. 하지만 그 남자 아이기스토스는 작품 맨 끝부분에 잠깐 여자 뒤에 숨어 으스대는 인간으로 등장할 뿐입니다.

클뤼타임네스트라는 아가멤논 앞에 화려하기 그지없는 카펫을 깔게 합니다. 그러고는 남편에게 그것을 밟고 궁 안으로 들어가라 권합니다. 요즘에는 물자가 흔해져서 별반 대단해 보이지 않지만, 저 옛날에는 우선 자줏빛 염료가 굉장히 비쌌습니다. 소라나 고둥 종류를 으깨서 만드는데, 같은 무게의 금과 바꿀 정도여서 엄청난 부를 상징했습니다. 오늘날에도 가톨릭 교단에서는 자줏빛을 귀한 색으로 쓰는데, 바로 이런 이유 때문입니다. 하지만 아가멤논은 거절합니다. 이토록 화려한 의식은 오만한 짓이라는 이유로 말이죠. 여러 가지로 달래던 왕비가 최후로 왕의 허영심과 경쟁심을 이용합니다. 당신의 적수인 트로이아 왕 프리아모스라면 어떻게 했겠느냐고 묻습니다. 이 마지막 계략은 확실히 효과가 있었습니다. 아가멤논은 양보하기로 합니다. 하지만 마지막 겸양의 자세는 버리지 않습니다. 카펫을 밟기는 하겠지만, 신발은 벗겠노라는 것입니다. 일반적으로, 말싸움에서 지는 사람이 물리적인 싸움에서도 지는 게 비극의 관행입니다. 아가멤논은 부인에게 패배한 것입니다.

그는 이 카펫을 밟고 집 안으로 들어가서 다시는 나오지 못합니다. 이제 이 작품의 '타이틀 롤'이라고 할 수 있는 아가멤논의 역할은 끝났습니다. 이 작품을 구성하는 여러 에페이소디온 중 그저 한 꼭지에만 등장하는 것입니다. 이 작품의 실질적인 주인공은 처음부터 끝까지 무대를 떠나지 않는 클뤼타임네스트라입니다.

여기서 잠깐 현대인이 보기에 이상한 옛 관행 하나를 소개하겠습니다. 옛날에는 연극 한 편에 참여하는 배우가 많지 않아서, 두 명, 또는 세 명의 배우가 가면을 계속 갈아 쓰면서 여러 역을 맡아 공연했습니다. 그래서 곰곰 생각하면 이상하다 할 만한 일도 일어났습니다. 우리가 잠시 후에 볼, 두 번째 작품《제주를 바치는 여인들》의 전반부에서는 아가멤논의 딸이 나와서 자기 어머니가 나쁜 여자라고, 죽여야 한다고 외칩니다. 그녀는 후반부에는 아예 등장하지 않는데, 그럼 처음에 그 역할을 했던 배우는 무얼 했을까요? 답: 어머니 가면을 쓰고 나와서 죽는다. '저 여자 죽여라!' 해놓고는 자기가 그 여자 가면을 쓰고 나와서 죽는 것입니다. 한편 에우리피데스의《알케스티스》라는 작품에서는, 헤라클레스가 알케스티스라는 여자를 죽음으로부터 구하는데, 이 헤라클레스 역을 하는 배우는 극 앞부분에서 알케스티스 역을 맡았던 사람입니다. 구원하는 자와 구원받는 자를 같은 배우가 연기하는 것입니다. 물론 배우가 가면을 쓰고 등장했기 때문에, 관객들은 별 생각 없이 그냥 지나갔을 것입니다.

아가멤논은 자줏빛 카펫을 밟고 들어가서 다시는 나오지 못하는데, 이 카펫이 의미하는 바는 무엇일까요? 많은 학자들이 그것을 '피의 길'이라고 봅니다. 누구의 피일까요? 1차적으로는 트로이아 함락 과정에서 흘린 트로이아인들의 피, 그리고 전장에서 스러진 그리스 병사들의 피입니다. 이 두 번째 요소는 벌써 첫 번째 합창에 등장합니다. 수많은 건장한 젊은이들이 떠나갔다가, 돌아온 것은 가벼운 유골 항아리라고. 거기에 우리는 다른 피들도 더할 수 있습니다. 우선 전쟁 시작 단계에 순풍을 얻고자 제물로 바쳐진 아가멤논의 딸, 이피게네이아의 피가 있습니다. 더 이전, 그 윗대에서 가족 간의 다툼에 희생된 아이들의 피도 있습니다. 신화에 익숙한 사람이라면 다 알겠지만, 아가멤논의 아버지 아트레우스는 조카들을 잡아서 그 아비에게 먹였습니다. 이 모든 피들이 거대한 강이 되어 눈앞에 펼쳐진 것이 그 검붉은 카펫입니다. 어찌 보자면 그 집의 문은 거대한 괴물의 입 같기도 합니다. 카펫은 그 괴물의 혀입니다. 마치 개구리가 파리 잡아채듯, 그 혀는 돌아온 주인을 채어 들이고 삼켜버립니다.

아가멤논은 집으로 들어가기 직전 마지막 대사를 발합니다. 자신이 데려온 포로, 캇산드라를 잘 돌봐주라는 것입니다. 왕비는 그녀 역시 집 안으로 끌어넣으려 합니다. 처음에는 그저 거부할 뿐 아무 대답도 없습니다. 클뤼타임네스트라는 그녀를 미친 것으로 간주합니다. 이후로 캇산드라는 조금씩 조금씩 자신을 벗어나 소통을 향해 나옵니다. 처음에는 이해되지 않는 소리로, 다음엔 노래로, 마지막엔 누구나 알아들을 만한 대사로. 그녀는 우선 아폴론을 원망하고, 자기 사연을 소개합니다. 그녀는 아폴론의 애인이 되어주겠다고 약속해서 예언 능력을 받은 다음, 그 약속을 지키지 않았습니다. 그 탓에 진실한 예언을 전해도 누구도 그녀를 믿지 않았습니다. 저주받은 예언자입니다. 아가멤논은 그녀를 잡아서 첩실로 데리고 온 참입니다.

이제 캇산드라는 보통사람 눈에는 보이지 않는 옛 사건을 환각 속에 보고 전합니다. 집 안 식탁 앞에 아기들이 자기 내장을 들고 있는 게 눈에 보인다고. 거기에 더해서 지금 닫힌 문 안에서 벌어지는 일도 전합니다. 저 안에서 암소가 황소를 죽이려고 하고 있다고. 합창단이 그녀가 옛 일을 알아낸 것을 기이하게 여깁니다. 현재 벌어지고 있는 일에 대해서는 대충의 예감은 갖고 있지만 믿고 싶지 않습니다. 캇산드라는 아폴론을 원망하면서, 집 안으로 들어가서 죽겠노라고 선언합니다. 앞으로 자신들의 죽음을 복수해줄 사람이 나타날 것이란 예언도 잊지 않습니다. 하지만 집 안에서 풍겨오는 죽음의 냄새에 그녀는 움츠러듭니다. 당돌한 이 예언녀에게도 죽음은 쉽지 않았습니다. 상당히 제의적인 이 작품에서 거의 눈치 챌 틈도 없이 한순간 반짝하고 지나가는 사실성의 순간입니다. 대가다운 터치죠. 마침내 그녀는 사제의 복장과 장식을 다 벗어던지고 결연하게 집 안으로 들어갑니다. 아가멤논처럼 캇산드라도 아주 짧은 동안만 등장합니다. 그녀의 역할들에 대해서는 앞에 한 번 언급했습니다. 훗날의 복수에 대해서만 다시 이야기하죠. 캇산드라의 역할 중 하나는 자신의 애인 아폴론 신을 동원해 이 집안의 복수를 성취하는 것입니다. 다음 작품에 등장하는 복수자, 오레스테스는 바로 아폴론의 명을 받아 임무를 수행하게 됩니다. 마치 아폴론이 비명에 죽은 캇산드라의 죽음을 복수하라는 듯합니다. 그러니까 아가멤논의 죽음에 여러 원인이 있었던 것처럼, 클뤼타임네스트라의 죽음도 그러한 것입니다.

　잠깐 여기서 배우와 배역의 문제를 생각해보죠. 이 작품에는 배우가 세 명입니다. 배우 숫자를 계산하자면 사람이 제일 많이 나오는 장면을 생각하면 되는데, 이 작품에서는 아가멤논과 클뤼타임네스트라 장면입니다. 그들 곁에 캇산드라가 있었기 때문입니다. 제1배우는 클뤼타임네스트라 역입니다. 처음부터 끝까지 한 사람이 같은 역으로 나옵니다. 한편 아가멤논 역을 했던 배우는 제2배우로서, 아마 맨 마지막에 등장하는 아이기스토스 역할도 했을 것입니다(귀족은 귀족끼리 묶어서). 그렇다면 피살자와 살해자(공범이거나 적어도 방조자)를 같은 배우가 맡은 게 되어, 이것도 앞에 말한 '이상한 경우' 중 하나가 되겠습니다. 사실은 제3배우가 제일 분주하고 임무도 복잡한데, 맨 앞의 파수꾼, 그다음의 전령, 그리고 캇산드라 역을 해야만 했을 것입니다. 이것만 해도 상당히 복잡한데, 이보다 더 심한 경우도 있어서 일반적으로 제3배우는 들락날락 계속 옷을 갈아 입고 다른 가면을 쓰고서 여러 역할을 해야 합니다. 얼핏 보기엔 제1배우가 제일 중요한 사람 같지만, 가만히 생각해보면 제3배우도 굉장한 능력이 필요한 사람입니다. 게다가 이따금 남자 역할과 여자 역할을 번갈아 해야 하니 목소리 조절에도 능해야 합니다. 참고로, 그리스 극장은 1만 명 이상 들어가는 큰 규모의 것이 많습니다. 저 뒤까지 소리가 잘 가게 하려면 상당한 재능과 훈련이 필요합니다. 물론 그리스 극장은 음향이 좋기로 유명합니다. 바닥에서 반사되는 소리와 벽이나 관객에게 흡수되는 소리가 적절하게 조화된 경우가 많습니다. 울림이 너무 큰 곳이라면 소리가 서로 엉키지 않게 대사를 천천히 해야만 합니다.

《아가멤논》이라는 작품을 가장 단순하게 보는 방법은, 치정 살인극으로 보는 것입니다. 아가멤논이 집을 떠나 있는 사이에 그의 아내 클뤼타임네스트라는 사촌 시아주버니 아이기스토스와 바람을 피웠습니다. 그리고 남편이 돌아오자, 이 불륜 커플은 공모해서 그를 살해합니다. 한 유명한 그림에서는, 남자가 뒤에서 죽이라고 부추기고, 그 앞에는 여자가 칼을 들고서 침상에 누운 남편을 노려보고 있습니다. 이 그림에서는 남자가 잠든 틈에 죽이는 것으로 설정한 듯한데, 사실은 남편이 목욕할 때 그물 비슷한 것을 뒤집어씌워 죽였다는 게 가장 유명한 판본입니다. 결정적인 가격을 한 것이 클뤼타임네스트라인지 아이기스토스인지도 판본마다 다르고, 그 도구도 칼이라는 판본도 있고 도끼라는 판본도 있어서, 이것만으로도 네 가지 조합을 만들 수 있습니다.

클뤼타임네스트라, 도끼를 든 여성 영웅?

이제 마지막 장면입니다. 안에서 비명소리가 들리고, 합창단이 어찌할지 망설이는 사이, 클뤼타임네스트라가 등장합니다. 피가 뚝뚝 떨어지는 도끼를 들고 나와서 당당하게 자기 행동을 정당화합니다. 그녀는, 자기가 해야 할 일을 했다고, 남편이 자기 자식을 죽였기 때문에 자신도 그를 죽여서 복수했을 뿐이라고 선언합니다. 하지만 이어지는 합창단과의 '노래 대화' 장면에서, 앞에 언급된 여러 원인들이 거의 모두 여기 재등장합니다. 특히 그녀가 자신을 이 집안의 해묵은 악령이라고 소개하는 대목은 한편 어떤 진실을 담고 있으면서도, 듣기에 으스스합니다.

이 대화에서 얼핏 아이기스토스가 언급되긴 하지만, 앞에 말했듯 그녀는 남자가 필요 없는 여장부입니다. 특히 이 작품 마지막 부분에서 중심인물은 확실히 클뤼타임네스트라입니다. 더러 '프로타고니스트protagonist'란 단어를 들어본 독자도 있을 것입니다. '제1배우'라는 뜻입니다. '프로토스protos'가 '맨 앞의'란 뜻이고 '아고니스트agonist'는 '행위하는 사람'입니다. 이 작품의 프로타고니스트는 클뤼타임네스트라입니다. 그런데 사실 배우들은 전부 남자들이었습니다. 여자 역할도 남자가 여자 가면을 쓰고 나와서 연기했습니다. 배우는 차치하고, 여자가 극장에 관람하러 갈 수 있었는지도 분명치 않았습니다. 물론 아리스토파네스 희극에서는, 극장에 안 가보고는 할 수 없는 이야기들을 여자 등장인물들이 합니다. 하지만 남자들에게 건네들은 것을 써먹는다는 설정일 수 있습니다. 아마 지역마다 차이가 있었을 것입니다. 한편 여자가 남자같이 행동하는 건 축제의 성격에 걸맞습니다. 축제에서 성역할이 뒤집어지는 것은 꽤나 일반적인 관행입니다. 더구나 디오뉘소스라면 여성적인 면모가 강한 신이었으니, 그의 축제에 바치는 제물 격이었던 연극 공연에서 성역할의 전도顚倒가 일어나는 것은 어쩌면 당연한 일입니다.

이어지는 장면은 좀 지리멸렬합니다. 아이기스토스가 등장해서 으스대다가 합창단과 말다툼을 벌이고, 클뤼타임네스트라가 그를 집 안으로 데리고 들어가는 것으로 끝나기 때문입니다. 여기서 꽤 중요한 대목이 하나 나옵니다. 아이기스토스가 아가멤논의 시신을 가리키며 시신을 덮고 있는 직물에 대해 언급한 점입니다. 그 장면은 그다음 작품에 거의 똑같이 반복될 것입니다.

여기서 '막이 내렸다'고 하고 싶지만 고대에 막 같은 건 없었습니다. 벌건 대낮에 거의 아무런 무대장치도, 조명도, 막도 없이, 거의 모든 것을 상상에 의지해서 그려내야만 했습니다. 어쩌면 그게 오히려 상상력 발달에 도움이 되었다고 해야 할지도 모르겠습니다.

사실 이 작품은 다른 작품에 비해 길이가 꽤 깁니다. 그리스 비극의 길이는 1400~1500행이 기준입니다. 계산하기 편하게 1500행으로 잡으면 네 작품 한 묶음은 6000행이 되고, 이것이 아리스토텔레스가 《시학》에서 작품의 적절한 길이로 제안한 것입니다. 그는, 어떤 작품이 앞에서부터 뒤에까지 한눈에 볼 수 있는 한 길이가 길수록 좋다면서, 뒤이어 하루에 상연되는 비극 정도 길이면 충분하다고도 했습니다. 그래서 학자들은 대개 이 6000행을 비극 4부작 길이라는 뜻으로 받아들입니다. 그리고 이 길이에 맞춰 쓴 작품이 헬레니즘 시대의 서사시 《아르고호 이야기》입니다. 어쨌든 《아가멤논》은 상당히 깁니다. 반면에 같이 묶여서 발표된 나머지 두 작품은 1100행 정도로 매우 짧습니다. 그래서 세 개를 합치면 4500행이 채 안 됩니다. 오히려 다른 3부작보다 짧은 감이 있습니다. 첫 작품이 길어서 좀 힘이 들더라도, 이후에 짧은 것들이 기다린다고 생각하면 끝까지 읽어내는 데 도움이 될 것입니다.

어머니의 젖가슴을 물어뜯어야 하는 아들의 운명

이제 이 3부작의 두 번째 작품, 《제주를 바치는 여인들》을 보겠습니다. 아가멤논이 죽은 지 약 10년 뒤에, 외국으로 보내졌던 그의 아들이 돌아와서 아버지의 죽음을 복수한다는, 즉 자기 어머니를 죽인다는 내용입니다. 첫 장면에서는 아가멤논의 아들 오레스테스가 아버지의 무덤에 제물을 바치다가, 역시 제물을 바치러 온 자기 누이 엘렉트라와 마주칩니다. 엘렉트라는 어머니 클뤼타임네스트라의 명을 받고 온 것인데, 간밤에 이 왕비가 악몽을 꾸었기 때문입니다. 꿈속에 왕비가 아기를 낳았는데 뱀입니다. 그 아기에게 젖을 물렸더니 뱀 아기가 엄마의 젖가슴을 물어뜯어서 젖과 피가 섞여서 콸콸 쏟아집니다. 그녀는 비명을 지르면서 깨어나, 그 꿈을 남편이 보냈다고 생각합니다. 그래서 남편의 원혼을 달래고자 딸을 시켜 제물을 가지고 무덤을 찾게 한 것이고, 그 무덤가에서 오누이가 서로 만나게 된 것입니다.

누이가 도착하기 전에 오레스테스는 아버지 무덤에 제물을 바치고 있었는데, 그중에는 자기 머리카락도 포함되어 있습니다. 그때 여자들이 검은 옷을 입고 다가옵니다. 오레스테스와 그의 친우 퓔라데스는 무덤 뒤로 몸을 숨깁니다. 여자들은 무덤에 제물을 바치고 기도를 드립니다. 여기서 잠깐 고대 그리스의 영웅숭배에 대해 설명하는 게 좋겠습니다. 고대에는 위대한 인물들을 죽은 뒤에 신처럼 섬기는 관행이 있었습니다. 이런 이들을 '영웅heros'이라고 부릅니다. 영웅이란 말에도 여러 뜻이 있으니, 그것도 구별해보죠. 우선 신의 자손들을 영웅이라고 부르는 용법이 있는데,《일리아스》에 등장하는 영웅이 그런 사람들입니다. 여기에는 체력, 체격, 담력, 기백 같은 것이 중점이고, 타인을 위한 희생정신 같은 건 아직 보이지 않습니다. 한편 오늘날에는 이 단어를 '우리 시대의 진정한 영웅은 소방관이다' 하는 식으로, 어려운 상황 속에서 자신의 위험을 감수하며 타인을 구해내거나 도움을 주는 사람이란 뜻으로 많이 사용합니다. 한데, 고대 그리스에서는 이 두 가지와는 조금 다르게 종교적 의미의 영웅들을 섬겼습니다. 살아서 큰 업적을 이룬 사람이 죽으면 작은 신으로 섬겼던 것입니다. 이런 영웅들은, 아주 큰 위력까지는 아니지만 한 지역을 지켜주는 정도의 능력은 가진 것으로 여겨졌습니다.

이 작품에서 아가멤논의 무덤에 제물을 바치는 여인들이 기원하는 것도 그러한 영웅숭배와 관련이 있습니다. 엘렉트라는 '영웅'인 죽은 아버지에게, 동생이 얼른 돌아와서 아버지의 죽음을 복수하게 해달라고 기원하는 것입니다. 그러다가 머리카락을 발견합니다. 그녀는, '여기에 머리카락을 바칠 사람은 내 동생밖에 없는데' 하면서 머리카락을 들어서 자기 머리에 대어 봅니다. 두 머리카락이(아마도 색깔과 굵기 등이) 완전히 같음을 확인합니다. 게다가 무덤 주위에 발자국도 있습니다. 그녀는 그 발자국에 자기 발을 대봅니다. 그녀의 발과 똑같습니다. 아마도 그녀는 그 발자국에 자기 발을 맞추며 한 걸음씩 따라갔을 것입니다. 발자국은 무덤 뒤로 이어지고, 거기에 자기 동생이 있습니다! 하지만, 머리카락과 발 모양으로 사람을 알아보다니!

오늘날의 우리가 볼 때는 말이 안 되는 것 같습니다.

이 두 번째 작품을 해석하는 데 큰 쟁점 두 가지가 있습니다. 하나는 10여 년 전에 헤어진 오누이가 서로 어떻게 알아볼 것인지 하는 문제이고, 또 하나는 어머니를 먼저 죽일 것인지 그녀의 애인을 먼저 죽일 것인지 하는 문제입니다. 먼저 두 사람이 서로 알아보는 문제를 보죠. 이 문제는 아리스토텔레스의 《시학》 내용과 연관이 있습니다. 그가 말하기를, 비극에는 단순한 구성과 복잡한 구성이 있는데 복잡한 구성이 더 낫고, 그렇게 되기 위해서는 두 가지가 필요하다고 했습니다. 하나는 '알아보기' 장면이고 하나는 '급격한 반전'입니다. 그리고 이 두 가지가 서로 가까이서 일어나면 더 좋다고 했습니다. 급격한 반전은 굉장히 낙관적인 분위기였다가 갑자기 비관적 상황으로 급격히 변화한다든지 하는 것입니다. 알아보기 장면은, 방금 나온 것처럼 10년 전에 헤어진 오누이가 서로 알아보는 것이나, 오이디푸스가 자신의 신분을 깨닫는 순간 같은 것입니다. 오늘날 영화 등에서는 이런 중대한 사건이나 변화는 작품의 맨 마지막에 일어나는 경향이 있는데, 그리스 비극에서는 제일 중요한 장면이 작품 한가운데서 일어나는 경향이 있습니다. 이는 그리스 사람들이 추구하던 즐거움이 오늘날과는 조금 달라서입니다. 현대에 '서스펜스(긴장감)'라고 부르는 것에 가깝습니다. 당시의 관객은 여러 가지 신화 판본을 알고 있었는데, 지금 상연되는 작품에서는 어떤 판본을 택할 것인지, 자기가 아는 판본을 끝까지 따라가게 될 것인지 등을 주시하면서 공연을 보았을 것입니다. 그 과정에서 마지막이 아니라, 중간쯤에 아주 중요한 장면이 나오게 됩니다. 물론 작가들끼리 이렇게 하자고 약속한 것도 아니고, 그 당시에 무슨 이론서나 작시 지침이 있었던 것도 아닙니다. 심지어 아리스토텔레스의 《시학》에도 그 중대한 반전의 위치가 지정되어 있지는 않았습니다. 그저 현재 남아 있는 작품들을 보면 일반적으로 그런 경향이 있다는 것뿐입니다. 참고로 말하면 아리스토텔레스 역시 비극이 가장 번성하던 시기는 직접 겪지 못했습니다. 그는 비극 전성기로부터 두 세대 정도 뒤에 살았던 사람입니다. 그래서 예로 드는 비극들이 비극경연대회에서 최초로 상연되는 것을 직접 보지는 못했습니다. 물론 재상연은 봤을 가능성이 있고, 좋은 작품은 읽기만 해도 효과가 나타난다고 쓰기도 했으니, 어쩌면 그냥 대본으로만 읽었을 수도 있습니다. 그러니 비극 작가들은 아리스토텔레스 《시학》의 기준에 따라서 작품을 쓴 게 아닙니다. 사실 작품의 실제 내용과 《시학》이 소개하는 그 작품의 내용이 다른 대목도 꽤 눈에 띕니다.

다시 오누이가 알아보는 장면으로 돌아가죠. 후배 작가인 에우리피데스도 나중에 공격하지만, 도대체 발자국과 머리카락으로 사람을 알아볼 수 있느냐고 합리적인 의문을 제기할 수 있습니다. 하지만 여기서 작가는 사실성보다는 관습적인 개념에 의지하고 있는 듯합니다. 서로를 손발을 이용해서 알아본다는 문학적 전통이 있었기 때문입니다. 가장 대표적인 것이 《오뒷세이아》에 나오는 사례입니다. 오뒷세우스는 20년 만에 늙은 거지 모습을 하고 집에 돌아갑니다. 그의 아내는 어린 오뒷세우스를 길러주었던 유모를 불러 그의 발을 씻기게 합니다. 아내는 자기 남편의 손발도 지금쯤 이렇게 되었으리라고 말합니다. 이어서 유모는 나그네의 발이, 집 떠나서 돌아오지 않는 이 집 주인과 너무나도 닮았음을 지적합니다. 한국의 근대 소설 《발가락이 닮았다》에도, 생식능력이 없는데도 아내가 낳은 아기 발가락이 자기와 닮았다며 정말로 자기 핏줄이라고 주장하는 인물이 나옵니다. 아마도 그 소설의 작가는 호메로스와 거의 같은 생각을 했던 듯합니다. 그리스 신화에서 예를 더 찾자면, 바로 아가멤논의 조상대에 그런 일이 있었습니다. 앞에 본 《아가멤논》에서 토막 난 채 요리되어 자기 아비에게 먹혔다는 그 아이들 이야기입니다. 아트레우스가 형제 튀에스테스에게, '네가 먹은 게 뭔지 알려면 이것을 보아라' 하면서 죽은 아이들의 머리와 손발을 보여주었다는 것입니다.

이제 신분을 확인한 오누이는 저승에 있는 아버지 혼령을 불러올리려 길고 긴 기도를 드립니다. 이 작품은 그리스 비극 역사상 가장 어두운 작품으로 알려져 있습니다. 아들이 어머니를 죽인다는 중심 사건도 그렇지만, 이 장면도 그런 평가에 크게 한몫하고 있습니다. 이 부분은 형식적으로 특이하게 되어 있는데, 합창단과 배우가 서로 번갈아가며 노래를 교환하는 식으로 짜여 있어서입니다. 이런 노래를 '애탄가'라고 합니다. 이 명칭은 원래 '가슴을 두드리는 노래kommos'라는 뜻입니다. 이 대목은 보통 '대*애탄가'라고 부릅니다. 마침내 긴 기원의 노래가 끝나자, 오레스테스는 누이에게 아버지 무덤을 방문한 특별한 이유가 있는지 묻습니다. 누이는 어머니의 꿈 이야기를 들려줍니다. 그 이야기를 들은 오레스테스의 반응이 놀랍습니다. 자신이 꿈속의 아기 뱀이 되겠노라 선언한 것입니다. 조금 전에 오누이는 저승으로부터 죽은 아버지의 혼령을 불러올리려 애를 썼습니다. 하지만 이제 그럴 필요가 없어졌습니다. 아들이 아버지의 원령 노릇을 하기 때문입니다. 이는 《아가멤논》에서 클뤼타임네스트라가 자신이 이 집안의 원령이라고 말하는 장면에 상응합니다. 그리고 여기가 이 작품의 물리적인 중심부입니다.

다음 장면에서 오레스테스는 왕궁 앞에 나타납니다. 저물녘입니다. 고대에는 손님이 찾아오면 반드시 접대를 하는 게 원칙이었습니다. 오레스테스는 문을 두드리며, 남자든 여자든 누가 나와도 좋지만 되도록 남자가 나오는 편이 더 나으리라고 말합니다. 남녀 두 사람을 죽여야 하니까, 현실적으로 따지자면 완력이 강한 남자를 먼저 처치하는 게 낫긴 하겠죠. 하지만 여기에는 은근히 모친살해라는 부담을 피하고 싶은 마음도 깔려 있습니다. 사실 오레스테스는 거의 끝까지 어머니란 말을 안 쓰는데 어머니를 죽인다는 게 부담스러워서였을 것입니다. 한데 그를 맞으러 나온 사람은 하필 어머니 클뤼타임네스트라입니다. 오레스테스는 한사코 어머니와 대면을 피하려 하지만, 작가는 무자비하기 그지없습니다. 만날 수 있는 최초의 순간에 어머니와 아들을 마주 대하게 한 것입니다. 하지만 어머니는 어려서 떠났다가 장성해서 돌아온 아들을 알아보지 못합니다. 오레스테스는 심부름꾼인 듯, '이 집 아들 오레스테스가 죽었다'고 전합니다. 클뤼타임네스트라는 그 소식을 재앙이라 탄식하고, 집안의 희망이 무너졌노라고 슬픔을 표현하긴 하지만, 손님을 집 안에 들이는 걸 거부하진 않습니다. 나중에 소포클레스도 같은 방식을 택하는데, 이 집 아들이 죽었다는 말은 거의 사실입니다. 어머니 죽인 사람이 어떻게 행복하게 살 수 있을까요? 어머니를 죽이는 순간, 혹은 죽이자고 결심하는 순간, 아들의 영혼은 벌써 무너진 것이고 죽은 자가 된 셈입니다. 그뿐만 아니라 오레스테스는 죽은 아버지의 화신이기도 합니다. 그러니까 이 구절은 '나 오레스테스는 죽은 자로서 당신을 찾아왔다'는 뜻일 수도 있습니다. 역시 으스스한 작품입니다.

오레스테스가 안으로 들어간 직후, 늙은 유모가 집에서 나옵니다. 자기가 애써 기른 아기가 죽었음을 슬퍼하면서, 손님이 왔다는 소식을 전하러 왕비의 애인 아이기스토스에게 가는 길입니다. 한데 유모의 대사가 좀 우습습니다. 자기가 어린 오레스테스에게 들였던 공을 강조합니다. 아기가 오줌 싸고 똥 쌀 때 기저귀 가느라고 고생을 많이 했다고 합니다. 지금 오레스테스는 어머니를 죽여야만 하는 운명에 봉착했습니다. 그 엄중

한 순간에 이런 희극적인 표현이 나오는 이유는 무엇일까요? 이는 클뤼타임네스트라의 악몽을 실현하는 장치 중 하나입니다. 오레스테스는 자기가 꿈속의 아기 뱀이 되겠다고 했습니다. 이제 잠시 후에 그가 어머니를 향해 칼을 들자 어머니는 갑자기 젖가슴을 드러냅니다. 그러면서 '너에게 젖 먹이던 가슴에 걸고 부탁하니 제발 죽이지 말아 달라'고 애원합니다. 그 젖가슴에 칼을 박으면, 아기 뱀이 금속으로 된 이빨로 젖가슴을 물어뜯는 격이고, 악몽이 실현되는 것입니다. 여기서 어머니가 젖가슴을 드러내는 장면이 조금 이상할지도 모르겠습니다. 하지만 이는 이미 《일리아스》에도 나오는 장면입니다. 작품 거의 마지막 대목입니다. 아킬레우스가 닥쳐오는데 헥토르는 성 밖에 서서 들어오지 않습니다. 그러자 그의 어머니 헤카베가 가슴을 드러낸 채, '아들아 너에게 젖 먹이던 가슴에 걸고 부탁하니 제발 들어오라'고 탄원합니다. 고대에는 남에게 뭘 부탁할 때는 증거가 되는 물건을 보여주는 게 관행이었습니다. 그러니까 이 장면은 《일리아스》를 본뜨면서 새롭게 전통을 이어가고 있는 셈입니다.

젊은이가 아기 뱀이 되기 위해서는 먼저 아기가 되어야 합니다. 그래서 그의 유모가 나와서, 아기의 배변 실수에 대해 언급합니다. 3부작 첫 번째 작품에서 아가멤논을 한낱 필부匹夫로 죽이기 위해서는, 먼저 엄청나게 지위 높은 왕이 아니라 진흙탕 속에서 뒹굴던 하급 병사로 낮추어야 했던 것과 마찬가지입니다. 이 첫 번째 작품과 두 번째 작품은 구조가 똑같게 맞춰져 있습니다. 첫째 작품에서는 한 남자가 먼 땅에서 돌아오고, 이어서 그 남자와 한 여자가 죽습니다. 두 번째 작품에서도 한 남자가 먼 땅에서 돌아오고, 잠시 후에 여자와 남자가 죽습니다. 이렇게 두 작품을 같은 구조로 짜놓은 이유는 무엇일까요? 아마도 피의 복수는 영원히 악순환할 수밖에 없다는 것을 보여주려고 그런 듯합니다. 이처럼 형식에 주목하면 뭔가 새로운 이해의 길이 열립니다. 인물의 역할에 대해서도 마찬가지입니다. 한 인물의 존재 이유가 무엇인지 알려면 그가 없어진 상황을 상상해보면 됩니다. 방금 등장했던 유모의 역할도 그렇습니다. 그녀가 없으면 '아기' 오레스테스도 없어지고, '아기 뱀'으로서의 오레스테스의 면모도 약해지고 맙니다.

그다음 장면에는 약간 이상한 점이 있습니다. 그리스 비극에서 합창단은 중심적인 사건에 개입하지 않는 게 원칙입니다. 그래서 합창단은 대체로 노예 여성들이거나 남성 노인들로 설정된 경우가 많습니다. 사건에 개입할 물리적인 힘이 없는 사람들입니다. 물론 꼭 지켜야 하는 엄격한 규정까지는 아니었습니다. 사실 앞에 본 《아가멤논》에도 합창단 노인들이, '우리 왕을 죽이다니 참을 수 없다'며 칼을 뽑아 들고 달려들려는 장면이 있었습니다.

한데 이보다 더 심한 합창단 개입이 《제주를 바치는 여인들》 막바지에 나옵니다. 유모가 왕비의 애인을 데리러 가는데 합창단이 은근히 충고합니다. 위험이 전혀 없으니, 아이기스토스는 경호원들 없이 혼자 와도 된다는 것입니다. 비극사상 유례없는 개입입니다. 이 말 때문에 안전을 확신한 아이기스토스가 혼자서 돌아옵니다. 그러고는 여자들이 남의 말을 너무 쉽게 믿는다고 개탄하며, 자신이 직접 확인해보겠노라고 공언합니다. 하지만 '남의 말을 너무 쉽게 믿은' 사람은 바로 그 자신입니다. 그는 일단 문 안에 들어선 이후로 다시는 나오지 못합니다. 이어서 하인 하나가 문에서 뛰어나와 옆 건물의 문을 두드립니다. 아마도 집 안의 별도 건물 문을 두드린 것일 텐데, 관객에게 보여주기 위해 일단 대문 밖으로 나온 것이겠죠. 하인은 외칩니다, '죽은 사람들이 산 사람을 죽이고 있다'고. 이 대목에서 우리는 '죽은 사람들'이라는 복수 형태에 주목해야 합니다. '죽었다던 오레스테스가 실제로는 살아서 다른 이를 죽이고 있다'라는 뜻이라면 그냥 단수 형태로 쓰면 됩니다. 그런데도 복수를 사용한 이유는 무엇일까요? 작가는 여기에 슬그머니 '이미 죽은' 아가멤논까지 가세했음을 표현해 넣은 듯합니다. 이 아들은 이미 죽은 자이면서, 다른 죽은 자의 대리이기도 한 것입니다.

신의 음성, "그렇다면 신탁은?"

하인의 표현 밑바닥에 깔린 의미를 클뤼타임네스트라는 얼른 알아듣습니다. '아, 그 말이 무슨 뜻인지 알겠구나. 도끼는 어디 있느냐?' 하지만 이제 그녀도 10년 전의 강력한 여장부가 아닙니다. 그녀는 곧 젊은이들에게 제압당하고, 아들이 어머니를 향해 칼을 겨눕니다. 하지만 친어머니를 죽여야 하는 이 마지막 순간, 아들은 흔들립니다. 그는 굳게 결심하고 고향으로 돌아왔습니다. 신탁도 받았습니다. 그러나 마지막 선을 차마 넘지 못합니다. '아, 어머니를 죽이기가 두렵구나!' 그러자 곁에 있던 필라데스가 말합니다. 그러면 신탁과 예언, 맹세는 어떻게 되느냐고. 원문으로도 단 석 줄입니다. 이 대목까지 작품은 1000행 이상 진행되었습니다. 그동안 필라데스의 대사는 한마디도 없었습니다. 비극에는 이런 인물이 이따금 있기 때문에 관객들은 '대사 없는 인물'인 줄 알고 있었을 것입니다. 그런데 갑자기 입을 연 것입니다, 무려 1000행의 침묵 끝에! 이 3행의 대사는, 마치 구름 한 점 없이 맑던 하늘에서 순간 벼락이 떨어지듯 우리에게 충격을 가합니다. 신의 음성이 빙의되어 전달되는 듯합니다. 오레스테스는 그 '신탁'에 복종합니다. 이제 어머니의 죽음은 결정되었습니다.

클뤼타임네스트라는 아들을 설득해보려 하지만, 아들은 완강히 저항합니다. 마침내 설득을 포기한 어머니는 자신이 뱀을 낳았다고 한탄합니다. 중요한 대사입니다. 조금 전에 아기가 되었던 오레스테스는 이제 뱀이 되었습니다. 이 '아기 뱀'이 독니를 어머니의 가슴에 박기만 하면 간밤의 악몽이 현실화되는 것입니다. 하지만 아들이 친어머니를 살해하는 참상은 우리

앞에서 벌어지지 않습니다. 고대 비극에서 살인이나 자살같이 끔찍한 사건은 무대 뒤에서 일어나는 게 관행이었습니다. 그런 다음 꼭 필요하다면, 문이 열리면서 조그만 이동 무대에 시신을 실어 밖으로 끌어내어 보여줬습니다. 그리고 집 안에서 무슨 일이 있었는지는 전령, 또는 그에 해당되는 인물이 전해주었습니다.

오레스테스가 어머니를 끌고 집 안으로 들어간 후 합창단은 정의가 실현되었다고 기뻐합니다. 오레스테스가 다시 나와서 임무가 완수되었음을 보고합니다. 아버지가 죽을 때 그의 몸을 덮었던 겉옷을 내보이며 자기 행위가 정당했음을 강변합니다. 그러다 갑자기 정신이 어지러워지기 시작합니다. 머리에 뱀을 두른 여자들이 보인다며 달려 나갑니다. 그는 아폴론 신전이 있는 델포이를 향해 가는 참입니다. 이어지는 다음 작품에서 우리는 델포이 아폴론에게 가 있는 그를 보게 될 것입니다.

앞에서 이미 《아가멤논》과 《제주를 바치는 여인들》이 같은 구조로 되어 있다고 말했습니다. 그럼, 작가가 이렇게 같은 구조를 두 번 사용한 이유는 무엇일까요? 답: 피의 복수의 악순환을 보여주기 위해서. 이 악순환을 어떻게 끊을까요? 답: 재판 제도를 통해서. 비극 작품은 사람을 극한까지 몰아붙입니다. 비극의 주인공들은 늘 극한 상황에 처한 사람들입니다. 그들은 그 위기의 순간에 중대한 결정을 내려야 하는데, 대개 그 결정들은 잘못된 것입니다. 인류의 역사는 그런 개인적 결정의 오류를 집단적 지혜로 벗어나려 노력해온 과정일지도 모릅니다. 우리는 다음 작품에서 개인적 복수가 아니라, 집단적 결의를 통해 악순환이 끊기는 것을 보게 될 것입니다.

이야기를 급히 진행하다 보니, 앞에 제기했던 문제 하나를 그냥 남겨두고 왔습니다. 이 작품을 둘러싼 중요 쟁점 두 가지 중 하나는 '오누이가 서로 어떻게 알아보는가'라고 했습니다. 다른 하나는 작가가 모친살해를 정당화하는지 하는 문제입니다. 앞으로 두 후배 작가에게서도 문제 될 것인데, 이와 관련해서는 남녀 두 사람 중 누구를 먼저 죽이는지가 중요합니다. 남자를 먼저 죽이고 어머니를 나중에 죽이면, 작품이 끝나기까지 남아 있는 많은 시간을 모친살해에 대한 후회로 채우기가 쉽습니다. 이렇게 되면 관객/독자들은 어머니를 죽인 것이 과연 정당한가 하는 의문에 빠져들게 됩니다. 반면 살해 순서를 거꾸로 해서 정부 아이기스토스를 나중에 죽이면 남은 시간이 승리감으로 채워지기 쉽습니다. 그러면 모친살해의 정당성이 중심 주제로 떠오르지 않을 수 있습니다. 그러니까 아이기스토스가 먼저 죽고 클뤼타임네스트라가 나중에 죽는 이 순서는, 작가가 모친살해를 부정적으로 본다는 의미이기 쉽습니다. 이 문제는 다음 세대 작가들의 작품을 다룰 때 다시 보기로 하겠습니다.

저주받은 가문 혹은 인간 구원의 드라마

이제 마지막으로《자비로운 여신들》을 간단히 살펴보겠습니다. 이 작품은 페미니스트들에게 공격을 많이 받는 작품입니다. 아내가 남편을 죽였습니다. 그러자 아들이 와서 아버지를 위해 복수하노라고 어머니를 죽입니다. 그리고는 무죄로 풀려납니다. 그러니 남자의 목숨만 중요하고 여자 목숨은 중요하지 않다고 가르치는 아주 악랄한 작품이라고 비난합니다. 하지만 이 작품의 핵심은 남자의 권리와 여자의 권리 중 어느 쪽이 더 중요하냐가 아니라, 피의 복수의 악순환을 어떻게 끊을 것이냐는 문제입니다. 이 작품이 정말 여성을 비하하는지도 의문스럽습니다. 작품에서 남성 신의 대표는 아폴론입니다. 여성 신의 대표는 아테네 여신입니다. 아테네 여신은 극히 합리적이고 매우 고상하게 그려져 있습니다. 아폴론은 거만하고 무례하며, 은근히 상대를 매수하려 합니다. 이런 면에 주목한다면, 어떻게 남자는 존중하고 여자는 억압하는 작품이라 할 수 있을까요? 전혀 그렇지 않습니다. 전통을 존중하면서도 새로운 법과 조화시키고, 융통성 없던 옛 제도를 좀 더 합리적인 새 제도로 바꿔가는 과정을 보여주는 게 이 작품입니다.

첫 장면에서는 델포이 여사제가 여러 신에게 기원하고, 신탁을 구하는 사람들을 안내하며 먼저 신전 안으로 들어갑니다. 하지만 그녀는 곧 네 발로 기어서 나옵니다. 그 안에 끔찍한 존재들이 자리 잡고 있어서입니다.

잠들어 있는 복수의 여신들입니다. 한편, 아폴론은 청년 오레스테스에게 아테나이로 가서 재판을 받으라고 조언합니다. 이윽고 여신들이 깨어나서 자신을 비난하자, 아폴론은 그들을 가증스러운 괴물이라고 공격하며, 야만적인 고장으로 꺼지라고 명합니다. 그 사이 장면이 바뀌어 아테나이입니다. 시간도 많이 흘렀습니다. 오레스테스가 나타나서 자신이 이미 정화되었노라고 주장합니다. 곧이어 복수의 여신들이 도착해 청년을 에워싸고 주술적인 노래를 부릅니다. 거기에 아테네 여신이 등장해 복수의 여신들과 이야기를 나누는데, 주목할 만한 대사한 구절이 등장합니다. '아름답지 않다고 해서 타인을 비난하면 안 된다'는 것입니다. 사실상 앞에 나왔던 아폴론의 욕설에 대한 비판입니다. 아테네는 이 중대한 사건을 시민들의 배심 재판에 붙이겠노라고 선언합니다. 그 배심원들은 선서를 지키고 법규를 영원케 할 것입니다.

한데 이 설정에는 약간 문제가 있습니다. 아가멤논 왕가가 다스리던 아르고스, 혹은 뮈케나이에서 일어난 사건을 왜 타국에서 재판받는단 말인가요? 이것은 일종의 '아테나이 중심주의'일 수 있습니다. 물론 편견이 개입하지 않은 중립지대에서 옳고 그름을 따져보자는 뜻일 수는 있겠습니다. 더구나 이 재판이 벌어지는 곳은 신화적으로 최초의 살인 재판이 있었다는 아레이오스파고스라는 곳이니, 적절한 면도 없지 않았습니다

(아레스는 여기서 포세이돈의 아들인 핼리로티오스를 살해한 혐의로 신들에게 재판을 받았다고 전해지죠. 아레이오스 파고스는 '아레스의 언덕'이라는 뜻입니다).

아테네 여신이 시민들로 구성된 배심원단을 데리고 돌아오자, 아폴론도 나타납니다. 그는 일종의 공동 피고이자 오레스테스의 변호인입니다. 이제 복수의 여신 중 우두머리가 오레스테스를 심문하고, 다음엔 청년의 자기변호, 아폴론의 옹호 연설, 아폴론과 복수의 여신 사이의 설전이 이어집니다. 도중에 아폴론은 선서보다는 제우스의 권위가 더 중요하다고 주장하고, 또 자신과 오레스테스에게 유리하게 판결을 내려주면 자신이 이 도시를 돕겠노라고, 은근슬쩍 매수를 시도합니다. 그 말이 나오자 곧장 아테네 여신이 발언합니다. '이제 말은 충분하니 판결로 들어가자.' 사실상 거절입니다. 투표에 앞서 아테네는 이 제도가 앞으로 영원히 유지되리라고 선언하며, 의미심장한 한 마디를 덧붙입니다. '선서를 두려워하고 뇌물에 매수되지 말라!' 여신은 아폴론의 은근한 제안을 거의 노골적으로 반박한 것입니다.

투표 과정 묘사에는 형식성이 두드러집니다. 배심원들이 하나씩 나와 투표함에 돌을 넣는 동안, 아폴론과 복수의 여신 대표가 때로는 배심원들을 향해 경고를 날리고, 때로는 서로를 향해 날 선 비난을 가합니다. 독자들은 여기서 행수行數의 배분에 주의해야 합니다. 한 쪽이 두 줄 말하면, 이어서 다른 쪽이 두 줄 발언합니다. 복수의 여신이 먼저 두 줄, 이어서 아폴론이 두 줄, 다시 복수의 여신이 두 줄, 아폴론이 두 줄. 양쪽이 다섯 번씩 도합 열 번의 발언이 나오고, 마지막으로 열한 번째엔 복수의 여신의 세 줄짜리 대사입니다. 이런 배분에는 어떤 의미가 있을까요? 가장 좋은 설명은 이렇습니다. 복수의 여신이 발언할 때는, 첫 행에 배심원 하나가 나와서 유죄라고 투표하고, 둘째 행 읊을 때는 자리로 돌아갑니다. 아폴론이 첫 줄 발언할 때 다른 배심원 하나가 나와서 무죄에 투표하고, 둘째 줄 대사가 나오는 동안 제자리로 돌아갑니다. 이렇게 다섯 번씩 반복하면, 유죄 대 무죄가 5 대 5로 동수가 됩니다. 복수의 여신의 마지막 세 줄짜리 대사는 무엇일까요? 처음 두 줄에는 마지막 배심원이 나와서 유죄에 투표하고 들어갑니다. 그리고 그 셋째 줄에 아테네 여신이 앞으로 나옵니다. 여신은 자신도 투표권을 행사하겠노라며 무죄로 투표합니다. 여기서 배심원은 몇 명인지 하는 문제가 생깁니다. 방금 본 해석에 따르면 아마도 11명인 듯합니다. 물론 작품 원문에 명시된 것은 아닙니다. 오늘날 독자들이 읽는 판본에는 배심원이 11명이었다는 설명이 대개 붙어 있지만, 이는 번역자들이 독자들의 이해를 돕고자 적어 넣은 것일 뿐입니다.

비극에서는 이따금 행수가 중요한 의미를 갖는 경우가 있습니다. 그러니 평소에 대사 분량과 순서를 확인하는 버릇을 들이는 게 좋습니다. 배우가 일상적인 운율을 쓰는지, 노래를 하고 있는지도 확인하면 좋습니다. 예를 들어, 두 사람이 오랜만에 만났는데 한 사람은 평범한 운율로 말하고 다른 사람은 노래를 한다면, 후자의 감정이 훨씬 격하다는 뜻일 수 있습니다. 대사보다는 그 대사를 담은 운율들이 이런 미묘함을 보여줍니다. 그러니 형식에 좀 더 주목하도록 하죠.

드디어 투표함 항아리를 쏟습니다. 유죄와 무죄가 동수입니다. 아테네는 투표 직전 동수라면 피고를 풀어준다는 원칙을 선언했었습니다. 그 원칙에 따라 오레스테스가 풀려납니다. 그는 아르고스가 아테나이의 동맹이 되리라고 약속하고 떠나갑니다. 그럼, 아폴론은? 이 '남성 신의 대표'는 언제 사라졌는지 아무 언급도 없습니다. 아마도 아테네 여신의 간접적인 비난에 심기가 상했을 테지만, 그래도 재판 결과는 자신에게 유리한데 그럭저럭 만족하면서 떠나갔겠죠. 아폴론의 승리 선언이 나오지 않는 점도, 이 작품이 일방적으로 남성을 높이고 있다는 해석에 반대하는 근거가 되겠습니다.

이제 복수의 여신들은 분노하여 이 땅을 징벌하겠노라고 외칩니다. 아테네 여신은 그들을 설득합니다. '재판은 공정했고, 제우스도 이를 지지한다.' 그러면서 보상을 제안합니다. 이 도시에 안식처를 얻고 제사를 받게 되리라는 것입니다. 복수의 여신들은 조금 전과 똑같은 대사를 내뱉으며 다시 한번 위협합니다. 같은 대사가 두 번 나온다는 것은 이들도 더 이상 제시할 만한 대안이 없다는 뜻입니다. 아테네 여신은 다시 그들을 달래며 여러 가지 보상책을 제시하는데, 끝내는 자신에게 제우스의 벼락이 있지만 쓰지 않겠다고 살짝 위협도 합니다. 다시 복수의 여신들의 조금 달라진 탄식의 노래, 아테네의 설득과 당부, 또 한 번 앞 노래의 반복, 그리고 다시 한번 아테네의 권고와 위로. 마침내 여신들은 아테네의 선물이 구체적으로 무엇인지 확인합니다. 마침내 여신들은 마음을 돌립니다. 무서운 여신들이 '자비로운 여신들'로 변한 것입니다. 여신들은 이제 축복의 노래를 부릅니다. 아테네는 시민들에게 햇불로써 이 여신들을 새로운 처소로 인도하자고 제안합니다. 마지막엔 복수의 여신들을 찬양하는 시민들의 합창이 나옵니다. 어떤 학자는 아마 그때 관객들도 다 나와서 햇불을 따라 행진했을 거라고 추측합니다.

이 3부작은 기원전 458년 아이스퀼로스에게 1등상을 안겨준 작품들입니다. 여기서 잠깐 비극경연대회에서 우승자를 정하던 방법을 볼까요? 비극이 상연되던 디오뉘소스축제 때는, 관객들이 온종일 극장에 머물면서 날마다 한 작가의 작품 네 개씩을 관람했었습니다. 이렇게 사흘이 지나면 판정위원들끼리 투표로 우승자를 정합니다. 한데 아리스토텔레스가 《시학》에서 그토록 칭찬했고, 지금도 많은 사람들이 사상 최고의 작품이라고 보는 《오이디푸스 왕》은 1등을 차지하지 못하고 2등에 머물렀습니다. 그때 1등을 차지한 인물은 전혀 중요한 작가가 아니었고, 그의 작품도 남아 있지 않습니다. 그러면 소포클레스가 1등을 놓친 이유는 무엇일까요? 우선 비극경연대회가 한 작품만이 아니라, 함께 묶여 발표된 네 작품 전체를 한꺼번에 평가하기 때문입니다. 꼭 걸작이 끼어 있지 않아도 네 편 전체가 고르게 높은 점수를 얻는다면, 한 작품만 굉장히 좋고 다른 작품들은 실망스러운 경우보다 오히려 총점이 더 높을 수도 있습니다.

게다가 이 당시의 투표 방법이 좀 이상하다는 점도 있습니다. 우선 심사단 10명이 각기 1등을 적은 표를 투표함에 넣은 다음에, 임의로 다섯 개를 꺼내어 그중 1등 표가 제일 많은 사람을 1등으로 정했습니다. 예를 들어서 소포클레스가 1등이라고 하는 사람이 7명, 에우리피데스가 1등이라는 사람이 3명이라 하죠. 그런데 그중 다섯을 꺼냈더니, 소포클레스 것 2개, 에우리피데스 것 3개라면, 에우리피데스가 1등상을 받습니다. 확률은 낮지만 실제로 이렇게 될 가능성이 충분히 있었습니다. 그러면 그들은 왜 이런 이상한 관행을 만들었을까요? 그들의 생각은 아마도 '인간끼리 판정하는 것은 옳지 못하다, 신도 판정에 개입해야 한다'는 것 아니었을까 싶습니다. 비극 작품은 신에게 바치는 제물이니, 신도 평가를 해야만 하겠지요. 추첨이라는 우연을 통해서 말입니다.

어떤 학자는, 오레스테이아 3부작의 마지막 장면을 보는 순간 많은 사람이, 투표할 것도 없이 1등이라고 생각했으리라 말합니다. 또 영국 시인 찰스 스윈번도 자기가 볼 때는 모든 비극 작품 중에서 아마도 1등이리라고 했습니다. 《오이디푸스 왕》도 굉장히 좋은 작품이지만 이 작품이 1등이거나 공동 1등이라는 것입니다. 저도 동의합니다. 일단 3부작으로 묶여 있어서 분량이 상당한 만큼 어떤 웅장한 느낌이 있습니다. 거대한 산맥이라고나 할까요. 또한 그 바탕의 상상력이 출중합니다. 복수의 의무와 친족살해 금기 사이에 갇혀 이러지도 저러지도 못할 때, 전통적인 방식으로는 피의 복수의 악순환을 벗어날 길이 없을 때, 이전에 없던 발상으로 새로운 제도를 창안했습니다. 마치 막다른 골목에 이르러 추격자들의 손아귀에 떨어질 찰나, 그동안 바닥만 내려다보던 시선을 위로 향하고, 거기에 또 다른 차원, 수직의 방향이 있음을 발견한 듯, 돌연 공중으로 몸을 솟구쳐 위기를 벗어난 듯, 깨달음의 짜릿함과 후련한 해방감이 있습니다. 인간들 모두가 제 손으로 직접 정의를 세우겠노라 하면 사회는 붕괴되고 말 것입니다. 이 작품은 공적인 제도에 복수의 권리를 양도하고, 사적 구제를 피하자는 발상을 제시했고, 이는 오늘날까지도 형법의 기본정신으로 유지되고 있습니다. 작가는 인류의 정신이 도약하는 그 놀라운 순간을 우리 앞에 놀랍게 재현해주었습니다. 대단한 걸작입니다.

다음 장에서는 오레스테이아 3부작 중 특히 《제주를 바치는 여인들》과 내용이 겹치는 후배 작가들의 두 작품을 다룹니다. 모친 클뤼타임네스트라 살해 사건이라는 동일한 소재를 두 작품이 각각 어떻게 형상화했는지를 살펴보며, 아이스퀼로스의 웅장함과는 차별화되는 두 작가의 개성과 묘미를 한껏 느껴보도록 하지요.

※ 국내에 출간된 《오레스테이아》의 그리스어 원전 번역본으로는, 《아이스퀼로스 비극 전집》(천병희 옮김, 도서출판 숲, 2008)과 《오레스테이아 3부작》(김기영 옮김, 을유문화사, 2015)이 있습니다.

어릴 적에 헤어진 오누이 엘렉트라와 오레스테스는 오랜 세월이 흐른 뒤에 서로를 어떻게
알아볼 수 있었을까요? 이 '알아보기' 장치도 작가마다 다르고, 그래서 또 묘미가 있습니다.
특히 에우리피데스는 선배 아이스퀼로스가 내놓은 알아보기 장치가 모두 허황되다고 극 중
대사를 통해 반박합니다. 도기 그림은 아버지 아가멤논의 무덤가에서 오누이가 만나는 장면.
기원전 380년경. 프랑스 루브르박물관.

4

《엘렉트라》소포클레스와 에우리피데스

장엄에서 감동으로, 감동에서 부조리로

강대진

아이스퀼로스의 오레스테이아 3부작은 기원전 458년에 나왔으니, 그의 경력 후기에 속하는 작품이라 하겠습니다. 나중에 같은 주제로 그의 후배 작가 두 사람도 작품을 썼는데, 소포클레스의 《엘렉트라》와 에우리피데스의 《엘렉트라》가 그것들입니다. 이 두 작품은 어느 해에 처음 공연했는지 알려져 있지 않습니다. 그래서 둘 중 누구의 작품이 더 먼저 나온 것인지 여전히 논란이 되고 있습니다. 이 세 사람의 나이를 따져보자면, 아이스퀼로스는 소포클레스보다 25년 정도 연상이고, 소포클레스는 에우리피데스보다 15살 정도 위입니다. 이 세 사람의 나이를 알아보는 중요한 기준 하나가 있으니, 페르시아가 250만 대군을 이끌고 그리스로 쳐들어왔다가 살라미스섬 앞 좁은 해협으로 유인당해서 격파된 사건입니다. 이 유명한 살라미스 해전이 있었던 해는 기원전 480년인데, 그때 아이스킬로스는 군인으로서 이 전투에 참여했다 하며, 당시 약 40세였던 것으로 추정됩니다. 한편 소포클레스는 이 해전의 승리를 축하하는 축제에서 소년 합창단으로 노래했다고 하니, 약 15세. 그리고 에우리피데스는 살라미스 해전이 있던 밤에 살라미스섬에서 태어났다고 합니다. 우연의 일치치고는 너무 교묘해서, 적어도 출생일까지는 믿기 어렵습니다. 어쨌든 에우리피데스는 480년생, 소포클레스는 495년생, 아이스킬로스는 대충 기원전 520년생이 됩니다.

다른 자료를 보면 세 사람 모두 이보다는 4~5년씩 먼저 태어난 것으로 되어 있는데, 그래도 이들 사이의 나이 차이는 대체로 맞는 듯합니다. 다시 정리하자면 소포클레스는 아이스킬로스보다 한 세대 정도 아래고, 소포클레스와 에우리피데스는 약 15살 차이가 나서 에우리피데스가 조카뻘이라 할 수 있겠습니다. 하지만 사실은 이 둘은 활동 연대가 많이 겹칩니다. 소포클레스는 90세까지 장수했지만 에우리피데스는 그보다는 조금 짧게 살아서 향년 75세였고, 심지어 소포클레스와 같은 해에, 선배보다 몇 달 앞서 죽었습니다. 이때는 마케도니아의 알렉산드로스 대왕 가문이 번성하기 시작할 즈음인데, 에우리피데스는 거기 초대받아 갔다가 이국땅에서 죽은 것입니다. 이왕 죽는 이야기가 나왔으니 덧붙이자면, 아이스킬로스는 시켈리아에 초대받아 갔다가 거기서 죽었고, 3대 비극 작가 중 소포클레스만 끝까지 아테나이를 떠나지 않았다고 합니다. 소포클레스는 상도 많이 받고 평생을 순탄하게 살았습니다. 대중 사이에 인기가 너무나도 높아 심지어 장군으로 선출되기까지 했으니 말입니다. 글만 쓰던 사람을 장군으로 선출해도 되나 하는 의문이 생길 수도 있겠지만, 도시 전체에 장군이 10명이나 되고 군사장관까지 도합 11명이 의논해서 결정하는 구조이니, 그중 하나쯤은 큰 군사적 재능이 없는 사람이어도 그다지 문제 되지 않았을 것입니다. 그리고 당시엔 모두들 전쟁 경험이 풍부했으니, 작가라 해서 군사적으로 꼭 무능하다고 예단할 필요는 없겠습니다.

소포클레스와 에우리피데스의 활동 연대가 겹쳐서 결정하기 어려운 게, 두《엘렉트라》중 누구 것이 먼저 나왔는지 하는 점입니다. 혹시 선배 아이스퀼로스를 더 많이 암시하는 작품이 더 먼저 나온 것이라고 보아야 할까요? 이 기준을 적용한다면 에우리피데스가 더 먼저입니다. 소포클레스의《엘렉트라》에는 아이스퀼로스에 대한 암시가 없는 듯한데, 에우리피데스의《엘렉트라》에서는 노골적으로 아이스퀼로스의 작품을 인용하며 비판하고 있기 때문입니다. 잠시 후에 보겠지만 '알아보기' 장치가 대표적인 사례입니다. 한편 혹시 소포클레스《엘렉트라》가 더 먼저 나왔다 하더라도, 에우리피데스의 작품에서 소포클레스에 대한 암시는 거의 찾을 수 없습니다. 그러니 영향

관계를 기준으로 보자면 에우리피데스 것이 먼저인 듯합니다. 하지만 반론도 가능합니다. 사실은 소포클레스의 《엘렉트라》가 이미 나와 있었지만, 에우리피데스가 일부러 근래에 나온 작품을 무시하고 더 오래전 선배의 작품을 인용했을 수도 있는 것입니다. 그럼, 소포클레스 《엘렉트라》에 아이스퀼로스의 흔적이 보이지 않는 이유는 뭘까요? 소포클레스는 워낙 점잖은 사람이어서 아이스퀼로스에게 시비를 걸지 않았다고 할 수 있습니다. 어쨌든 소포클레스와 에우리피데스의 성향이 다르기 때문에, 영향 관계를 기준으로 내세우기도 좀 어렵고 해서, 둘 중 어떤 작품이 먼저 나왔는지는 여전히 풀리지 않은 문제로 남아 있습니다. 내용의 유사성도 따져볼 수 있겠지만, 그 문제는 두 작품을 다 살펴본 후에 생각하기로 하죠.

고귀한 여성 영웅, 소포클레스의 엘렉트라

먼저 소포클레스의 《엘렉트라》를 보죠. 이 작품은 구조가 굉장히 튼튼합니다. 'A-B-A'의 꼴로 아주 균형 잡힌 모습입니다. 소포클레스의 작품 대다수가 집필 연대가 알려져 있지 않은데, 이 작품은 특히 그 튼튼한 구조 때문에 《오이디푸스 왕》과 마찬가지로 소포클레스의 경력 중기의 작품으로 여겨집니다. 그러면 그 성립 연대는 대충 기원전 430년 부근이 되는데, 더러 420년경으로 보는 학자도 있습니다. 잠깐 여기서 《오이디푸스 왕》과 그 연대에 대해 조금만 살펴보죠. 《오이디푸스 왕》은 대개 기원전 431년 직후에 만들어진 것으로들 추정하고 있습니다. 특히 그 작품에 나오는 역병의 묘사가 펠로폰네소스 전쟁 중의 아테나이 대역병과 흡사해서입니다. 게다가 이 시기에 나온 것으로 보이는 《오이디푸스 왕》이 매우 균형 잡힌 구조를 보여주고 있기 때문에, 비슷한 구조적 완결성을 보여주는 《엘렉트라》도 거의 같은 시기에 나온 게 아닐까 보는 것입니다.

《엘렉트라》의 핵심적인 내용은, 아가멤논의 아들 오레스테스가 아버지 죽은 지 약 10년 뒤에 외국에서 돌아와 누이와 힘을 합쳐서 원수를 갚는다는 것입니다. 오레스테이아 3부작 첫 번째 작품의 제목이 《아가멤논》이었습니다. 그래서 아가멤논이 주인공인 것처럼 보이지만, 제1배우는 처음부터 끝까지 무대 위를 지키는 클뤼타임네스트라였습니다. 우리가 지금 보는 《엘렉트라》에서도 얼핏 보기에 오레스테스가 중심적인 역할인 듯하지만, 사실 처음부터 끝까지 무대를 지키고 있는 사람은 엘렉트라입니다. 이 경우엔 제목과 주요 인물이 일치하지만, 사람들이 이 비극적 사건의 핵심은 오레스테스라고 생각하고 있어서 상대적으로 여주인공에 대해서는 주의를 덜 기울이는 경향이 있습니다. 작품을 제대로 읽으려면 이 인물에게 좀 더 관심을 기울여야 할 것입니다.

앞서 말했듯 이 작품은 우선 구조가 탄탄합니다. 작품이 시작되면, 새들이 지저귀는 가운데 늙은 종이 '왕자님, 드디어 우리 고향에 돌아왔습니다' 하고 운을 뗍니다. 이어서 그는, 이쪽에는 뭐가 있고 저쪽에 있는 것은 뭐다 하는 식으로 주변을 설명합니다. 그러고는 '들어보세요, 새가 지저귀네요. 보세요, 저쪽에 해가 뜨네요' 하고 덧붙입니다. 아들이 어머니를 죽이는 끔찍한 사건을 다루려는 작품이 뜻밖에도 아주 밝고 상쾌한 분위기로 시작하는 것입니다. 혹시 아이스퀼로스의 저 컴컴하고 암울한 《제주를 바치는 여인들》과는 반대로 만들고 싶어서였을까요?

소포클레스의 《엘렉트라》가, 함께 발표된 네 작품 중 몇 번째 것이었는지는 알 수 없지만, 저로서는 함께 묶인 4부작 중 첫 번째 것이 아니었을까 상상해봅니다. 그 당시 사람들은 아마 새벽같이 극장에 모여들어 저녁 무렵까지 계속 극장 주변에 머물렀을 것입니다. 앞 장에 말했듯 한 작가의 작품 네 개를 잇달아 봐야 했으니 말입니다. 그러면 첫 번째 극이 막 시작할 무렵, 해가 뜨고 새들이 지저귀며 작품 속 장면과 관객들을 둘러싼 환경이 거의 일치하게 됩니다. 무슨 특별한 시각장치나 음향효과를 쓸 필요도 없습니다.

한데 이렇게 밝게 시작된 작품은, 주인공이 이미 어머니를 죽인 상태에서 어머니 애인까지 죽이기 위해 집 안으로 끌고 들어가는 장면으로 끝납니다. 그래서 어머니를 죽인 뒤의 회한은 표현되어 있지 않았습니다. 앞 장에서도 말했듯 이렇게 되면 모친살해를 정당화하는 것으로 해석될 여지가 커집니다. 하지만 놀랍게도 근래 학자들 사이의 대세는, 이 작품이 모친살해를 은근히 비판하고 있다는 쪽으로 기울어가고 있습니다.

이 작품은 구조가 튼튼하다고 했습니다. 그 구조는 인물들의 오고 감에 의해 만들어집니다. 우선 중심부부터 보겠습니다. 이 작품 중심부에는 아가멤논 집안 여성들이 번갈아 등장합니다. 엘렉트라가 중심인물이고 그녀의 대화 상대가 계속 바뀌어가는 식입니다. 우선 엘렉트라와 동생 크뤼소테미스 장면, 이어서 엘렉트라와 어머니 클뤼타임네스트라 장면, 다시 엘렉트라와 크뤼소테미스 장면. 한편 오레스테스는 맨 앞과 맨 마지막에 나오고, 그의 상대는 남자들입니다. 그러니까 엘렉트라가 두 명의 상대와 대화를 나누는 게 중심 뼈대를 이루고, 그 양쪽 끝에 남자들의 장면이 대칭을 이루고 있는 것입니다. 그래서 뾰족한 산같이 튼튼한 구조가 이뤄집니다. 《오이디푸스 왕》이 좋은 작품인 이유와 같습니다. 제가 자주 하는 말이지만, 좋은 작품이라면 보통 세 가지를 지적할 수 있어야 합니다. 내용, 형식, 그리고 의미입니다. 한국에서는 대개 좋은 작품을 소개할 때, 대충의 내용과 작품의 의미에 치중하는 경향이 있는데, 사실 의미만 놓고 보자면 거의 모든 작품이 똑같습니다. 자주 등장하는 표현은 이런 것입니다. '인간에 대한 깊은 이해, 운명에 대한 심오한 통찰.' 그리고 이건 형식이라고 해야 할지도 모르겠지만, '유려한 문체'라는 평가도 자주 보입니다. 하지만 유려하지 않고서 좋은 작품이 어디 있을까요? 또 인간과 운명을 깊이 살피고, 제대로 이해하지 않고서야 어떻게 시대를 넘어서는 좋은 작품이라고 할 수 있을까요? 이런 점에서는 《돈키호테》나 소포클레스 비극이나 다 똑같습니다. 그러니 앞에 한 말들은 하나 마나 한 이야기입니다. 저로서는, 형식에 주목하지 않으면 결코 작품의 진수를 느낄 수 없다고 주장하고 싶습니다(너무들 형식에 신경을 쓰지 않는 듯해서 좀 세게 말하는 중입니다. 형식 말고 다른 데 중점을 둔 좋은 작품도 물론 있을 것입니다).

다시 처음부터 내용을 보겠습니다. 이 작품의 맨 앞 장엔 석연치 않은 구석이 있습니다. 오레스테스는 아버지 무덤에 제물을 바치고 돌아서서 왕궁 앞을 지납니다. 안에서 여자 우는 소리가 들립니다. 그는 '혹시 엘렉트라일까요?' 하고 의구심을 표현합니다. 그러자 곁에 있던 다른 사람으로 보이는 누군가가 그냥 가자고 말합니다. 방금 '곁에 있던 사람'이란 표현을 썼지만, 사실은 이 사람이 누구인지도 학자들 사이에 논란거리입니다. 대개는 늙은 종이라고 하는데, 확실한 건 아닙니다. 지금 우리가 읽는 책에는 대사 맨 앞에 사람 이름이 적혀 있지만, 오래된 필사본에는 등장인물이 바뀌는 데서 그저 앞줄을 하나 그어놓았을 뿐입니다. 일부 학자는 이 대사가 오레스테스의 것이라고 보는데, 그쪽을 따르자면 오레스테스는 굉장히 냉혹한 사람이 되겠습니다. 물론 그 말을 한 사람이 늙은 종이라면, 그 늙은 종이 냉혹한 사람이 됩니다. 타인의 고통에 귀 기울이기보다는 자신의 목표를 더 앞세우는 사람 말입니다.

그리고 이 작품에는 남성과 여성의 가치관이 충돌하는 장면도 많이 나옵니다. 우선 남성들이 애용하는 표현이 자주 등장하는데, 예를 들면 '이제 때가 왔다'라든지 '빨리 움직여야 한다'든지 하는 것입니다. 고대 그리스어에서 '때'라는 의미의 단어는 두 가지가 있습니다. 하나는 '크로노스chronos'라고 물리적인 시간입니다. '크로니클chronicle'이라는 영어 단어가 여기서 나왔습니다. 또 하나는 '카이로스kairos'인데, 어떤 일을 행할 '적시^{適時}'를 의미합니다. 야구경기에 빗대어 '적시타가 터졌다'라 할 때의 그 적시입니다.

너무 '합리적인' 남성들, 나약한, 또는 반항적인 여성들

이제 엘렉트라가 궁에서 나오고, 자기 집안의 상황에 대해 한탄합니다. 이어지는 엘렉트라의 동생 크뤼소테미스 장면. '크뤼소테미스Chrysothemis'는 '황금의 법'이라는 뜻입니다. '크뤼소스chrysos'가 '황금', '테미스themis'는 '법'입니다. 그녀는 규정을 잘 지키는 성품입니다. 반항적인 엘렉트라에 비해 매우 복종적인 여자입니다. 그래서 새아버지와도 그럭저럭 잘 지내고 있습니다, 어쩌면 속으로는 그다지 내키지 않았을지도 모르지만. 이러한 자매간의 대조는 소포클레스의 초기 작품 《안티고네》에서도 두드러졌었습니다. 안티고네는, 외국 군대를 이끌고 테바이에 쳐들어왔다가 죽은 오라비의 장례를 치르고서 자신도 죽음을 맞이합니다. 새로운 왕으로부터, 그를 장사 지내지 말라는 포고가 내려져 있는 상황인데도 말입니다. 작품 초반에 안티고네는 동생 이스메네에게 같이 장례를 치르자고 제안합니다. 하지만 이스메네는 거절합니다. 여자는 남자를 이길 수 없으며, 또 강자에게는 굴복해야 한다는 게 그녀의 논리였습니다. 이와 같이 비극 작품에서는 한 인물의 강한 성격을 두드러지게 하기 위해, 약한 성격을 가진 사람을 나란히 내세우는 경우가 꽤 여러 번 보입니다. 《안티고네》에 이스메네가 있다면 《엘렉트라》에는 크뤼소테미스가 있습니다.

《안티고네》가 소포클레스의 초기 작품이라고 했는데, 여기서 잠깐 그의 초-중-후기 작품의 특성을 짚고 넘어가죠. 소포클레스의 초기 작품들은 중간쯤에서 앞-뒤로 나뉘는 경향이 있습니다. '양분 구성'이라는 것인데, 바로 《안티고네》가 그렇게 되어 있습니다. 앞부분에서는 안티고네가 행위의 주체이고, 뒷부분에서는 안티고네가 행위의 대상입니다. 앞부분에서 크레온에게 저항하는 역할은 안티고네에게 집중된 반면, 뒷부분에서는 그 역할이 하이몬, 테이레시아스 등에게 분산되어 있습니다. 앞부분에서는 죽은 자를 매장하지 않은 것이 문제가 되고, 뒷부분에서는 산 자를 무덤에 가둔 것이 문제가 됩니다. 이런 식으로 작품 절반쯤에서 두 조각으로 나뉘는 특징은 역시 초기 것으로 분류되는 《아이아스》에서도 보입니다. 앞부분에서 이야기를 끌고 가던 아이아스는 중간쯤에 자결하고, 후반부는 그의 동생 테우크로스가 중심적인 역할을 하기 때문입니다. 반면에 중기 작품으로 꼽히는 《오이디푸스 왕》과 《엘렉트라》는 전체가 매끄럽게 하나로 통일된 모습을 보이고 있습니다. 한편 《콜로노스의 오이디푸스》와 같은 후기 작품에서는 전체적으로 구조가 느슨해집니다. 어떤 학자는 이런 특징을 '말년의 양식'이라고 명합니다. 원래 이 개념은 독일의 철학자 아도르노와 《오리엔탈리즘》이라는 책으로 유명한 에드워드 사이드가 주창했던 개념인데 고전학자들이 이 작품에 적용한 것입니다. 즉 뛰어난 예술가들이 중기까지는 자기만의 형식을 만들어내려고 각고의 노력을 기울이다가, 그 형식에 도달한 뒤에는 그걸 버린다는 것입니다. 그래서 세상과 불화하고 자기 자신이 이룬 것과도 불화한다는 것입니다. 이 개념은 《콜로노스의 오이디푸스》에 썩 잘 들어맞습니다.

다시 《엘렉트라》로 돌아가겠습니다. 크뤼소테미스는 궁 앞에서 언니와 마주쳐서 그녀의 행동을 나무랍니다. 엘렉트라는 자신의 행동을 정당화합니다. 그러면서 묻습니다. 무엇을 들고 어디로 가는 길인지. 크뤼소테미스는 어머니의 명에 따라 아버지 아가멤논의 무덤에 제물을 바치러 가는 길입니다. 어머니 클뤼타임네스트라가 악몽을 꿨기 때문입니다. 이 대목은 오레스테이아 3부작의 두 번째 작품 《제주를 바치는 여인들》과 유사한 데가 있습니다. 그 작품에서도 클뤼타임네스트라가 아기 뱀에게 젖가슴을 물려서 젖과 피가 섞여서 콸콸 쏟아지는 악몽이 등장했었고, 그 꿈을 보낸 것으로 보이는 남편의 혼령을 달래고자 제물을 보냈었습니다. 거기서는 엘렉트라가 직접 제물을 가져가는 것으로 되어 있었는데, 이 《엘렉트라》에서는 일단 새로운 인물 크뤼소테미스가 제물을 가져가는 것으로 변했고, 무엇보다도 꿈 내용이 다릅니다. 《엘렉트라》에서는, 죽은 남편이 클뤼타임네스트라와 다시 결혼하기 위해 돌아와서는, 그 손에 들고 있던 홀笏을 화덕에 꽂았더니 이게 갑자기 자라나서 온 집 안에 그늘을 드리웠다고 합니다. 화덕은 집 안의 한가운데, 중심에 있습니다. 이곳은 신성한 자리였습니다. 고대 로마에서는 베스타 여신의 여사제가 국가의 화덕을 지키기도 했었습니다. 국가는 확장된 가정이기 때문에, 말하자면 가정의 화덕도 확장되어 신전이란 형태를 취했던 것입니다.

집 안의 중심에 남자가 지팡이를 꽂다니, 굳이 프로이트의 정신분석학을 들먹이지 않더라도 누가 봐도 성적인 결합입니다. 자기가 죽인 남편과의 성적인 결합이라니, 아무래도 불길합니다. 한편 그 나무가 자라서 온 집 안을 덮었다는 것은 또 뭘까요? 죽은 남편의 후손이 번성하리라는 뜻일까요? 사실 이 부분은 아무래도 헤로도토스와 연관이 있는 것 같습니다. 헤로도토스를 다루는 다음 장에서 보겠지만, 그가 쓴 《역사》에도 퀴로스 왕의 외할아버지가 꾼, 비슷한 꿈 이야기가 나오기 때문입니다.

헤로도토스와 소포클레스는 활동 시기가 겹치고, 서로 알고 지낸 것으로 보입니다. 어떤 학자는, 헤로도토스가 《역사》를 부분적으로 완성한 후 여기저기 다니면서 낭독했을 것이라고 추정합니다. 《엘렉트라》뿐 아니라, 《안티고네》에도 헤로도토스를 참고한 듯한 대목이 있습니다. 다레이오스 왕으로부터 오라비와 아들의 목숨을 구한 한 여인의 이야기입니다. 어떤 집안이 페르시아 왕 다레이오스에게 반역한다는 혐의를 받았습니다. 그래서 그 집안 친인척들을 다 잡아 가두었더니, 그 가장의 아내가 왕궁 앞에 와서 계속 울었습니다. 왕이 귀찮아서 여자를 불러놓고, 아무나 한 명 살려줄 테니 선택하라고 했습니다. 여자는 고심하다가 오라비를 선택했습니다. 왕이 놀라서, 다른 사람들은 남편 아니면 아들을 선택하는데 왜 오라비냐고 물었습니다. 그랬더니 여자가, 남편은 다시 얻을 수 있고 아들도 다시 낳을 수 있지만 오라비는 다시 얻을 수 없어서 그랬노라고 대답했습니다. 왕은 이 여성의 지혜에 감탄하고서 한 명 더 살려주겠노라고 아들도 데려가라 했습니다. 물론 그 이야기가 《안티고네》에 그대로 나오는 건 아니고, 조금 변형된 형태로 등장합니다. 안티고네는 국법을 어기고서, 오라비 장례를 치른 후 체포되었습니다. 왕이, 왜 그런 짓을 저질렀는지 추궁하자, 죽은 사람이 자기 남편이었어도 안 그랬을 것이고, 자기 아이여도 안 그랬을 것이라고, 남편은 다시 얻을 수 있고, 아들도 다시 낳을 수 있지만, 오라비는 그럴 수 없어서 그랬노라 답합니다. 물론 살아 있는 세 사람 중 누구를 선택할 것인지의 문제라면 타당한 논변이지만, 죽은 사람 장례 문제여서 조금 어색한 데가 생기긴 했습니다. 어쨌든《안티고네》라고 하는 초기 비극과《엘렉트라》라고 하는 중기 비극 모두에 헤로도토스의《역사》가 인용되었기 때문에, 학자들이 두 저자 사이의 상호관계를 매우 흥미 있게 보고 있습니다.

이제 동생의 설명을 들은 엘렉트라가 말합니다. 네 원수들을 위해서 제물을 바치지 말고, 우리를 위해서 복수해달라고 청하며 제물을 바치라고. 동생은 그러겠노라고 약속합니다. 크뤼소테미스가 떠나자, 어머니 클뤼타임네스트라가 나와서 왕궁 앞에 있는 제단에 제물을 바칩니다. 그 전에 딸과 어머니가 말싸움을 주고받는데, 두 인물의 대사 분량이 거의 같게(하지만 엘렉트라에게 조금 더 많이) 배분되어 있습니다. 앞에서 이 작품도 구조가 튼튼하다고 했는데, 그걸 달리 표현하면, 내용적으로 분절이 잘 되어 있고 각 부분이 서로 짝이 잘 맞는다는 뜻이기도 합니다. 반복이 없으면 구조도 없습니다. 우리가 구조를 운위하려면, 반복되는 요소가 서로 상응하는 위치(대개는 대칭적 위치)에 있거나, 아니면 어떤 요소가 명확한 추이를 보이면서(예를 들면 점층법, 또는 점강법 등) 변화하는 걸 보여주어야 합니다. 다시 어머니와 딸의 언어적 대결을 볼까요. 클뤼타임네스트라는 딸이 반항하는 깊은 원인을 알고 있습니다. 즉 어머니가 아버지를 죽였기 때문입니다. 시간이 꽤 지난 일이긴 하지만, 여기서 그녀는 자기 행위를 정당화해보려 시도합니다. 아가멤논이 이

피게네이아를 죽였기 때문에 자기도 그를 죽였다는 것입니다. 엘렉트라는 어머니가 그 이전부터 바람기 있고 부정한 여자였노라고 공박합니다.

어머니는 다툼을 계속할 여유가 없습니다. 급히 할 일이 있는 것입니다. 그녀는 그만하자면서 돌아서서 제단에 제물을 바칩니다. 신약성경에는 예수께서 사람들에게, 골방에 들어가서 문 닫고 기도하라고 권고하는 장면이 나옵니다. 헬레니즘 시대를 거치면서 종교가 개인화, 내면화되어 가고 있었다는 증거입니다. 그전까지는 길거리에서 큰 소리로 기도했었습니다. 작은 소리로 기도하면 누군가를 해치기 위해서 기원한다는 의심을 샀습니다. 기도의 동작도 지금과는 달랐습니다. 하늘 신에게 기도할 때는 하늘로 팔을 뻗고, 바다 신에게 기도할 때는 바다 쪽으로 팔을 뻗었습니다. 구약성경에서 이스라엘 민족이 미디안족과 싸울 때, 모세가 팔을 들고 있으면 이스라엘이 이기다가 힘들어서 팔을 내리면 이스라엘이 수세에 몰렸다는 기록이 나옵니다. 그래서 젊은이 둘이 양쪽에서 모세의 팔을 받쳐주었다는 것입니다. 고대의 기도 동작을 보여주는 일화입니다. 이따금 예수께서 두 손을 모으고 기도하는 자세로 그려진 성화들이 보이는데, 사실 이런 자세는 중세에 영주에게 가신들이 바치던 신종臣從선서 의식에서 나온 것이니, 시대착오적인 표현입니다.

비극 공연에서는 너무 소곤소곤 기도하면 대사 전달이 안 될 터이니, 그저 평소보다 작게 기원하는 걸로 처리했겠습니다.

클뤼타임네스트라는 아들 오레스테스가 어서 죽기를 기원합니다. 한데 기도가 끝나자마자 노인이 등장합니다. 첫 장면에 나왔던 이 집안의 늙은 종입니다. "오레스테스가 죽었다." 엘렉트라는 이 소식에 경악합니다. 하지만 비정한 어머니는 그녀의 반응을 무시하고, 계속 더 이야기해보라고 노인을 채근합니다. 아마도 어떤 기도가 끝나자마자 누군가 찾아와 기도 내용이 이미 이루어졌다고 전한다면, 누구나 그것을 신의 응답으로 생각할 것입니다. 유사한 장면이 《오이디푸스 왕》에도 등장합니다. 오이디푸스의 아내 이오카스테가 왕궁 앞 아폴론 제단에 제물을 바치고 기원을 드리자마자, 곧바로 코린토스에서 사자가 도착해 부고를 전합니다. 오이디푸스의 '아버지'가 돌아가셨다는 것입니다. 오이디푸스가 자기가 아버지를 죽일지도 모른다는 걱정을 없애고자 제물을 바쳤는데, 곧바로 아버지 돌아가셨다는 소식이 왔으니 누가 봐도 신의 응답입니다. 《엘렉트라》에서도 그 기법을 활용했습니다. 같은 시기 작품이기도 하고, 어떤 학자 말마따나 어쩌면 그 효과가 작가의 마음에 썩 흡족했기 때문일 수도 있습니다.

열정은 영혼을 잠식한다

클뤼타임네스트라의 요구에 따라 사자가 오레스테스의 죽음을 자세히 전달합니다. 델포이축제에서 운동경기 중에 사고로 죽었다는 게 골자입니다. 그는 이미 여러 종목에서 우승했는데, 마지막으로 전차 경주에 출전했다가 사고를 당했습니다. 그런데 이 작품에서는 골자만 전하는 '단신 기사'로 처리되지 않고, 상당히 긴 보고가 이어집니다. 오레스테스가 관객들로부터 얼마나 환호를 받았는지, 전차 경주 중에 어떤 충돌 사고가 있었는지, 다른 전차들이 어떻게 부서졌는지 등등. 게다가 첫 번째 사고에서 바로 죽은 것도 아닙니다. 누구도 죽고 누구도 죽었지만 오레스테스는 그 위기를 무사히 넘어섰답니다. 화자가 청중을 긴장 속에 몰아넣고 자신의 장악력을 즐기는 듯한 형국입니다. 그러다가 맨 마지막까지 남은 두 선수의 각축을 묘사합니다. 결국 오레스테스는 마지막 반환점에서 너무 일찍 고삐를 늦추었고, 차축이 반환점 기둥에 부딪혀 전차가 부서지면서 고삐에 얽혀 죽었습니다. '사상 최초의 스포츠 르포'가 탄생하는 순간입니다. 사고 장면 묘사를 끝낸 노인은, 자신은 일종의 선발대라며 곧이어 다른 사람이 이 집 아들의 유골을 들고 올 참이라고 스스로를 소개합니다.

잠깐 퓌티아 경기에 대해 설명을 덧붙이자면, 델포이의 다른 이름이 퓌토입니다. '퓌티아Pythía'는 대개 여성형으로 그곳 여사제의 호칭이기도 합니다. 반면에 '퓌티아 경기'에서 '퓌티아Pýthia'는 중성, 복수 형태입니다. 이 퓌티아 경기는, 올림피아 경기, 네메이아 경기, 이스트미아 경기와 더불어 범그리스 4대 운동 경기, 또는 4대 제전으로 꼽힙니다. 한편 여기 그려진 전

차 사고 장면은, 에우리피데스《힙폴뤼토스》에서 테세우스의
아들 힙폴뤼토스가 죽는 장면과 유사한 데가 있습니다. 어쩌면
소포클레스가 후배의 작품을 일부 모방한 것일 수도 있습니다.
《엘렉트라》가 중기 후반의 작품이라면 충분히 가능성 있는 일
입니다. 사실 소포클레스는 말기 작품인《필록테테스》에서, 에
우리피데스의 발명인 '기계장치에서 나온 신'도 이용한 적이 있
습니다. 형식을 빌려 쓴다면, 내용도 빌리지 못할 이유가 없습
니다.

한데 오레스테스가 죽는 장면을 이렇게 화려하고 아름답게
그려놓은 이유는 무엇일까요? 아마도 오레스테스가 한편으로
영광을 얻으면서, 다른 한편 일종의 '죽음'을 맞으리라는 암시
아닐까요? 아버지의 죽음을 복수하는 것은 명예로운 행위입니
다. 하지만 어머니를 죽이는 건 정신적 파멸입니다. 운명에 쫓
겨서라고는 하지만, 어머니를 죽인 사람이 어떻게 행복할 수
있겠습니까? 잠시 후에 오레스테스가 다른 사람인 척하고 자
기 유골이 들었다는 단지를 가지고 찾아올 것입니다. 제가 보
기에, 그 유골 단지 안에 담긴 것은 오레스테스의 죽은 혼입니
다. 물론 가장했을 뿐이지만, 어떤 의미에서 진짜로 거기에 자
기 유골이 들었던 것입니다. 이제 그는 반쯤 죽은 사람입니다.
비슷한 사례를 우리는 에우리피데스《메데이아》에서도 발견
하게 됩니다. 남편에게 배신당한 여자가 자기 자식들을 죽이
고 떠난다는 이야기입니다. 마지막에 메데이아는 태양신이 보

내준 마차를 타고 유유히 떠납니다. 분노를 못 이겨 자식을 죽인 여자가 이렇게 아무 벌도 받지 않고 태연스레 달아나도 될까요? 이 메데이아도 이미 반쯤 죽은 자라고 볼 수 있습니다. 인간적인 면은 모두 사라지고, 이제 그녀는 일종의 복수의 여신이 되어버렸습니다. 그 여신에게 징벌 따위는 하찮은 문제인 것입니다.

다시 《엘렉트라》로 돌아가죠. 노인의 말솜씨가 어찌나 감동적인지, 클뤼타임네스트라조차도 흔들립니다. 처음에는 자신의 불행으로 자기 목숨을 건진 격이라며 망설입니다. 하지만 냉혹한 어머니는 곧 일시적으로 혼란되었던 심경을 수습합니다. 동생이 죽었단 소식을 듣고 비탄에 빠진 딸에게 냉소를 보내고, '좋은 소식' 가져온 노인을 접대하겠노라고 안으로 들입니다. 혹시 작가는 희생자를 최대한 악하게 만들어서, 나중에 아들이 어머니를 죽인다는 엄청난 사건에 대한 관객들의 비난을 희석시키려는 것일까요? 하지만 우리는 이 작품이 모친살해를 비판하고 있으며, 그것을 아주 미묘하게 표현했다는 해석을 보게 될 것입니다.

이제 한 단락이 지나가고, 새로운 단락이 시작됩니다. 엘렉트라가 비탄하고 있는데 무덤에 갔던 크뤼소테미스가 돌아옵니다. 여기서 잠깐, 크뤼소테미스 역은 누가 연기했을까요? 앞장에서 언급한 대로 고대 비극에는 배우가 세 명밖에 출연하지 않았습니다. 세 사람이 모이는 장면이 어디 있는지 찾아보면 됩니다. 방금 세 사람이 모인 장면이 있었습니다. 엘렉트라, 클뤼타임네스트라, 노인. 그리고 앞으로 두 번 더 세 배우 장면이 나올 텐데, 엘렉트라, 오레스테스, 노인의 장면과 엘렉트라, 오레스테스, 아이기스토스 장면입니다. 제1배우가 계속 엘렉트라 역을 한다면, 방금 본 장면에 클뤼타임네스트라 역으로 나온 배우는 첫 장면에 오레스테스 역을 맡았던 사람이겠습니다. 방금 본 세 배우 장면들을 비교해서 같은 자리에 있는 역끼리 이어보면 확실합니다. 비교하기 쉽게 위아래로 적으면 이렇습니다.

엘렉트라, 클뤼타임네스트라, 노인
엘렉트라, 오레스테스, 노인
엘렉트라, 오레스테스, 아이기스토스

그러면 이것도 죽는 사람과 죽이는 사람 역할을 같은 배우에게 맡긴 작품이 됩니다. 혹시 소포클레스는 《제주를 바치는 여인들》을 의식한 것일까요? 그 작품에서는 엘렉트라와 클뤼타임네스트라 역을 같은 배우가 맡았었습니다.

그러면 이 장면에서 크뤼소테미스 역은, 조금 전에 집으로 들어간 첫 장면에 노인 역을 맡았던 사람이라고 보아야겠습니다. 물론 크뤼소테미스와 오레스테스가 마주치는 장면이 없기 때문에, 크뤼소테미스 역은 오레스테스 역과 겹쳐도 되지만,

그러면 한 배우의 부담이 너무 커집니다. 같은 배우가 오레스테스-크뤼소테미스-클뤼타임네스트라-크뤼소테미스-오레스테스로, 쉬지도 못하고 잇따르는 장면에 계속 가면을 갈아 쓰면서 세 가지 역으로 재등장해야 하기 때문입니다. 그보다는 제2배우가 오레스테스-휴식-클뤼타임네스트라-휴식-오레스테스를 맡고, 제3배우가 노인-크뤼소테미스-노인(3인 장면)-크뤼소테미스-노인(3인 장면)-아이기스토스(3인 장면) 역을 하는 편이 나을 것입니다. 이렇게 해도 제3배우가 너무 바쁘지 않느냐고 반문할 수 있겠지만, 마지막 두 장면(둘 다 '세 배우 장면'입니다)에서는 노인도 아이기스토스도 대사 분량이 그다지 많지 않았습니다. 그리고 앞 장에도 말했지만 제3배우 역시 매우 재능 있는 사람이어야 합니다.

노인과 왕비가 집 안으로 퇴장하자, 곧 크뤼소테미스가 흥분한 채 돌아옵니다. 무덤에서 발견한 놀라운 일을 전합니다. 아무래도 우리 동생이 돌아온 것 같다고, 무덤가에 누가 제물을 바쳐 두었더라고. 언니는 동생을 한심하게 여깁니다. 벌써 다른 소식이 왔는데 엉뚱한 착각을 하고 있다고, 너는 왜 그렇게 어리석냐고. 그런데 진실을 알고 있는 건 오히려 동생 쪽입니다. 아이러니입니다.

여기서 '아이러니irony'에 대해서 조금 설명하겠습니다. 한국에서는 보통 이 말을 조금 다른 뜻으로들 쓰고 있는데, 사실 이 단어의 가장 기본적인 뜻은 '반어법'입니다. 상대를 빈정거릴 의도로 상황과는 반대로 말하는 것입니다. 아주 쉬운 예를 들자면, 누군가에게 '그래, 너 잘났다'라고 말할 때, 상대가 정말로 잘났다고 생각해서가 아닙니다. 오히려 그 반대입니다. 이 단어는 원래 그리스어입니다. '에이로네이아eironeia'라고, 특히 소크라테스가 애용하던 수법입니다. 플라톤의 대화편들에서 소크라테스는 자기는 아무것도 모른다면서, 현명하다고 소문난 사람들을 찾아가 그의 지혜를 시험합니다. 물론 결국 상대 역시 아는 게 없다는 사실이 드러납니다. 이러한 소크라테스의 태도를 에이로네이아라고 했습니다. 그러니 '무식한 척하기, 반대로 말하기'가 그 본디 뜻입니다. 그걸 거의 그대로 영어로 옮긴 게 아이러니입니다. 그런데 한국에서는 이런 뜻보다는 자주 '모순된 양면성이 함께 있어서 뭐라고 규정하기 어려운 상황'을 나타내기 위해 사용합니다. 예를 들면 '소방서에 불이 났다' 같은 것을 '아이러니한 상황'이라고 합니다. 한데 이런 상황은 외국 사전에 역설paradox의 예로 나와 있습니다. 아이러니와 역설을 구별하기 좀 어렵긴 하지만, 역설은 '얼른 보기에는 틀린 것 같지만 자세히 따져보면 틀리지 않은 것'으로 이해하면 쉽습니다.

한편 반어법이나 '상황의 아이러니' 말고 또 다른 아이러니가 있습니다. '극적 아이러니', 또는 '비극적 아이러니'라는 것입니다. 소포클레스는 특별히 이런 아이러니를 많이 사용했습니다. 이는 등장인물과 관객 간 정보의 격차에서 발생하는 효과입니다. 등장인물은 자신이 정보를 다 갖고 있다고 생각하고 상대의 '무지'를 비웃기도 합니다. 한데 관객은 그보다 더 많은 것을 알고 있습니다. 한 등장인물이 다른 이를 향해 날리는 잘못된 비웃음과 경멸을 보면서 관객은 측은한 감정을 품게 됩니다. 이런 사례로 대표적인 것은 《오이디푸스 왕》에서 주인공이 보이는 태도입니다. 그는 전대 왕 라이오스 피살 사건을 수사하겠다는 계획을 밝히면서, 자기가 그 일을 마치 '자기 아버지 일인 것처럼' 수행하겠노라고 선언합니다. 그런데 관객들은 다들 알고 있습니다, 라이오스는 진짜 오이디푸스의 아버지라는 것을.

또 이따금 등장인물이 자기도 모르는 채 진실을 발설하는 경우도 있습니다. 상대가 자기를 이렇게 생각하려니 생각해서 상대가 쓸 법한 용어를, 빈정거릴 목적으로 자기도 인용하는데 그 표현이 자신에게 딱 들어맞는, 그런 경우입니다. 다시 《오이디푸스 왕》을 예로 들면, 주인공은 예언자 테이레시아스가 자기를 '무지한' 것으로 여기고 있다고 생각해서, 스스로를 '이 무식한 오이디푸스가'라고 지칭하는데, 사실 그 대목에서 그는 정말 중요한 사실은 모르고 있었습니다. 그러니까 여기서 본인은 아이러니를 사용하려고 했는데, 그만 그 표현이 그에게 딱 맞아떨어졌던 것입니다. 이런 아이러니는 단순한 반어법이 아닙니다. 중첩된 아이러니, 혹은 '무의식적으로 진실 말하기'입니다. 다시 《엘렉트라》로 돌아와서, 지금 진실을 알고 있는 것은 크뤼소테미스고, 엘렉트라는 '가짜뉴스'를 들은 상황입니다. 그런데 엘렉트라가 오히려 자기 동생을 딱하게 여기고 있습니다. 크뤼소테미스의 상당히 논리적인 추론을 엘렉트라는 몽상이라고 공박합니다. '비극적 아이러니'입니다.

이제 엘렉트라는 동생을 설득하려 합니다. 오레스테스는 죽었으니, 둘이서라도 아버지 복수를 감행하자는 것입니다. 크뤼소테미스는 이 제안을 거부합니다. 《안티고네》에서 이스메네가 펼친 것과 거의 같은 논리에 근거해서입니다. '여자는 남자보다 약하다, 실패하면 위험이 너무나 크다, 강자에게 복종해야 합니다.' 다시 분위기는 두 자매의 첫 만남 장면으로 돌아갔습니다. 엘렉트라는 안티고네처럼, 자기 혼자서라도 결행하겠노라고, 그러다 죽어도 좋다고 선언합니다. 이제 더는 집 안으로 들어갈 생각도 없습니다. 이전에는 동생을 기다린다는 의미라도 있었지만, 이제는 그것마저 사라졌기 때문입니다.

엘렉트라는 성격이 강한 여자입니다. 너무나 반항적이어서 집안에서 구박받고 허드렛일을 떠맡아 하녀처럼 일하고 있습니다. 프로이트가 '오이디푸스 콤플렉스'라는 말을 만들어냈듯이, 또 다른 정신분석학자 칼 G. 융은 '엘렉트라 콤플렉스'라는 말을 만들어냈습니다. 아버지에게 집착해서 어머니와 경쟁하고 미워하는 마음입니다. 사실 이 개념은 에우리피데스의 《엘렉트라》에 더 잘 맞지만, 소포클레스의 여주인공에게도 다소는 적용된다 하겠습니다.

크뤼소테미스가 궁 안으로 퇴장하고 합창단이 엘렉트라의 효심을 칭찬하는 사이에, 오레스테스가 등장합니다. 그는 다른 사람인 척하고 오레스테스의 유골이 들어 있다는 단지를 가져옵니다. 누이가 그것을 껴안고 비탄하는 장면은 사실 가슴이 뭉클합니다. 이제 오누이가 마주친 상태입니다. 10년 전 헤어진 오누이가 서로 어떻게 알아보는지가 오레스테이아 3부작의 중요한 문제였었습니다. 아이스퀼로스는 머리카락과 발자국으로 알아본다는 설정을 했지만, 우리가 보기엔 좀 이상했습니다. 이번 작품에서는 또 다른 장치를 씁니다. 인장 반지입니다. 일단, 상대가 유골 항아리를 안고 슬퍼하는 것을 보고 오레스테스는 누이를 쉽게 알아볼 수 있었습니다. 한편 누이로서는 오라비를 알아볼 길이 없습니다. 그래서 오레스테스는 자기 신분을 밝히면서 인장 반지를 보여줍니다. 계약서에 찍는 도장으로 이용할 수 있는 반지입니다. 이는 사실 계약이나 사무에 익숙한 남자들 사이에서나 통용될, 매우 남성적인 증거물입니다. 아이스퀼로스가 현대로 치자면 DNA 검사에 해당되는 신체적 특징을 이용한 데 반해, 소포클레스는 대뜸 신분증부터 내미는 격입니다. 선배 작가에 비해 감정적인 연결감은 조금 떨어집니다. 증명서 자체가 워낙 사무적이고 무표정한 것이기 때문입니다. 나중에 보겠지만 에우리피데스는 더 심합니다.

그래도 둘은 서로를 자기 혈육으로 받아들입니다. 이 둘이 재회를 기뻐하고 있는데, 노인이 나와서 이들의 신중하지 못한 처사를 야단칩니다. 하지만 엘렉트라는 노인에게 동생을 길러 준 데에 대해 감사를 표합니다. 노인의 재촉에 따라 오레스테스와 필라데스가 안으로 들어가고, 엘렉트라는 혹시 의붓아버지 아이기스토스가 돌아오는지 망을 보겠노라고 바깥을 지킵니다. 이제 안에서는 아들이 어머니를 죽입니다. 엘렉트라가 들어가지 않는 이유 중 하나는 무대 뒤에서 일어나는 일을 바깥 사람들에게 알려주기 위해서입니다. 그녀는 문에 귀를 대고 안에서 들리는 소리를 밖으로 전달합니다. 거의 '생중계'하는 방식입니다. 어머니가 죽는데도 전혀 거리낌이 없습니다. 중간에 끔찍한 대사도 나옵니다. "할 수 있으면 한 번 더 쳐라." 누구를 향한 대사인지 약간 논란이 있긴 하지만, 대개는 엘렉트라가 동생을 부추기는 것으로들 보고 있습니다(다른 해석으로, 엘렉트라가 자기 어머니를 향해 빈정거리며, '옛날에 아버지를 쳤던 것처럼 이번에도 다시 맞서서 칼을 휘둘러보라'고 외치는 것으로 보는 학자도 있습니다).

이어서 아이기스토스가 돌아옵니다. 오레스테스가 죽었다는 소식이 온 게 사실인지 묻습니다. 엘렉트라는 그 시신까지 직접 확인할 수 있노라고 답합니다. 아이기스토스의 명에 따라 문이 열립니다. 천에 덮여 있는 시신이 있습니다. 아이기스토스가 기대에 차서 천을 들춥니다. 거기 누워 있는 이는 오레스테스가 아니라 바로 아내입니다! 그 순간 아이기스토스는 '죽은 자'는 누구이고, 산 자는 누구인지, 자기를 찾아온 손님의 정체가 무엇인지, 자기 앞에 닥친 사건이 무슨 의미인지 알아차립니다. 눈에서 환각의 비늘이 벗겨지는 순간이라 하겠습니다. 신약성경에서는 사도 바울이 기독교를 박해하다가 눈이 멀게 되고, 회심한 이후에 눈에서 비늘 같은 것이 떨어지면서 시력이 회복됩니다. 아이기스토스가, 오랜 세월 준비되어 있었던 그 운명의 실체를 목도하는 이 순간도 그러한 순간입니다. 그는 그래도 마지막에 상당한 기백을 보입니다. 자신의 운명을 공개적으로 맞이하고자 합니다. 죽이려면 밝은 데서 죽이라고 합니다. 하지만 오레스테스는 끌고 안으로 들어갑니다, 그가 아버지를 죽인 자리에서 아이기스토스 자신도 죽어야 한다고. 어떤 학자는 엘렉트라가 오레스테스를 알아보는 장면과 이 시신 장면 둘이 '극적인 각운'을 이루고 있다고 평하기도 합니다. 둘 다 죽은 줄 알았던 사람이 살아 있다는 충격적인 사실을 확인하는 장면이기 때문입니다.

밝음과 어둠이 뒤엉킨 인간의 숙명

그렇다면 소포클레스는 모친살해를 정당화하는 걸까요? 예전에는, 여기서 정의가 실현되고 세계질서가 바로잡힌다는 해석이 많았습니다. 그 근거 중 하나는 작품 분위기가 너무나 밝다는 점입니다. 앞 장에서 봤듯이 죽어야 할 두 사람 중 누가 먼저 죽느냐 하는 문제도 있습니다. 이 작품에서는 어머니를 먼저 죽이고 남자를 뒤에 죽였습니다. 그렇다면 모친살해 당사자들의 심리적 부담이 훨씬 줄어든 셈입니다. 그래서 예전의 주류 해석은 소포클레스가 모친살해를 지지한다고 보는 것이었습니다. 게다가 이 작품에는 복수의 여신도 나타나지 않습니다. 그래서 엘렉트라의 굳은 의지와 경건함이 최후에 승리와 해방을 얻었다고 해석했습니다. 아이스킬로스의 경우에는 오레스테스가 어머니를 죽인 것을 유감스러워하고, 거기에 복수의 여신까지 등장합니다. 소포클레스의 작품에서는 주인공들의 후회는커녕 오히려 해방감과 기쁨이 두드러져 보입니다. 합창단 역시 이 사건을 정의와 자유의 실현으로 보고 있습니다. 한편 우리는 에우리피데스의 작품에서 다시 후회가 나오는 걸 보게 될 것입니다. 3대 비극 작가를 시대순으로 보자면 '후회한다-안 한다-후회한다'가 되어 A-B-A 꼴로 모양은 그럴싸해집니다.

　한데 방금 말한 전 시대의 주류 해석은 근래에 흔들리고 있습니다. 작품을 좀 더 미묘하게 읽어야 한다는 주장이 먹히고 있어서입니다. 그 미묘한 독법을 위해서는 앞 장에서 본《자비로운 여신들》해석이 도움이 될 것입니다. 그 작품이 과연 여성을 깎아내리고 남성의 권리만 주장하는 작품인지 확인하기 위해, 남성의 대표인 아폴론을 어떻게 그렸는지(무례하고 비열하게 그렸습니다), 여성의 대표 격인 아테네 여신은 어떻게 그렸는지(현명하고 기품 있게 그렸습니다) 살펴보았습니다. 그 기준을 이 작품에도 적용한다면, 엘렉트라가 어떻게 그려졌는지가 관심사로 떠오릅니다. 오누이에 의해 정의가 실현되는 것이라면, 왜 이렇게 엘렉트라를 음울하게 그린 것일까요? 어머니를 한 번 더 찌르라고 하는 것도 그렇고, 아이기스토스를 개와 새("걸맞은 장의사들")의 밥이 되게 하자는 것도 그렇습니다. 물론 정의가 실현되기는 했습니다. 그러나 그것을 구현하는 사람 자신에게 그 결과는 정신적 죽음입니다. 그래서 작품의 한가운데서 오레스테스가 전차 경기에서 죽는 가상의 장면이 그렇게 찬란하게 그려지는 것입니다. 정의를 이루지만 그 자신은 죽는 것으로요. 그렇다면 이 작품은 은근히 모친살해를 비난하고 있는 셈입니다. 유골 단지에 실제로 자기의 유골이 들어 있는 것과 다름없다고 했던 것도 같은 맥락에서입니다.

에우리피데스, 전통과 관행의 해체자

감동을 느끼기에는 소포클레스의 작품들이 좋고, 장엄함을 느끼기에는 아이스퀼로스의 작품이 좋습니다. 반면에 에우리피데스에게서는 감동도 장엄함도 찾아보기 힘듭니다. 하지만 에우리피데스의 작품을 가만히 뜯어보면, 이 작가 역시 천재라는 생각이 절로 듭니다. 물론 그의 작품을 읽고서 단번에 좋은 점을 찾아내기는 어렵습니다. 게다가 에우리피데스의 진면목을 알아보는 데 방해되는 요인이 한 가지 있습니다. 그의 작품 중 가장 유명한 것은《메데이아》인데 불행히도 이 작품이 거의 '정상적인' 비극이라는 점입니다. 물론 좋은 작품입니다. 그렇지만 직접 작품을 읽다보면 현대의 독자가 지루해할 대목들이 있습니다. 하지만 사실 이 지루한 대목들이 작가의 특징을 잘 보여주는데, 독자들은 다른 좋은 부분들에 시선을 빼앗겨서 그 중요성을 간과하게 됩니다. 작품 내용을 조금만 살펴보죠. 골자는, 모든 것을 버리고 남자에게 헌신했던 여자가 그 남편에게 배신당하고 자기 자식을 죽여 복수한다는 것입니다. 작품에서 특히 좋은 대목은, 여주인공이 아이들을 죽이기로 결심하고서도 차마 실행하지 못하는 장면입니다. 어미는 아이들을 껴안고 냄새를 맡아보고 얼굴을 들여다봅니다. 결행하자 했다가, 못한다고 했다가, 하려고 했다가 다시 중지하고, 여러 번 마음이 바뀝니다. 그러다가 마지막에 '메데이아야, 오늘 하루만 아이들을 잊고 내일 슬퍼하자'면서 아이들을 죽입니다. 메데이아는 기가 굉장히 센 여자입니다. 세상에 그녀가 설득해야 하는 상대는 자기 자신뿐입니다. 그녀는 늘, 사람들을 향하여 이야기를 시작했다가 결국 자기 자신에게로 돌아옵니다. 대중을 향한 발언은 곧 독백으로 변합니다. 자기에게 적수가 될 수 있는 존재는 자신뿐이어서입니다.

그 장면이 굉장히 감동적이라서 독자들은 다소 지루한 장면들도 그냥 그러려니 하고 지나가게 됩니다. 모든 부분이 다 좋기는 힘드니까요. 한데 사실은 그 지루한 장면에 에우리피데스의 특징이 있습니다. 에우리피데스는 독자가 이야기에 몰입하지 못하게 자꾸 신경을 분산시키는 작가입니다. 어려운 말로는, 중심이 없다는 점에서 거의 '포스트모던'한 해체적인 작품입니다. 물론 좀 세게 말한 것이고, 중심적인 이야기 선이 없지는 않았습니다. 하지만 작가는 우리의 관심을 자꾸 이 중심선에서 벗어나게 이끌어갑니다.

이런 경향은 나중에 헬레니즘기에 더욱 강해져서 거의 시대정신이 될 것입니다. 이 책 서문에 등장하는 칼리마코스가 쓴 《헤칼레》 같은 작품이 그런 성향의 대표로 알려져 있지만, 아폴로니오스 로디오스가 지은 그 시기의 서사시 《아르고호 이야기》에서도 마찬가지입니다. 다들 알다시피 이 작품은 젊은이들이 모여서 아르고호를 타고 황금 양털을 찾으러 갔던 이야기를 그렸습니다. 그런데 작품을 직접 읽어보면 이야기가 직선적이지 않고, 자꾸 엉뚱한 데로 갔다가 돌아오는 걸 보게 됩니다. 영웅들이 중간에 어딘가 들를 때마다 그 지역 유래를 설명하려고 딴 길로 들어서는 식입니다. 이는 한국인의 근래 외국여행 패턴 변화와 비슷한 점이 있습니다. 예전에는 목적지를 향해 직진했지만 요새는 한 도시에 오래 머물면서 이 골목 저 골목 들어가보는 사람이 많아진 것 말입니다. 이게 바로 헬레니즘 문학의 특징입니다. 예전 여행 방식은 말하자면 소포클레스식이었습니다.

이런 변화 양상은 학문과 예술의 역사에서도 비슷하게 나타납니다. 한 가지 중심을 인정하지 않는다는 게 모더니즘, 포스트모더니즘의 특징입니다(이 둘이 서로 구분되는 것인지, 아니면 포스트모더니즘은 그저 모더니즘의 성향을 강화한 것일 뿐인지 한동안 논란이 있었지만, 세계적으로 포스트모더니즘 열풍이 가라앉고 나니 이 문제도 시들해졌습니다). 이성이나 신, 기독교 등등의 중심을 인정하지 않는다는 것입니다. 특히 이전에는 백인, 남성, 기독교인, 이성애자, 기혼자를 기준으로 모든 것을 평가했다면, 이제 그런 것은 점차 표준으로서의 정당성을 잃고 전에는 주변적인 것으로 도외시되던 것들이 오히려 주목을 받고 있습니다.

너무 다른 이야기로 가는 감도 있지만 조금만 더 이야기하자면, 음악, 미술의 양상도 그렇게 변해간다는 시각이 있습니다. 현대 음악의 경우, 우리가 따라갈 수 있는 멜로디는 그저 잠시 나오다가 사라집니다. 앞에서 소포클레스 《콜로노스의 오이디푸스》가 일종의 '말년의 양식'이라고 했었습니다. 이 개념의 주창자들은 이것이 화가 렘브란트에 대해서도, 작곡가 베토벤에 대해서도 적용될 수 있다고들 합니다. 사람마다 조금씩 다르긴 하지만 대체로 이런 대가들은, 중기까지는 자신만의 구조를 찾기 위해 분투하며 전진하다가 드디어 견고한 구조에 도달한 다음, 말년에 이르러 그것들을 다 놓아버리고 사회와도 불화하고, 자신과도 불화하며 통합되지 않는 세계를 통합되지 않은 대로 그려낸다는 것입니다. 현대 음악도 인류 역사 전체로 볼 때 말년의 양식 시대에 속하기 때문에 방금 말한 현상이 나타난 것입니다.

비극과 서사시를 포함한 전체 이야기 장르도 마찬가지입니다.

그 중기적인 튼튼한 구조가 아리스토텔레스의 이론에 따른 기-승-전-결 양식입니다(정확히 아리스토텔레스의 표현을 따르자면 시작-중간-끝입니다). 이런 구조를 보여주는 대표적인 장르가 할리우드 영화입니다. 반면에 현대에 영화제에서 상 받는 영화들은 대체로 비-아리스토텔레스 시학을 따르는 영화들이어서 이야기 연결이 잘 되지 않고, 그런 것을 기대하는 관객을 어리둥절하게 만듭니다. 소설도 전에는 대체로 기승전결 패턴을 따라갔지만 현대 소설은 더 이상 그렇지 않게 되었습니다. 국내에도 상당히 알려진 버지니아 울프《세월》을 예로 보죠. 거의 읽을 수가 없는 소설입니다. 우리가 따라갈 수 있는 줄거리가 거의 없고, 작중 화자의 독백과 과거의, 서로 연결되지 않는 파편적 인상들만 던져질 뿐입니다.

한데 놀랍게도 에우리피데스의 작품에서 이미 그런 현대적 경향이 엿보이고 있습니다. 특히 멜로드라마로 꼽히는 작품들(가장 대표적인 것으로《안드로마케》)은 대체 플롯 연결이 되긴 하는 것인지 의문스러울 정도로, 거의 난잡하다 할 만큼 이야기가 흩어지고 있습니다. 그러니까 아리스토텔레스가 태어나기도 전에 이미, 아리스토텔레스 이론에 부합되는 이야기 장르와 더불어 비-아리스토텔레스 시학을 드러내는 작품들이 있었던 것입니다.

미술의 발전 양상도 비슷합니다. 3차원적인 시각 대상을 2차 평면으로 옮겨서 원근법과 입체감을 완벽하게 구현한 것이 르

네상스 미술의 성취라고 한다면, 이는 중기적 견고한 양식이고, 말하자면 아리스토텔레스 미학을 따른 예술입니다. 반면 현대 미술에서 입체감과 원근감을 추구하는 작가는 거의 없고, 나아가 전통적으로 미술의 두 기본 요소로 꼽혔던 형태와 색채 중에서 형태는 거의 사라지고 색채만이 남았습니다(물론 선이 모두 사라진 것은 아니고, 리듬감과 공간 분할의 형태로 남아 있긴 합니다). 게다가 현대 미술은 전통적인 시각적 쾌감도 거부하고 있습니다. 현재 미술 시장에서 가장 비싼 작품으로 수위를 달리는 게 프란시스 베이컨의 그림들인데, 보기에도 끔찍합니다. 형태도 제대로 없는 내장 덩어리 같은 것들입니다. 그리고 그렇게 그린 이유를 멋지게 설명하는 미학 이론들이 있습니다. 그럼, 보기 좋은 작품들은 더 이상 생산되지 않는 것일까요? 그렇지 않습니다. 상품 광고 같은 상업 미술에 의해 여전히, 그것도 대량으로 생산되고 있습니다. 현대 음악에서도 우리가 따라갈 수 있는 선율은 어쩌다 잠깐이나 등장할까, 해체되어 있기는 마찬가지인데, 그렇다고 전통적인 방식의, 한 줄기 흐름으로 이어지는 음악이 전혀 안 만들어지는 것은 아닙니다. 대중적 음악, 특히 영화음악에서는 여전히 고전주의는 아니더라도 낭만주의 음악 같은 것들이 만들어지고 사용되고 있습니다.

좀 멀리 왔는데, 다시 에우리피데스로 돌아가죠. 그의 작품은, 주된 이야기 흐름이 전혀 없는 것까지는 아니지만 어쨌든 관객의 시선을 자꾸 분산시키는 식으로 전개됩니다. 그래서 어떤 학자는 에우리피데스 《엘렉트라》를 새로운 비극이거나, 혹은 비극이 아닌 통속성과 감상성이 강한 멜로드라마로 보자고 제안합니다. 현대, 특히 한국의 관객들로서는 당황스럽습니다. 우리는 비극에서 슬픔과 감동을 느끼고 싶습니다. 그런데 이 작품은 그렇지 않습니다. 아이스퀼로스의 작품에서는 운명에 내몰려서 어쩔 수 없이 어머니를 죽이는 인물이 등장했었습니다. 그가 운명적 행동을 망설이고 있을 때, 극이 시작된 이후 무려 90%가 진행될 때까지 한 마디 하지 않던 퓔라데스가 갑자기 입을 열었습니다. "그럼 예언과 신탁은 어떻게 되는 것이냐?" 얼어붙은 호수를 내리치는 도끼처럼, 고요를 깨뜨리며 돌연 내리치는 벼락같은 이 한 마디는 필멸의 존재로서는 도저히 어찌할 바 없는 엄정한 우주적 질서와 운명의 통절함을 일깨웁니다. 하지만 에우리피데스의 작품에는 그런 것이 없습니다. 모친살해는 잘못이지만 그래도 정의가 실현되었다고 앞의 두 작가는 말한 것 같습니다. 반면에 에우리피데스의 작품에서는 일단 인물들부터 우리의 기대를 벗어납니다. 악당들은 온화하고 예의 바르고 다정한 사람으로 그려집니다. 반면에 정의를 실현한다는 사람들은 거의 아무 덕목도 갖추지 못했습니다. 경망스럽고 변덕스럽고 자기중심적이고, 고결한 도덕성도, 치밀한 계획도, 굳은 의지도 없이, 그저 행운과 요행에 의지할 뿐입니다. 엘렉트라는, 자신이 아기를 낳았노라고 그 아기를 축성祝聖하는 제의를 행하자며 어머니를 초대해서 죽입니다. 인간으로서는 어쩌면 가장 신성하다 할 제의를 가장해서, 어머니를 유인하고 속여 죽인 것입니다. 오레스테스는 손님 접대를 좋아하는 왕의 식사 자리에서, 그것도 신성하게 내장 점을 치고 있을 때 뒤에서 상대를 가격합니다.

사실 이런 죄는 단테의 《신곡》에서도 가장 엄한 형벌의 대상으로 꼽힙니다. 《신곡》에서 지옥은 아래로 갈수록 점점 좁아지는 깔때기 모양인데, 아래쪽일수록 심한 죄가 배치되어 있습니다. 크게 보아 그 제일 밑바닥이 배신입니다. 그 위에는 기만이 있고, 더 위에는 폭력이 있습니다. 현대적으로 말하자면 사기죄가 살인죄보다 무거운 것입니다. 폭력은 말하자면 인간 속의 야수성이 튀어나온 것이라 할 수 있습니다. 반면에 기만은 다른 야수와 구별되는 인간만의 것입니다. 신은 인간에게 특별한 선물로 이성을 주었습니다. 그런데 그 선물을 이용해서 죄를 짓는 게 기만입니다. 그래서 기만이 폭력보다 더 나쁜 것입니다. 《신곡》에서는 기만도 둘로 나눴습니다. 애초에 자기를 믿을 생각이 없는 사람들을 속이는 것은 그래도 좀 낫습니다. 그보다 더 나쁜 것은 자기를 믿어주는 사람을 상대로 한 기만이고, 그것이 배신입니다. 그래서 지옥의 제일 밑바닥은 배신자들이 얼어붙어 굳어져 있는 호수입니다. 이곳은 바깥부터 점점 좁아지는 동심원으로 네 구역으로 나뉩니다. 제일 바깥쪽에 국가를 배신한 사람들, 그 안쪽이 형제를 배신한 사람들, 그 안이 끝에서 두 번째인데 손님을 배신한 자들입니다. 특히 손님을 초대했다가 죽이는 것은 극악한 범죄로 되어 있습니다(제일 나쁜 것은 은인을 배신한 죄인데, 단테의 중세적 세계관에서 최고의 은인은 하느님입니다. 그래서 하느님을 배신한 악마가 제일 밑바닥, 우주의 가장 낮은 곳에 얼어붙어 있습니다).

그러니 에우리피데스《엘렉트라》에는 정의를 실현한다는 사람들이, 단테의 기준에 따르자면 최악인 사탄보다 거우 조금 나은 정도의 극악한 범죄자들이나 하는 짓을 자행한 것입니다. 일단 그 성격 설정부터가 신화에서 듣던 것과는 딴판인, 그리고 그들이 해야 하는 일과 그들 자신의 성격이 맞아들지 않는 그런 상황입니다. 극을 보고 있자면 관객들의 마음속에 의구심이 입니다. 완전히 몰입되어 빠져들기보다 자꾸 딴생각을 하게 됩니다. 하지만 바로 그게 에우리피데스의 목적이었습니다. 그는 관객을 감동시키기 위해서가 아니라, 놀라게 하려고 작품을 쓴 사람입니다. 한데 뭐라도 알고 있어야 놀랄 수도 있습니다. 당시 통용되던 신화의 내용과, 다른 작가들의 작품, 그리고 그리스 비극의 관행들을 알아야 놀람과 충격이 발생합니다. 한국의 독자/관객들은 이런 준비가 되어 있지 않기 때문에 에우리피데스의 작품을 대단치 않게들 여기는 것입니다. 그러니까 관객이 그 어느 대목에선가 슬픔을 느끼고 감동을 받으리라 기대하고 있다가, 그 기대가 무너지며 당혹하게 되는 게 에우리피데스의 작품입니다.

저잣거리로 내려온 비극

이 작품은 맨 첫 장면부터 이상합니다. 그리스 비극의 관행 중 하나는, 처음 등장하는 인물은 몇 행 안에 '나는 아무개다'라고 자신을 소개하는 것입니다. 이어서 다른 사람이 등장하면 먼저 나온 사람이 '아, 저기 아무개가 나오네' 하고 새로운 등장인물의 이름을 가르쳐줍니다. 그런데 이 작품에서는 도입부에 어떤 사람이 허름한 옷을 입고 등장하는데, 일단 복색이 자못 누추합니다. 비극에서 늘 보던 귀족, 영웅이 아닌 듯합니다. 그는 한참 아가멤논 집안 이야기를 늘어놓는데, 아무리 기다려도 도무지 자신이 누군지 밝히질 않습니다. 그의 신분은 40행 가까이 가서 밝혀집니다. 자기는 엘렉트라의 남편이라는 것입니다. 여기서 관객들은 모두 깜짝 놀라게 됩니다. 엘렉트라에게 남편이 있다니? 그것도 농부라니? 앞선 두 작품에서 엘렉트라에겐 남편이 없었습니다. 사실 엘렉트라라는 이름 자체가 '아-렉트론(a-lektron, 부정어+결혼 침대)'에서 나온 것으로 '침대가 없는 여자'란 뜻입니다. 이름부터가 '결혼하지 않은 여자'란 말입니다. 그러니까 관객들은 발을 동동 구르며 '저 사람은 누구일까?' 궁금해하던 끝에 40행이나 지나서 겨우 상대의 정체를 알게 되었는데, 그게 누구도 생각지 못했던 엉뚱한 신분입니다.

작품 시작부터 이 남편의 입을 빌어 줄줄이 늘어놓는 아가멤논 집안 사정은, 다른 작가의 작품에는 나오지 않는 굉장히 인위적인 장면입니다. 아리스토텔레스 시학에 따른 게 아니란 말입니다. 일상에서는 그런 식으로 말하는 사람이 거의 없는데, 작가가 그런 식으로 일종의 해설자를 맨 앞에 배치한 것입니다. 이런 것을 '설명적 프롤로고스'라고 합니다.

비극 작가들은 기본적으로 신화를 소재로 작품을 썼습니다. 한데 에우리피데스가 등장했을 때쯤에는 벌써 비극의 역사가 80년 정도 되었고, 그가 죽을 때쯤까지는 그 역사가 약 120년 진행된 참이었습니다. 수많은 작가에 의해 1년에 작품이 10개 이상씩 나왔으니, 웬만한 신화는 이미 여러 차례 사용되었을 것입니다. 쉽게 계산해서 1년에 10편만 잡아도 120년이면 1200편입니다. 그러니 이제 써먹을 게 없습니다. 그래서 신화를 아예 바꿨습니다. 하지만 이렇게 신화를 바꾸면 사람들이 따라오지 못할 가능성이 있습니다. 그래서 맨 처음에 어떤 사람이 나와서 바뀐 신화를 설명하게 해놨습니다. 게다가 결말까지 다 이야기하는 경우도 있습니다.

한데 이렇게 되면 좀 문제가 생깁니다. 작가는 자기가 새로 만든 상황에 따라 이야기를 진행시켜왔지만, 극 마지막에는 관객이 이미 알고 있는 결과로 돌아가야만 하는 것입니다. 그래서 나온 해결책이 '기계장치에서 나온 신' 즉 '데우스 엑스 마키나 deus ex machina'라는 것입니다. 기중기 같은 것을 타고 신이 나타나서 대개는 지붕 위에 자리 잡고서, '누구는 어디로, 누구는 어디로 가고, 앞으로 이 사건을 기념해서 무슨 축제가 있을 것이다' 하고 말하는 게 일반적인 틀입니다. 그러니까 에우리피데스의 작품은 맨 앞에는 설명적인 프롤로고스가, 맨 뒤에는 데우스 엑스 마키나가 나오게 되어 있는 것입니다. 게다가 마지막에 합창이 짧은 노래를 하는데, 여러 작품에 같은 노래가 나오는 것으로 해놓았습니다. 그러니 그 노래가 나오면 '역시 에우리피데스군!' 하고들 웃었을 것입니다.

한데 이렇게 되면 관객들은 극에 몰입하기보다 에우리피데스의 창작, 인위적 창조물이라는 것을 의식하게 되고, 또 신화를 어떻게 바꿨는지에 주목하게 됩니다. 그러니까 보는 사람들을 이야기 속으로 푹 젖어들게 만드는 아리스토텔레스 시학이 아니라, 그런 몰입을 일부러 방해하고 작품 바깥을 생각하게 만드는 비-아리스토텔레스 시학이 적용되었단 말입니다. 그런데 근대에 이런 개념을 주창했던 이론가가 있습니다. 여러 정부의 탄압을 피해 이리저리 도망 다니다 마지막에는 동독에 살았던 시인 브레히트입니다. 그는 '서사극 이론'이란 것을 내세웠습니다. 대략적으로 말해서, 작품이 관객들을 몰입시켜서 현실을 잊게 만들면 안 되며, 자꾸 그런 몰입을 방해해서 이것이 인위적인 산물이란 걸 의식시켜야 한다는 입장입니다. 그럼으로써 시민들의 사회의식과 역사의식을 일깨워서 세계를 변혁해야 한다는 것입니다. 결국 사회주의 미학과 유사한데, 에우리피데스는 그런 목표까지 내세우진 않았지만 어쨌든 연극이라는 틀 자체를 생각하게 만들었다는 점에서 현대 이론과 유사한

데가 있습니다. 2500년 전 시인으로서는 놀라운 발상입니다.

다시 작품으로 돌아가겠습니다. 이 작품엔 도입부부터 농부가 등장합니다. 비극의 주인공들은 원래 왕과 귀족들, 또는 신들이었습니다. 그러니 일단 농부가 주요 인물로 나오는 것부터가 놀라운 점입니다. 한데 이것은 그리스 문학사의 어떤 경향과 일치합니다. 《일리아스》 첫 줄에는 여신의 아들 아킬레우스의 이름이 나옵니다. 그 마지막 줄에는 인간의 아들 헥토르의 이름이 나옵니다. 《오뒷세이아》에는 영웅이 누더기를 걸친 늙은 거지로 변장해 있습니다. 그러니 서양 문학사의 첫 두 작품부터 높은 데서 낮은 곳으로의 방향성이 나타나기 시작한 셈입니다. 비극도 마찬가지입니다. 아이스퀼로스와 소포클레스의 신과 영웅들로부터 에우리피데스의 평민, 노예로, 모든 것이 저 위에서부터 아래로, 올림포스 정상으로부터 저잣거리로 내려오고 있습니다. 말하자면 민주화의 방향입니다. 앞에 말했듯 인간들의 학문적 관심이나 주제도 하나의 중심을 돌다가 이제는 점점 변방으로 흩어져나가는데, 그리스 문학과 비극의 발전 방향은 그것을 미리 보여준 듯합니다. 위에서 아래로, 중심에서 변방으로. 처음에 중심에 있었던 신도 거기서 밀려나고, 한동안 그 자리를 차지했던 인간도 지금은 생태계 한구석으로 밀려났다. 지구도 우주의 중심이었다가 태양계 한 귀퉁이로, 그리고 아예 태양계 자체가 우주의 변방으로 밀려나고 있으니, 인간의 지식이 늘어나고 사고 범위가 넓어짐에 따라 거의 모든 것이 같은 방향으로 변해가는 모양입니다.

조금 전에 설명적 프롤로고스라는 말을 썼습니다. 작품을 읽는 사람은 그게 설명적이란 걸 어떻게 알 수 있을까요? 그 특징은 좁은 공간에 고유명사가 빽빽이 들어찼다는 점입니다. 많으면 한 줄에 두세 개씩 고유명사가 나옵니다. 그리고 이렇게 고유명사가 많다는 것은 대개 정보량이 많다는 뜻입니다. 농부가 전해주는 정보는 대충 이런 것입니다. 아가멤논이 피살되자, 집안의 늙은 종이 오레스테스를 외국으로 빼돌렸습니다. 엘렉트라도 아이기스토스가 죽이려고 하니까 그녀의 어머니가 얼른 결혼시켜서 시골로 보냈습니다. 바로 그 시골이 지금 관객들이 보고 있는 이 장소입니다. 아마도 당시 관객들은 이 대사를 듣고서야 자기들 앞에 설치되어 있던 무대 배경이 무엇인지 이해했을 것입니다. 그리스 비극에서는 거의 유일한 무대 배경이 왕궁이었습니다. 왕궁 아닌 게 나오는 적이 거의 없습니다. 한데 이 작품이 상연되던 날, 무대를 처음 본 관객들은 대체 왜 저렇게 집을 허름하게 지어놓았는지 이상하게 생각했을 것입니다. 그러다가 지금 이 대사를 듣고서야 그 이유를 알았을 것입니다. 이 역시 놀람의 순간입니다(물론 옛날에는 배경을 얼른 바꾸기 힘들었을 테니, 그냥 궁전처럼 지어진 배경을 농가로 봐달라고 요청하는 것일 수는 있습니다).

이 작품은 주변성이 두드러지는 작품입니다. 우선 지리적으로 수도가 아니라, 국경지대가 배경입니다. 그리고 왕족도 아닌 사람이 중요하게 나오고 뒤에 있는 배경도 허름한 농가입니다. 그래서 제가 자꾸 '포스트모던' 작품이라고 우기는 것입니다. 사진으로 치면 한가운데는 초점이 맞지 않아 뿌옇게 찍히고, 오히려 주변에 초점이 맞아 또렷하게 보이는 그런 작품입니다. '비어 있는 중심'입니다. 모더니즘 또는 포스트모더니즘은 벌써 2500여 년 전에 에우리피데스가 시작한 것입니다.

초라한 개인에 불과한 영웅들

엘렉트라는 일종의 위장결혼을 한, 실제로는 처녀인 상태입니다. 이제 그녀가 물동이를 이고 등장합니다. 그녀의 첫 대사는 자기 신세에 대한 한탄입니다. 에우리피데스의 이 엘렉트라는 굉장히 자기중심적인 여자입니다. 그녀의 대사를 보면 계속 '나는, 나는, 나는'이 반복됩니다. 아버지의 죽음에 복수해야 한다는 정의감, 의무감보다는, 자기는 이렇게 고생하고 있는데 어머니는 아버지가 애써 벌어들인 부를 누리며 혼자만 풍요를 즐기고 있다는 질투심이 두드러집니다. 어머니는 좋은 집에서 사치를 부리며 남편과 편안히 살고 있다는 것입니다. 일반 독자로서는 감지하기 좀 어렵겠지만, 많은 학자들이 이러한 불평 밑에서 엘렉트라의 억눌린 성적 욕구를 찾아냅니다. 그리고 신화에서는 잘 언급되지 않는 점인데, 이 어머니는 새 남편에게서 아이도 몇 낳았다고 되어 있습니다. 그런데 나중에 보면 어머니는 사실 딸을 굉장히 걱정하고 있습니다. 적어도 이 클뤼타임네스트라는 도끼 들고 남편 쳐 죽이던 옛날의 그 여자 같지가 않습니다. 딸에게 되도록 다정하게 대하려 노력합니다. 반면 딸 엘렉트라는 냉담하고 표독스럽습니다. 한 마디 한 마디 자신의 가난과 어머니의 부를 비교하고 있습니다. 가장 대표적인 대사가, '어머니, 집에 들어갈 때 검댕 묻지 않게 조심하세요'입니다. 앞에서 '엘렉트라 콤플렉스'라는 용어를 소개했는데, 여기서는 아버지에게 집착하는 면모는 그저 형식적으로 잠깐 사이에 지나가고, 나머지는 모두가 자기 신세에 대한 한탄입니다. 그녀가 물동이를 이고 나온 것은 신들께 자기 참상을 보여드리기 위해서입니다. 자기 동생에게 전하고 싶은 내용 중 첫 번째 것도 자신의 초라한 옷차림과 허름한 집, 그리고 가난한 평민과의 결혼입니다.

　엘렉트라의 성격을 설명하려고 조금 뒤의 내용까지 미리 이야기했는데, 다시 앞의 장면으로 돌아가죠. 그녀의 남편은 이 공주님, '가짜' 아내의 노동을 만류합니다. 아내는 조금이라도 남편을 돕고 싶다는 뜻을 밝힙니다. 여기까지는 나름대로 의 좋은 부부인 듯 보입니다. 두 사람이 제각기 할 일을 찾아 무대를 떠나자, 오레스테스가 등장합니다. 그는 이미 아버지의 무덤에 다녀온 상태입니다. 그는 자기가 이 국경지대로 누이를 찾아서 온 이유를 설명합니다. 이 오레스테스도 거의 설명적 프롤로고스를 늘어놓고 있습니다. 동행인 필라데스는 다 알고 있을 텐데도, 그를 상대로 다시 한번 그간 자신의 행적을 정리하고 있기 때문입니다. 어쨌든 여기서 오레스테스의 의도와 성품이 드러납니다. 자기가 이리로 찾아온 이유는, 여기가 변방이라 급하면 도망가기 쉽고 또 누이에게서 정보와 협력을 얻어낼 수 있을 듯해서랍니다. 다른 이야기처럼 진행되자면, 그는 곧장 중심을 향해 돌격해서, 일단 수도로, 그리고 왕궁으로 돌입해 아버지 원수를 갚거나, 혹은 실패하더라도 일단 거기서 죽음을 각오하고 싸워야 하는 것 아닌가요? 기껏 변방에 와서 힘없는 누이의 도움을 구하고, 여차하면 달아날 궁리나 하다니? 게다가 그는 아무 정보도, 계획도 없습니다. 그저 닥치는 대로, 누군가의 불확실한 충고에 따라 움직일 뿐입니다. 그는 비극의 주인공으로서 준비가 전혀 안 된 인물입니다. 그러니 이 연극을 보고 독자/관객이 감동이나 슬픔을 못 느끼는 것도 당연합니다. 인물이 매력이 없으면 우선 동일시가 안 되기 때문입니다. 동일시가 없으면 감동도 없습니다.

대개 비극에서는 맨 처음에 두세 명이 등장해서 대화를 나누고, 그 사람들이 들어가면 합창단이 입장하는 게 일반적인 순서입니다. 이때 합창단은 노래를 부르며 들어오는데, 그 노래를 '등장가'라고 합니다. 이제 합창단이 들어와야 하는 순간인데, 이 작품에서는 엘렉트라가 다시 등장합니다. 물동이를 이고서 오며 혼자 노래를 부릅니다. 노래가 꽤 깁니다. 합창단의 등장가 대신 배우 개인의 독창이 그 자리를 차지했습니다. 비극의 역사에서 후대로 갈수록 합창단의 비중이 점차 줄어들고 있어서입니다. 특히 에우리피데스 작품이 그런 양상을 보이는데, 이는 다시 그의 작품이 가진 어떤 특성 때문입니다. 에우리피데스의 많은 작품들이 '음모극'입니다. 음모의 특징은 비밀입니다. 그런데 음모를 꾸미는 와중에 합창단이 곁을 지키고 있습니다. 인물들은 거듭해서 이 전통적인 장치를 향해 비밀을 지켜달라고 부탁해야 합니다. 그러니 이 장치는 좀 사라져주었으면 싶습니다. 그래서 합창단의 노래 분량은 점점 적어지고 그마저도 배우와 나누어 부르는 경우가 많아지며, 노래 내용도 점점 작품의 중심 줄거리와 무관하게 되어갑니다. 《오이디푸스 왕》의 훌륭한 점 중 하나는 대화 장면과 합창 장면이 정확하게 맞아 돌아가는 톱니바퀴처럼 되어 있다는 것이었습니다. 이제 에우리피데스에서는 그런 것은 기대하기 어렵게 되었습니다. '도대체 이 순간에 이 합창은 왜 나오는 거지?' 싶을 정도로 아무 상관없는 이야기를 풀어놓는 경우가 허다합니다. 그의 작품에서는 합창의 비중이 점점 작아지다가 나중에는 그저 대화 장면을 나눠주는 막처럼 변해버립니다. 바로 이것이 유럽 5막극의 원천입니다. 합창은 점점 짧아지고 극 내용과 무관해지다가 마침내는 물리적인 막이 되었습니다. 어쩌면 작가의 성향으로 설명할 수도 있습니다. 흔히 말하길 소포클레스는 이상적인 인물을 그렸지만, 에우리피데스는 있는 그대로의 사람들을 그렸다고 합니다. 그러니까 그의 사실주의가 전체 틀에까지 영향을 끼쳐서 합창단이 점차 희미해지고 마침내는 사라지게 만든 셈입니다. 아닌 게 아니라, 우리 일상에 늘 곁에서 관찰하는 한 무리의 사람들이 있는 건 아닙니다.

이렇게 배우의 몫이 커지면서 점차 합창단의 역할을 흡수하고 그 영역을 줄여가는 현상은 에우리피데스의 비극이 점점 일종의 '가정극'으로 변해간 사정과 관련이 있습니다. 그의 작품에는 이 세계나 국가의 중대한 문제보다는 가정이나 남녀 간의 문제를 다룬 게 많습니다. 즉 멜로드라마가 되어가는 중입니다. 영웅들이 등장하더라도 마찬가지입니다. 이름만 같을 뿐 그 옛날의 큰 인물들이 아닙니다. 거대한 우주적 질서의 문제는 아이스퀼로스의 작품에 나옵니다. 세 작가 중에 아이스퀼로스의 스케일이 가장 큽니다. 오레스테이아 3부작은 유서 깊은 가문에 대대로 내려오는 저주와, 세계질서의 문제, 재판 제도의 기원 등을 다룹니다. 한편 소포클레스의 경우엔 일단 작품 덩어리가 작아졌습니다. 《오이디푸스 왕》이 포함되었던 3부작도 그 내용이 각각이었습니다. 등장인물도 가문에 묶인 존재가 아닙니다. 독립된 개인의 결단을 강조합니다. 그래서 현대인의 구미에 잘 맞습니다. 그리고 인물이 이상화되어 있기 때문에 몰입해서 감동을 느끼기에도 좋습니다. 에우리피데스에 이르러서는 주제도 사적인 것으로, 인물들도 평범한 인간으로 설정됩니다. 우주적 질서나 가문 대대로 내려오는 저주 같은 문제는 더 이상 다루지 않습니다. 주인공이 영웅이라 하더라도 이름만 같을 뿐, 그저 일상 속 개인일 뿐입니다. 감히 범접할 수 없는 아우라를 지닌, 어느 순간 비범한 능력과 고귀한 내면의 힘을 섬광처럼 뿜어내는 신화 속의 존재가 아닙니다. 신들도 마찬가지입니다. 호칭에 걸맞지 않게 옹졸하고 비열합니다. 이 작품의 오레스테스도 그렇게 그려진 것입니다.

혼자 노래하던 엘렉트라에게 동네 여자들로 구성된 합창단이 합류하고 노래 대화를 나눕니다. 오레스테스는 길섶에 숨어 여자들의 노래와 대화를 엿듣습니다. 오레스테스가 일어서자 여자들이 이리저리 흩어집니다. 당시 여성들의 지위가 어땠는지 보여주는 사례입니다. 잠시 후에 오레스테스가 누이와 대화를 나누는 중에 남편이 돌아와서는 외간남자와 말을 섞었다고 나무라는 장면도 나옵니다.

소포클레스《엘렉트라》에서 그랬듯 에우리피데스의 오레스테스도 자기 신분을 숨긴 채, 자신이 오레스테스의 소식을 가져왔노라고 말합니다. 사실은 아이스퀼로스의 작품에서도 오레스테스가 죽었다고 했었습니다. 이 계략만큼은 세 작품에서 모두 동일합니다. 엘렉트라는 이 '심부름꾼'에게, 누이가 얼마나 고생하고 있는지를 오레스테스에게 전해달라고 청합니다. 아버지를 위한 복수보다는 자기연민이 앞서는 여자입니다. 귀족 차림의 젊은이를 상대하고 있어서 그런지 몰라도, 이 부분에서는 자신의 '내리 결혼(공주가 미천한 농부와 혼인을!)'에 대한 불만이 두드러집니다. 그리고 여기서 두 사람의 성품과 자질이 드러납니다. 그녀는 자기 어머니를 죽여야 한다고 강조하지만 사실은 그녀 자신도 그 일을 감당할 배짱이 없습니다. 신경질이 심한 데 반해 강단은 약한 여자입니다. 오레스테스는 누이에게서 지침을 얻으려는 듯, 어떻게 복수할지를 묻습니다. 엘렉트라도 생각해놓은 게 없습니다. 그저 '대담하게'가 그녀의 유일한 계략입니다. 오레스테스 역시 아무 계획이 없습니다. 어떻게 행동해야 하는지 몰라서 다른 사람인 척하면서 누이에게 행동 지침을 얻어보려는 생각 없고 나약한 인물일 뿐입니다. 소설과는 달리 연극 대본에는 인물에 대한 직접적인 평가가 나오지 않으니, 대사를 잘 살펴야 합니다. 아마도 옛 관객들은 킥킥대면서 오누이의 대화를 들었을 것입니다.

엘렉트라가 자신의 비참한 상태와 어머니의 사치, 아이기스토스의 오만한 행동을 늘어놓는 사이에 그녀의 남편이 돌아옵니다. 그는 아내를 나무랍니다. 점잖치 못하게 외간남자와 어울린다는 것입니다. 엘렉트라는, 이 나그네들은 자기 동생이 보낸 사람이라고 밝힙니다. 그러자 농부는 손님들을 집 안을 맞아들입니다.

여기서 우리는 독자/관객의 주의를 흩트리는 첫 대사를 보게 됩니다. 오레스테스의 독백 장면입니다. 도대체 사람을 평가할 때 어디에 기준을 둘까 하는 내용입니다. 옷을 보고 할까? 무기를 보고 할까? 한데 그 분량이 상당히 많고, 무대 위의 인물을 향한 발언이라기보다는 관객을 향한 질문입니다. 마치 '여러분, 생각해봅시다. 우리는 사람을 어떤 기준으로 평가해야 하나요?'라고 묻는 듯합니다. 사실은 《메데이아》에도 이런 대목이 있습니다. 서로 틀어져버린 남녀가 만나서는, '니가 나한테 도대체 뭘 잘해주었는지' 서로 따져보는 장면이 나옵니다. 첫째, 둘째, 셋째…. 이렇게 되면 관객으로서는, 남편에게 배신당하고 아이를 죽이려 하는 여인의 가슴 아픈 사정에 몰입하기가 쉽지 않아집니다. 이야기는 온데간데없이, 갑자기 철학 토론회가 되어버립니다. 이건 작가가 일부러 집어넣은 장면입니다. '몰입하지 마시오. 극 내용은 다 인위적인 장치요. 잠깐 철학 공부나 해봅시다.' 이런 셈입니다. 그래서 철학자 니체가 그 유명한 《비극의 탄생》에서, 에우리피데스가 소크라테스와 더불어 비극을 말아먹었다고 주장하는 것입니다. 특히 《메데이아》에 왕궁이 불에 타버리는 장면이 나오는데, 매우 상징적인 사건입니다. 비극에서는 왕궁이 거의 유일한 배경인데 거기에 불을 내면 대체 어쩌자는 걸까요? 니체에 따르면 비극은 아폴론적인 것과 디오뉘소스적인 사이의 타협과 균형에서 발생한 것인데, 에우리피데스가 너무 아폴론적인 것으로 만들어서 비극이 몰락했다는 것입니다. 하지만 제가 보기에 이는 에우리피데스의 전략입니다. 그의 작품들은 관객들을 다른 데로 끌고 가는 해체적인 작품입니다. 그래서 에우리피데스의 작품은 비극이 아니라 '희비극' 또는 멜로드라마라고 부르는 것입니다.

　독백 또는 관객과의 철학 토론을 마친 오레스테스가 집 안으로 들어가자, 엘렉트라는 남편을 나무랍니다, 누추한 집에 손님을 들였다고. 몰락한 귀족의 자존심입니다. 그녀는 남편에게 심부름을 시킵니다, 자기 집안 늙은 종을 찾아가서 손님 접대에 쓸 것들을 가져오게 하라고. 그런데 이 남편은 이렇게 떠나서는 다시는 무대로 돌아오지 않습니다. 대신 늙은 종이 등장합니다. 사실 같은 배우가 가면을 갈아 쓰고 들어온 것입니다. 소포클레스 《엘렉트라》에서 그랬듯, 좀 따져볼까요. 지금 이 대목에 배우 세 명이 등장했습니다. 엘렉트라, 남편, 오레스테스. 필라데스도 곁에 있지만 그는 대사 없는 등장인물입니다. 잠시 후엔 늙은 종과 엘렉트라, 오레스테스가 무대에 있게 될 텐데, 그러면 늙은 종 역할은 지금 이 남편이 맡는 수밖에 없습니다. 별로 비중이 있는 인물도 아니고, 극 중간에 슬그머니 사라지기 때문에 관객으로서는 그의 존재를 곧 잊는 게 당연한데, 맨 마지막에 데우스 엑스 마키나로 나타난 폴뤼데우케스가 그 남편을 기억해냅니다. 그에게 땅도 주고 결혼도 시켜주라는 것입니다. 심술궂은 작가 에우리피데스에게 의외로 자상한 면이 있습니다.

남편이 떠나가자 합창단이 노래합니다. 한데 이 노래 내용은 지금 우리가 보는 비극과는 아무 상관도 없어 보입니다. 바다의 여신들이 아킬레우스에게 전달하기 위해 신이 만든 무장을 가져왔다는 것, 그리고 거기 이어지는 무장에 대한 묘사. 관객/독자는 어리둥절하게 됩니다. '아니, 이 이야기가 왜 나오지?'

물론 맨 마지막에 억지로 문맥을 만들긴 했습니다. '이런 훌륭한 무장을 갖췄던 훌륭한 영웅을 지휘했던 사람을 죽이다니!'라고. 그러니까 이런 식의 논리입니다. '아가멤논은 트로이아 전쟁에 갔다 와서 죽었다, 아가멤논은 여러 훌륭한 영웅을 이끌었다, 그중 하나가 아킬레우스다, 그의 무장이 아름다웠습니다.' 이 노래는 사실 극 내용과 아무 상관없습니다. 극에 주목하게 만들기보다는 오히려 주의를 분산시키고 있습니다. 사실상 이 노래는 장면과 장면을 나눠주는 막 역할을 하는 것입니다. 내려오는 막에 그림을 그려놓은 것이나 다름없습니다(그리스에서는 막을 사용하지 않았던 것 같습니다. 로마에는 밑에서부터 위로 올라가는 막이 있었던 것으로 전해집니다).

자, 이제 늙은 종이 눈물을 흘리면서 도착합니다. 엘렉트라는 그녀 자신의 고통을 슬퍼하고 있느냐고 묻습니다. 그녀는 늘 자기를 앞세우는 인물입니다. 여기 이 노인은 굉장히 사실적으로 그려져 있습니다. 닳아버린 무릎으로 언덕을 오르느라 너무나 힘들었다고 토로합니다. 이어서 자신이 가져온 물건들을 보라며 하나씩 목록을 읊습니다. 마치 장돌뱅이가 물건을 파는 모양새입니다. 이런 식의 자질구레한 물건 목록을 늘어놓는 것은 희극에서 자주 사용하는 방법입니다. 이제 에우리피데스에 이르러 비극은 신들의 세계 또는 왕족의 궁에서부터 시장거리로 내려오고, 신도 영웅도 아닌 일상인이 사실적인 모습으로 전면에 나서게 되었습니다.

노인은 오는 길에 아가멤논 무덤에 들렀었는데, 제물과 머리카락이 있더라고 보고합니다. 혹시 오레스테스가 몰래 다녀간 흔적일지도 모르니 머리카락을 한번 비교해보자고 제안합니다. 엘렉트라는 말도 안 되는 소리라고 일축합니다. 우선 자기 동생이 아이기스토스가 두려워 몰래 숨어들었을지도 모른다는 짐작을 부정합니다. 엘렉트라의 생각에 자기 동생은 매우 용감한 전사입니다. 그런데 사실 관객들은 이미 그의 진면목을 알고 있습니다. 원수들이 무서워서 왕궁이 있는 수도에는 가지도 못하고, 여차하면 도망치기 좋은 장소를 선택했다는 것을. 이 작품은 관객들로 하여금 비장한 분위기, 가슴 아픈 사연에 감정이 젖어들고 조마조마해지도록 만들기보다는, 피식피식 웃으면서 보게 만든 그런 극입니다.

이어서 엘렉트라는 머리카락을 비교하자는 제안을 비웃습니다. 남자는 레슬링장에 드나들고 여자는 날마다 머리를 빗어서 가꾸는데 그 둘이 어떻게 같겠냐고 반박합니다. 게다가 가족이 아니어도 머리카락이 비슷할 수도 있지 않느냐고 덧붙입니다. 사실 관객들도 예전에 오레스테이아 3부작 공연을 보면서 비슷한 생각을 했을 것입니다. 그래서 이 대사를 듣는 순간, 관객들은 아이스퀼로스의 작품을 떠올리게 됩니다. '아하, 오래전 그 작품을 이야기하는 거군!' 하지만 이 두 작품의 상연 시기는 30년 이상 차이가 납니다. 그 오래전에 상연된 작품 내용을 기억할 수 있다고요? 책이 귀하고 문자 아는 사람이 많지 않던 시대에 오히려 사람들의 기억력이 더 뛰어났을 수도 있습니다. 그리고 아가멤논 집안 이야기는 워낙 유명한 것이어서 다들 알고 되풀이 이야기했을 것입니다. 그러니 이 순간 관객들은 자기도 모르게, '아이스퀼로스는 이렇게 만들었는데 이 작가는 저렇게 만드는군' 하고 생각했겠죠. 그러면 작품에 몰입해서 현실을 다 잊어버리는 게 아니라, 작품 대 작품, 작가 대 작가를 비교하게 됩니다. 즉 극의 틀 밖으로 나와서 객관적인 눈으로 보게 된다는 것입니다. 에우리피데스가 노린 것은 바로 이런 효과였습니다.

이어서 노인은, 무덤가에 남은 발자국에 발을 대보자고 제안합니다. 그러자 엘렉트라는, 무덤 주위에 돌을 깔았는데 발자국이 어떻게 나겠느냐고 반박합니다. 그리고 남자 발이 훨씬 크다는 말도 덧붙입니다. 아마도 이 대목 역시 관객들은 피식거리며 보았을 것입니다. 전 시대의 위대한 선배 시인을 골려 먹기로 작정한 장면입니다. 하지만 노인에겐 아직도 제안이 남아 있습니다. '당신이 손수 짜서 아이를 싸 보냈던 천 조각을 알아볼 수 있지 않을까요?' 엘렉트라는 자기도 그때는 어려서 직물을 짤 수 없었노라고 공박합니다. 우선 아이스퀼로스의 알아보기 장치 하나를 현실적으로 아예 불가능한 것으로 만들었습니다. 그것만으로 만족하지 못하는지 그 장치의 논리적 모순도 지적합니다. 설사 그런 천이 있었다 하더라도, 어른이 된 동생이 아직도 아기 옷을 입고 있을 수는 없다는 것입니다. 이렇게 해서 아이스퀼로스가 제안했던 세 가지 알아보기 장치가 모두 논박되었습니다.

여기서 오레스테스가 등장합니다. 일단 집 안으로 들어갔다가, 알아보기 장치에 대한 '문학비평' 장면이 끝나는 데 맞춰 재등장한 것입니다. 늙은 종은 그를 유심히 살펴보다가, 그가 바로 엘렉트라의 동생이라고 선언합니다. 오레스테스의 눈썹 사이에 난 흉터가 증거라는 것입니다. 그는 어릴 적에 집 안에서 사슴을 쫓아다니다가 넘어져서 그 흉터를 얻었습니다.

사실 세 비극 작가가 쓴 '알아보기' 장치는 전부 《오뒷세이아》에 나오는 것입니다. 20년 만에 집에 돌아온 오뒷세우스는, 늙은 거지인 척하면서 부인 페넬로페에게 자기가 오뒷세우스를 만난 적 있다고 말합니다. 그 증거로 20년 전 오뒷세우스의 차림새를 묘사합니다. 그는 자줏빛으로 된 두 겹의 옷을 입고 있었으며, 그 옷을 아름다운 브로치로 조였는데, 사냥개가 사슴을 찍어 누르는 장면이 새겨진 것이었다고. 그 브로치에 해당되는 것이 소포클레스 《엘렉트라》에 나오는 인장 반지입니다. 브로치 속 짐승 문양은 아이스퀼로스 작품 속에서 어린 오레스테스의 옷에 새겨진 것으로, 그리고 지금 여기 언급된 것으로 나왔습니다. 방금 에우리피데스가 새로 제시하는 알아보기 장치 즉 미간의 흉터는 저 유명한 오뒷세우스의 무릎 흉터를 변형한 것이라 하겠습니다. 페넬로페와 대담을 마친 오뒷세우스를 위해 늙은 하녀가 들어와서 발을 씻겨주는데, 그녀는 오뒷세우스의 유모였고 그의 무릎에 있는 흉터를 보고 이 낯선 이의 정체를 알게 됩니다. 세 작가는 이렇게 《오뒷세이아》 속 알아보기 장치를 이렇게 저렇게 나눠서 이용했습니다.

오레스테스의 미간 흉터는 엘렉트라도 있던 자리에서 다쳐서 생긴 것이었습니다. 하지만 그녀는 그 사건을 전혀 기억하지 못하는 듯합니다. 그저 노인이 그렇다고 하니까 그런 줄 알 뿐이다. 마치 관공서에서 발행된 증명서를 통해 신분을 확인한 것 같습니다. 서로 기쁘다는 대사를 나누고는 있지만, 사실 이 둘이 정말로 기뻐하는지 애매합니다. 아이스퀼로스나 소포클레스의 작품에서 둘이 만나는 장면을 다시 한번 보세요. 수많은 감탄사와 기쁨의 표현이 특히 엘렉트라의 격한 감정을 드러내줍니다. 반면에 여기서는 겨우 서너 줄, 게다가 그중 한 행('네가 정말 그 애냐?')은 정말 오레스테스가 맞는지 의혹을 드러내는 것으로 해석될 수도 있는 구절입니다. 그리고 우리는 알고 있습니다, 오레스테스가 진작 이 여자의 정체를 알았으면서도 노인이 나타날 때까지 그저 수동적으로 침묵을 지켰다는 것을. 정말 누나를 만나고 싶긴 했던 것일까요? 이 작품은 알아보기 장면을 최대한 뒤로 미루고, 오누이 사이의 감정표현도 최소한으로 줄여서, 겨우 체면치레만 하고 말았습니다.

부조리로 가득 찬, 차디찬 세계

오누이는 아버지를 위해 복수하고자 계략을 짭니다. 노인은, 마침 아이기스토스가 근처 들판에 와 있다는 정보를 제공합니다. 요정들에게 제물을 바치기 위해서랍니다. 그렇다면, 우연히 지나는 척하다가 아이기스토스가 초대하면 그 기회를 이용하기로 합니다. 왕가의 두 불륜 남녀는 좀 불쌍한 구석이 있습니다. 그들은 아직도 백성들의 마음을 얻지 못해 공개적으로 함께 다니기를 꺼립니다. 그리고 아이기스토스는 수도에서 불안하게 지내서인지 밖으로만 나오면 마음이 풀어져서 나그네를 초대하는 습관이 있습니다. 그는 호의적인 마음을 가진 악인입니다. 범죄영화 속 악당도 너무 전형적으로 그려지면 매력이 없습니다. 사연이 있는 악인이 나와야지, 그저 악한 면모만으로는 관객들에게 감흥을 주기 힘듭니다. 복합적인 면모를 지닌, 동정심을 불러일으키는 악당. 아이기스토스가 바로 그런 인물입니다.

이제 아이기스토스 문제는 해결책이 생겼습니다. 클뤼타임네스트라는 어찌할까요? 엘렉트라는, 자기가 아기를 낳았다고, 의식을 치러달라는 핑계로 어머니를 부르자고 제안합니다. 이 순간 관객들은 대부분 꺼림칙한 느낌을 받았을 것입니다. 그런 유의 계략을 이용해도 괜찮은 것인지, 너무 불경스러운 것은 아닌지? 아이스퀼로스의 작품에서는 이런 비열한 덫은 이용하지 않았기 때문에, 모친살해가 비통하긴 해도 야비하단 느낌은 없었습니다. 엘렉트라는, 어머니가 자기 딸이 신분 낮은 자손을 낳은 것을 슬퍼해주기까지 하리라고 빈정거립니다. 천출의 자식을 낳으라고 내리 결혼을 시켜놓고, 뜻대로 되니까 속으로는 기뻐하면서 겉으로만 슬픈 척하리라는 뜻인 듯합니다. 그러니까 자기도 그런 어머니는 죽여도 된다고.

이제 오레스테스는 거사를 치르러 떠나고 엘렉트라는 결과를 기다립니다. 그 사이 합창단은 저 옛날 아가멤논의 아버지 대에 있었던 형제간의 다툼을 노래합니다. 튀에스테스가 아트레우스의 황금 양을 훔쳐내고, 태양이 방향을 바꾼 사건입니다. 이 노래는 극 중 상황과 전혀 연관이 없는 것까지는 아니지만, 차라리 그다음에 벌어진 토막살해 등이 더 적절할 텐데 약간 엉뚱한 주제를 다루고 있습니다. 어쨌든 이 노래 끝에도, 이런 신화는 인간들이 신을 섬기는 데 도움이 될 수도 있는데 클뤼타임네스트라는 그 교훈을 잊었다고 나무라는 내용이 있어서, 간신히 현재 맥락에 끼워 맞춰져 있습니다. 곧 멀리서 고함 소리가 들립니다. 엘렉트라는 일이 틀어진 줄 알고는 자살을 할까 말까 어쩔 줄 몰라 합니다. 이 엘렉트라는 소포클레스가 그린, 혼자서라도 복수를 단행하려는 굳은 의지의 엘렉트라가 아닙니다. 나약하고 조급하고 아주 신경질적인 여자로 그려져 있습니다.

곧 사자가 달려옵니다. 앞에 말했듯 끔찍한 일은 무대 밖에서 일어나고 누군가 그것을 전해줍니다. 사자는 아이기스토스가 죽었다고 전합니다. 자세한 사정은 이렇습니다. 오레스테스와 필라데스가 지나가자, 아이기스토스는 예상대로 그들을 초대했습니다. 두 젊은이는 자기들이 올륌피아로 가는 길이라고 둘러댔습니다. 왕은 내장 점을 치려 하니 희생물을 해체해달라고 그들에게 청했습니다. 한데 내장의 조짐이 좋지 않았습니다. 희생 짐승의 가슴 부위를 좀 더 크게 가르고 더 자세히 보려는 순간, 오레스테스가 뒤에서 그를 쳐 죽였습니다. 살해 장면도 자못 자세히 묘사됩니다. 큰 칼로 목덜미를 내리쳐서 척추가 부서지고, 희생자는 버둥대고 헐떡이다가 피투성이로 죽었다는 것입니다. 아이스퀼로스에서는 그저 무대 뒤에서 비명소리만 들렸었습니다. 소포클레스에서는 어서 안으로 들어가자고 끌고 들어가는 것으로 처리했었습니다. 이런 보고를 들으면 관객들에게는 의구심이 들지 않을 수 없습니다. 자기를 초대한 사람을, 신성한 제사 자리에서, 그것도 등 뒤에서, 이토록 끔찍하게 쳐 죽이는 게 옳은 일일까? '그렇다'라고 쉽게 답할 수 없는 상황입니다.

이제 오레스테스가 돌아옵니다. 누이에게 축하를 받고는 시신을 누이에게 넘겨줍니다. 엘렉트라는 시체를 향해 조롱을 퍼붓습니다. 그리스 비극 사상 가장 추악한 연설이라는 평을 듣는 대목입니다. 아이기스토스가 아가멤논을 죽인 죄는 묻지도 않습니다. 아내로 맞이한 클뤼타임네스트라가 정숙하지 않았다는 둥, 지체 높은 여인과 결혼하면 쥐여 살게 된다는 둥, 곱상한 외모로 여자들과 어울렸다는 둥, 사소한 욕설뿐입니다. 정의라는 단어가 이따금 쓰이기는 하지만 전혀 두드러지지 않습니다.

그때 멀리서 다가오는 클뤼타임네스트라 일행이 보입니다. 엘렉트라는 아이기스토스를 돕기 위한 원군이 오는 줄 알고 겁에 질립니다. 역시 소포클레스의 결연한 여주인공과는 많이 다릅니다. 하지만 어머니 일행인 것을 알게 되자 엘렉트라는 다시 그녀의 부와 사치에 대한 비방을 재개합니다. 한편 어머니가 다가오자 오레스테스는 흔들립니다. 모친살해에 대한 두려움을 드러냅니다. 엘렉트라는 그를 설득해서 다시 일으켜 세웁니다. 결국 동생은 승복하고 마음을 다잡습니다.

집 앞에 도착한 클뤼타임네스트라는 마차에서 힘겹게 내립니다. 기력도 약해졌습니다. 이제 저 옛날 도끼를 휘두르던 무서운 여걸이 아닙니다. 엘렉트라는 자기를 한껏 낮추며 어머니를 빈정거립니다. 여기서 잠깐 모녀간에 말다툼이 벌어집니다. 클뤼타임네스트라는 자기 행동이 정당했다고 주장합니다. 엘렉트라는 어머니의 평소 행실을 문제 삼고, 어머니가 자신과 오레스테스에게 했던 짓의 부당함을 비난합니다. 그녀는 죽어야 한다고 저주합니다. 하지만 어머니는 길게 다툴 마음이 없습니다. 그저 딸이 늘 아버지를 좋아했었다며 이해하려고 할 뿐입니다. 지난날 자신이 저질렀던 잘못을 후회하고 딸과 자기 남편이 서로 잘 지내기를 바랍니다. 집 안으로 들어가는 어머니를 향해 딸은 검댕이 묻지 않게 조심하라고 빈정거립니다.

이어서 안에서 애원소리, 비명소리가 들리고, 곧 오누이가 밖으로 나옵니다. 노래 대화로 자신들의 행위와 운명에 대한 비탄을 표현합니다. 다른 작품들에서는 대개 전령이 보고하는 내용을 주인공들이 직접 전달하고 있습니다. 클뤼타임네스트라는 아이스퀼로스의 작품에서처럼 가슴을 드러내고 애원했답니다. 오레스테스는 칼을 떨어뜨렸다가 다시 잡고서 눈을 가리고 그녀의 목을 찔렀습니다. 엘렉트라는 그 손을 같이 잡고 함께 찔렀습니다. 오레스테스는 이제 어머니의 시신을 옷으로 덮어주려 합니다. 엘렉트라는 어머니를 미워하면서도 사랑했다고 고백합니다. 오누이는 사실 유약한 성격입니다. 자기들이 감당할 수 있으리라고 믿었지만 막상 저지르고 나니 어쩔 줄을 모릅니다.

관객은 아마도 남매를 측은히 여겼을 것입니다. 이제 좀 비극다워졌습니다. 하지만 그렇게 끝낼 에우리피데스가 아닙니다. 관객의 감정을 끊어낼 다른 장치가 등장합니다. 데우스 엑스 마키나입니다. 갑자기 지붕 위에 쌍둥이 신 디오스쿠로이가 나타납니다. 디오스쿠로이는 클뤼타임네스트라의 형제들인 카스토르와 폴리데우케스로서 죽어서 신이 되었다고 하지요. 이들이 갑자기 나타나 클뤼타임네스트라가 죽은 것은 정당하나, 자녀들이 죽인 것은 정당하지 않다고 선언합니다. 모친살해를

명한 아폴론은 현명치 못했다고 비판합니다. 그러고는 사태를 수습할 방안을 제시합니다. '엘렉트라는 필라데스의 아내가 될 것이며, 오레스테스는 아테나이로 가서 재판을 받고 풀려날 것이다. 클뤼타임네스트라는 방금 귀국한 메넬라오스가 묻어줄 것인데, 헬레네는 트로이아에 갔던 것이 아니라 이집트에 있었다. 엘렉트라의 남편에게는 적절히 보상해주라'고. 중간에 아테나이에 살인 재판정이 생긴 유래와 재판 경과까지 '스포일러급'으로 아주 자세히 설명합니다. 작가는 이번에도 관객의 주의를 분산시키길 잊지 않았습니다. 이런 잡다한 예언과 지시, 설명으로 인해, 그나마 조금 생겨났던 슬픔의 감정은 증발해버립니다. 게다가 '질의응답'이 이어집니다. 합창단도 엘렉트라도 답변을 요구합니다. 특히 엘렉트라는 신들께, 왜 이 집안에서 복수의 여신들을 몰아내지 않았는지 묻습니다. 두 신은 모든 일이 운명과 아폴론의 부적절한 신탁, 선조들의 죄 탓이라고 답합니다.

이제 신들의 지시대로 남매가 각기 다른 곳으로 떠날 시간입니다. 만난 지 얼마 되지 않아 다시 영영 헤어지게 된 오누이가 부둥켜안고 슬퍼합니다. 다시 한번 감정이 고조될 만한 장면입니다. 하지만 마지막 발언은 디오스쿠로이에게 배당되어 있고, 오누이보다는 신들의 대사 분량이 더 많습니다. 그 내용은 자신들이 배들을 구하러 시켈리아로 떠난다는 '일정 발표', 그리고 불의와 거짓 맹세를 피하라는 훈계 말씀입니다. 이들은 다시 관객과 등장인물의 감정을 차단하고 있습니다.

이 작품은 맨 마지막까지도 감정을 차단하고 분산시킵니다. 예상했던 대로 일어나는 일은 거의 없고 계속 뜻밖의 사건이 이어집니다. 주인공도 다른 데서 보던 전형적 인물이 아닙니다. 관객들의 시선을 중심 흐름에서 벗어나게 하고, 계속 토론과 설명이 등장하며 이야기에 몰입하지 못하게 하고 있습니다. 천재의 작품입니다. 여기서는 감동을 찾지 말고 에우리피데스가 얼마나 현대적인지 보아야 합니다. 말하자면 구슬을 쭉꿰어서 목걸이처럼 이야기를 만드는 것이 아리스토텔레스 시학입니다. 그런데 이제 현대에 이르러 그 목걸이의 끈을 끊고, 구슬을 부숴서 구슬의 깨진 한쪽 면이 반짝이는 순간을 즐기는시대가 되었습니다. 에우리피데스가 그런 경향의 시조입니다. 물론 아이스퀼로스도 소포클레스도 훌륭한 작가입니다. 하지만 에우리피데스는 이들과는 좀 다른 특별한 존재였습니다. 그현대적이고 급진적인 면모에 주목하고, 즐기기를 바랍니다.

맨 앞에서 소포클레스와 에우리피데스의 《엘렉트라》 사이의 선후관계를 따져보자고 했으니, 마지막으로 세 작가 사이의공통점을 살펴보죠. 사실 자세히 따지자면 항목이 더 늘어날수도 있지만, 그냥 다음과 같이 13가지만 보겠습니다.

다음 쪽의 13개 항목에서 아이스퀼로스와 소포클레스의 공통점은 네 가지입니다(클뤼타임네스트라의 악몽, 오레스테스의 죽음

계략, 합창단의 개입, 왕궁에서 복수). 아이스퀼로스와 에우리피데스 사이의 공통점도 일단 네 가지입니다(아이기스토스 먼저 죽음, 모친살해에 대한 두려움, 클뤼타임네스트라의 젖가슴 노출, 모친살해에 대한 후회). 하지만 마지막 항목과 관련해서, 아이스퀼로스 작품에서는 모친살해를 정당화하는 발언 분량이 훨씬 많아서 정말로 후회하는 것인지 좀 불분명합니다. 물론 복수의 여신들을 양심의 가책으로 볼 수는 있겠습니다. 에우리피데스는 아이스퀼로스의 알아보기 장치를 노골적으로 인용하며 비판하고 있어서 선배 작품을 많이 참고하지 않았을까 싶지만, 따져보면 선배를 본받기는 소포클레스도 마찬가지입니다.

한편 소포클레스와 에우리피데스 사이의 공통점도 두 가지 있습니다. 늙은 종이 등장한다는 것, 그리고 클뤼타임네스트라와 엘렉트라 사이에 논쟁이 벌어진다는 점입니다. 물론 이 논쟁은 작품 자체가 엘렉트라에게 큰 비중을 두어서라고 설명할 수도 있습니다(두 작품 다 제목이 《엘렉트라》니까). 아이스퀼로스에서는 후반부에 아예 엘렉트라가 나오지 않고, 같은 배우가 어머니 역으로 나왔으니 말입니다. 사실 이런 장치 때문에 모녀가 마주칠 기회조차 없게 됩니다.

요약하자면, 두 후배 작가가 모두 선배를 본받으면서 동시대에 활동했던 두 작가끼리는 서로 상대에게서 어떤 요소만 빌린 것처럼 되어 있습니다. 그러니 작품 내용만으로는 누가 먼저인지 알 길이 없는 것입니다. 큰 틀 자체는 아이스퀼로스와 소포

아이스퀼로스 《제주를 바치는 여인들》	소포클레스 《엘렉트라》	에우리피데스 《엘렉트라》
1. 늙은 종은 등장하지 않는다.	**1.** **늙은 종**이 오레스테스를 안내한다.	**1.** **늙은 종**이 엘렉트라를 돕는다.
2. 무덤을 방문하는 것은 엘렉트라다.	**2.** 무덤을 방문하는 것은 크뤼소테미스다.	**2.** 무덤을 방문하는 것은 늙은 종이다.
3. 클뤼타임네스트라는 뱀 아기를 낳는 **악몽**을 꾸었다.	**3.** 클뤼타임네스트라는 남편이 돌아오는 **악몽**을 꾸었다.	**3.** 클뤼타임네스트라의 악몽은 등장하지 않는다.
4. 오누이는 무덤가에서 만난다.	**4.** 오누이는 궁 앞에서 만난다.	**4.** 오누이는 시골 농가 앞에서 만난다.
5. 누이는 머리카락과 발자국, 짐승 무늬 천으로 동생을 알아본다.	**5.** 누이는 인장 반지로 동생을 알아본다.	**5.** 누이는 미간의 흉터로 동생을 알아본다.
6. 오레스테스는 자신이 **죽었다는 소식**을 전한다.	**6.** 노인이 **오레스테스의 죽음**을 전한다.	**6.** 오레스테스의 죽음이라는 계략은 등장하지 않는다. 대신 나그네 계략과 출산 계략이 등장한다.
6-1. 오레스테스는 심부름꾼으로 가장한다.	**6-1.** 오레스테스는 심부름꾼으로 가장하여, 자신의 유골이 담겼다는 단지를 가져온다.	**6-1.** 오레스테스는 처음에 심부름꾼으로 가장한다.
7. **합창단**은 유모를 시켜 아이기스토스를 혼자서 오게 만든다.	**7.** **합창단**은 엘렉트라로 하여금 아이기스토스에게 온화하게 대하도록 한다.	**7.** 합창단은 클뤼타임네스트라에게 (거짓?) 찬양을 바친다.
8. **아이기스토스가 먼저** 죽는다.	**8.** 클뤼타임네스트라가 먼저 죽는다.	**8.** 아이기스토스가 먼저 죽는다.
9. 복수는 **왕궁에서** 이루어진다.	**9.** 복수는 **왕궁에서** 이루어진다.	**9.** 복수는 시골에서 이루어진다.
10. 클뤼타임네스트라와 엘렉트라 사이의 논쟁은 없다.	**10.** 클뤼타임네스트라와 엘렉트라가 **논쟁**을 벌인다(작품 전반부).	**10.** 클뤼타임네스트라와 엘렉트라가 **논쟁**을 벌인다(작품 후반부).
11. 오레스테스가 모친 살해를 **두려워한다**.	**11.** 모친살해에 대한 오레스테스의 두려움은 보이지 않는다.	**11.** 오레스테스는 모친 살해를 **두려워한다**.
12. 클뤼타임네스트라는 **젖가슴**을 드러낸다.	**12.** 클뤼타임네스트라가 젖가슴을 드러내는 장면은 없다.	**12.** 클뤼타임네스트라는 **젖가슴**을 드러낸다.
13. 오레스테스는 어머니 죽인 것을 **유감**스러워하지만 정당화한다.	**13.** 모친살해에 대한 후회는 나타나지 않는다.	**13.** 남매는 어머니 죽인 것을 **후회**한다.

클레스 작품이 더 비슷합니다. 둘 다 왕궁을 배경으로 삼고 있기 때문일 것입니다. 에우리피데스는 배경을 완전히 바꾸고, 인물도 완전히 새롭게 만들었습니다. 일상적인 배경 속의 보통 사람이 등장하고, 의무감보다는 개인 감정과 이득이 더 문제인 작품입니다.

✳ 국내에 출간된 소포클레스와 에우리피데스 《엘렉트라》의 그리스어 원전 번역본으로는 《소포클레스 비극 전집》(천병희 옮김, 도서출판 숲, 2008)과 《에우리피데스 비극 전집 1》(천병희 옮김, 도서출판 숲, 2009)이 있습니다.

II

역사

《역사》 헤로도토스

《펠로폰네소스 전쟁사》 투퀴디데스

1. 헤로도토스의 고향인 이오니아 지역 할리카르나소스. 《역사》가 다루는 페르시아 전쟁은 아래 순서로 1, 2차에 걸쳐 전개되었습니다. 2. 유명한 마라톤 평원 전투(기원전 490년). 3. 영화 〈300〉의 소재 '불의 문' 테르모필라이 전투(기원전 480년). 영화 〈300〉 2탄이 그리는 4. 아르테미시온 곶 해전(기원전 480년)과 5. 살라미스 해협 해전(기원전 480년). 전쟁의 마지막 전투인 6. 미칼레 전투(기원전 479년).

5

《역사》헤로도토스

역사는 '탐구'다

장시은

헤로도토스의《역사》는 기원전 5세기 중반에 기록되어 우리에게 전해지는, 서양 최초의 역사서이자 최초의 산문입니다. 잘 알려졌듯,《역사》는 기원전 6~5세기에 페르시아 제국과 그리스의 여러 도시국가들 사이에 벌어진 페르시아 전쟁을 다룹니다. 새로운 장르, 새로운 글쓰기 방식은 어떻게 등장하게 되었을까요? 헤로도토스는 어떻게 '역사의 아버지'가 된 것일까요? 먼저, 역사라고 하는 장르가 어떤 흐름을 거쳐 탄생하게 되었는지부터 살펴보겠습니다.

우리에게 온전하게 전해지는 서양 최초의 문학작품은 기원전 9세기에 나온 호메로스의《일리아스》와《오뒷세이아》입니다. 이 두 작품 모두 구전되던 영웅 이야기들을 영웅시 6보격이라는 특유의 운율에 담아 기록한 서사시입니다. 헤로도토스의 《역사》를 다룬다며 갑자기 왜 호메로스가 등장하는지 의아하겠지만, 호메로스의 서사시가 우리가 알고 있는 서양의 여러 문헌들, 고전이라고 부르는 작품들의 시작이기 때문입니다. 이후에 나온 문헌들은 모두 어느 정도 호메로스에게 영향을 받고 그 두 작품에 빚지고 있다고 할 수 있는데, 《역사》도 마찬가지입니다. 아버지에게도 아버지가 있듯, 헤로도토스가 역사의 아버지라면, 헤로도토스를 낳은 사람은 어떤 의미에서 호메로스라고도 할 수 있습니다. 호메로스의 《일리아스》와 《오뒷세이아》는 신들과 영웅들에 관한 이야기입니다. 호메로스의 세계에서는 신들이 인간과 더불어 살고 있습니다. 시인은 세계를, 인간의 행동과 감정을 신적인 것, 신화적인 것으로 설명합니다. 위대한 영웅들의 위대한 사건을 호메로스는 신적인 영감에 의존해서 기록하고 있는 것입니다. 물론 장엄한 만큼 과장도 많지만, 사실은 문자가 없었던 까마득한 고대에 경험한 일들에 대한 집단기억을 반영하는 서사입니다.

그런데 호메로스의 시대 이후 지중해 세계는 격한 사회 변화들을 겪습니다. 귀족 중심 사회에서 점차 시민들의 역할이 늘어나고, 소수만이 장악하고 있던 경제권이 더 많은 사람들에게로 확장됩니다. 기원전 7~6세기를 거치며 교역과 식민시 건설에 적극적으로 나서면서 흑해 연안, 북아프리카 등지의 넓은 지역으로까지 그리스인들이 경험하는 세계가 확대됩니다. 그러면서 폴리스 혹은 도시국가라고 하는 작은 나라들이 생기기 시작합니다. 현재 터키가 있는 소아시아 해안가의 이오니아 지역에서는 지적인 혁명이 일어나기도 했습니다. 흔히 최초의 철학자들로 불리는 탈레스, 아낙시만드로스, 아낙시메네스는 모두 밀레토스 출신으로 알려져 있는데, 밀레토스가 바로 이오니아 지역에서 가장 크고 문물이 발달한 도시였습니다. 이들의 활동은 신화적인 세계관으로부터 합리적인 세계관으로 전환을 알리는 신호탄으로 높이 평가되고 있습니다.

이런 사회 변화와 함께 글쓰기의 변화도 일어납니다. 모든 것을 운율에 담아서 쓰려다 보니, 새로운 이야기들, 지금 당장 일어나고 있는 중요한 사건들을 기록하기에는 한계와 제약이 많았습니다. 그래서 운율로는 뭔가를 기록하기가 어렵겠다는 생각이 싹트면서 기원전 6세기 말 처음으로 산문으로 글을 쓰는 사람들이 생겨났습니다. 산문이 먼저 있고, 그 후에 운문이 만들어져야 할 것 같은데 순서가 반대인 것은 문자가 없던 시대의 흔적입니다. 당시에는 문자 아닌 구전으로 지식과 경험이 전승되었고, 운율에 담아 노래하는 것이 기억하기에 더 수월한 까닭입니다. 그러다가 나중에 필요에 따라서 운문이 산문으로 바뀌어간 것입니다.

그렇다면, 다시 돌아가서, 이 변화들이 역사의 탄생과 무슨 연관이 있을까요? 호메로스의 서사시가 아무리 과거의 사건에 대한 서사라 하더라도 역사라고 부르지는 않습니다. 단지 산문으로 쓰였다고 '연대기', '족보', '지리지', '민족지' 등을 역사라고 부르는 것도 아닙니다. 하지만 호메로스의 서사시를 모방하되 신들이 퇴장하고 인간이 주역이 된 사건을 다루는 그리고 이오니아의 탐구방식을 받아들이는, 이전에는 볼 수 없었던 새로운 형태의 장르가 서서히 만들어지게 되었습니다. 그리고 바로 이것이 역사의 탄생이었습니다.

위대한 유산의 상속자, 헤로도토스

194쪽에 있는 그리스를 중심으로 한 고대 지중해 세계의 지도를 보면서, 헤로도토스의 시대로 좀 더 다가가 볼까요? 그리스 지도에서 에게해를 중심으로 환형을 이루고 있는 지역을 이오니아 지역이라고 합니다. 호메로스가 바로 이오니아 그리스 출신입니다. 사실 호메로스가 실존인물인지 아닌지 논란이 많기 때문에 어디 출신이라고 감히 말해도 될지 모르겠습니다. 하지만 분명한 것은 호메로스의 서사시는 이오니아 방언으로 전해지기 때문에 최소한 이오니아 출신의 사람일 것이라고 추측해 볼 수 있다는 사실입니다. 방금 언급했던 산문작가들과 자연철학자들도 이 지역 출신이 많습니다. 그리고 우리의 헤로도토스도 바로 이 이오니아의 지적인 배경에서 활동한 인물입니다.

헤로도토스는 터키 서안 남쪽 할리카르나소스, 현재는 보드룸이라고 하는 곳에서 기원전 484년에 태어났습니다. 헤로도토스가 태어난 당시 그 지역은 참주 리그다미스가 다스리고 있었습니다. 참주는 오늘날의 독재자에 가까운 권력자인데, 헤로도토스의 집안은 리그다미스에 대항해 싸우다가 결국 조국을 떠나서 이오니아에 속한 사모스섬으로 이주해 살았다고 전해집니다. 헤로도토스는 삶의 터전을 빼앗긴 채 방랑할 수밖에 없는 처지였던 것입니다. 그러다가 고향으로 돌아와서 리그다미스를 몰아내는 데 헤로도토스의 집안이 앞장섭니다. 헤로도토스는 이후 할리카르나소스에 잠시 정착했지만, 다시 길을 떠나 그리스의 여러 지역에서 온 사람들이 세운 식민도시인 이탈리아 남쪽의 투리오이로 건너가서 살았습니다. 헤로도토스는 이런 개인적인 사정 탓에 여러 지역을 옮겨 다니며 거주하고 평생을 여행자로 살다가, 알렉산드로스 대왕이 훗날 태어나는 마케도니아 지역에서 사망한 것으로 알려져 있습니다. 결국 고향에서 죽지도 못했습니다. 이렇게 방랑하는 삶을 살았던 헤로도토스는 우리에게 단 하나의 작품 《역사》를 남겨주었고, 이 작품으로 '역사의 아버지'로 불립니다. 개인적으로는 고달픈 삶이었을지도 모르지만, 그래서 사모스에서 이오니아 문화의 세례를 받을 수 있었고, 여러 여행들을 자신이 쓰게 될 위대한 작품을 준비하고 조사할 기회로 삼을 수 있었습니다. 특히 이오니아 출신의 산문작가들이 쓴 민족지와 지리지 등은 헤로도토스가 《역사》를 쓰는 데 직접적인 영향을 끼쳤습니다.

역사는 '탐구'다

헤로도토스가 남긴 작품의 제목을 국내에서는 대개 《역사》로 옮기고 있습니다. 그리스어 제목은 '히스토리에스 아포덱시스 historiēs apodexis'이고 총 9권으로 되어 있습니다. 그런데 그리스어 제목은 헤로도토스 자신이 아니라 후대 학자들이 붙인 것입니다. 역사를 관장하는 클레이오부터 서사시의 칼리오페까지, 무사 여신 9명의 이름을 각 권 제목으로 삼은 것도 헬레니즘 시대의 알렉산드리아 학자들입니다. 역사를 뜻하는 영어 단어 history는 라틴어 제목인 '히스토리아이historiae'에서 유래했습니다. 다시, 이 라틴어 제목은 그리스어에서 유래했고요. 헤로도토스의 작품이 이후 '역사'라고 하는 장르의 시작이 된 것입니다. 그렇다면 역사라는 개념이 생겨나기 전에 기록된, 그러나 그 기록이 역사라는 개념 자체를 만들어낸 이 작품의 제목에서 말하는 '히스토리에스 아포덱시스'는 무슨 의미를 가지고 있을까요? 《역사》 첫 문장을 읽어보죠.

> 할리카르나소스의 헤로도토스는 그의 **탐구 결과**를 다음과 같이 내놓는다. 이는 인간들이 이룬 일들이 시간이 흐르면서 잊히지 않도록 하고, 또 헬라스인들과 이방인들이 보여준 위대하고 놀라운 업적들과 특히 그들이 서로 전쟁을 벌인 원인을 밝히고자 하는 것이다.

원문에는 첫 문장에서부터 바로 '히스토리에historiē'라는 단어가 등장합니다. 제목에 들어 있는 히스토리에스라는 단어는 이 히스토리에의 소유격 형태이지요. 하지만 우리말 번역문에는 '역사'라는 단어가 보이지 않습니다. 대신 "탐구 결과"라는 말이 나오지요. '히스토리아historia' 혹은 이오니아 방언으로 히스토리에는 원래 역사가 아닌 '탐구', '조사' 자체를 가리키기도 하고, 그 탐구를 통해서 얻은 지식, 탐구의 결과에 대한 서술을 의미하기도 했습니다. 우리말도 그렇지만 탐구, 조사와 역사 간에는 의미상 다소 거리가 있습니다. 탐구에는 직접적으로는 역사라는 함축이 없습니다. 그런데 이 둘을 연결시킨 최초의 사람이 헤로도토스입니다.

헤로도토스는 인간들이 행하고 이룬 놀라운 일들을 탐구하고 기록하겠다고 합니다. 다시 말해, 인간과 세상이 왜 그러한가, 그 이유와 결과는 무엇인가에 대한 탐구가 히스토리아입니다. 원래 히스토리아라고 하는 말은 헤로도토스가 처음 쓴 것은 아니었습니다. 탐구의 대상은 자연이 될 수도, 신들이 될 수도 있었습니다. 그러나 헤로도토스가 인간과 세상에 대해서 탐구하고 또 그 결과를 기록으로 남겨놓았다는 점에서 《역사》는 정말 '역사의 시작'이라고 말할 수 있을 것입니다. 또 하나, '아포텍시스apodexis'는 '내놓음', '앞에 제시함'이라는 뜻이고요.

헤로도토스가 인간이 행한 일들 중 자신의 구체적인 탐구 대상으로 삼은 것은 바로 "헬라스인들과 이방인들이 보여준 놀라운 일"과 "그들이 서로 전쟁을 벌이게 된 원인"입니다. 즉, 우리가 《역사》에서 만나게 되는 이야기들은 크게 두 가지입니다. 하나는 그리스인들과 다른 사람들의 놀라운 일들이고, 다른 하나는 헤로도토스가 겪은 가장 큰 하나의 사건, 페르시아 전쟁입니다. 먼저, 이방인으로 번역된 단어는 그리스어로 '바르바로이barbaroi'입니다. 이 말은 원래 '그리스 말을 하지 않는, 나와 다른 말을 하는, 나와는 다른 사람들'을 가리켰는데, 페르시아 전쟁 이후에는 '아주 가혹하고 거친 사람들'이라는 의미로도 사용되었습니다. 헤로도토스도 원래대로 다른 사람들, 단지 같은 말을 쓰지 않는 사람들이라는 뜻으로 썼습니다.

그가 다루고 있는 페르시아 전쟁은 기원전 492년, 490년, 그리고 480년에서 479년까지 총 3차에 걸쳐 일어난, 다레이오스 왕과 그 아들 크세륵세스가 이끄는 페르시아군의 그리스 침공을 말합니다. 우리에게도 잘 알려져 있는, 마라톤 전투, 테르모필라이 전투, 살라미스 해전 등이 이 전쟁 안에서 행해진 중요한 전투들입니다. 헤로도토스는 페르시아 전쟁의 배경과 진행 과정 그리고 결과를 기록하면서, 페르시아라는 거대한 전제군주국가가 어떻게 힘을 갖게 되었는지, 어떻게 그리스에 침입해 들어와서 어떤 전투에서 어떻게 싸웠는지를 추적합니다.

《역사》의 전반부인 1~5권의 핵심은 특히 페르시아가 어떻게 주위의 나라들을 병합해서 큰 세력을 갖게 됐는지에 대한 설명입니다. 그리고 그리스 땅에 페르시아군이 당도해서 두 세력이 충돌하는, 본격적인 페르시아 전쟁 서사는 작품의 후반부인 6~9권에 배치했습니다. 작품의 전체적인 구조는 페르시아를 다스렸던 4인의 아주 위대한 왕들에 맞춰서 크게 네 덩어리로 나뉩니다. 퀴로스 2세, 캄뷔세스 2세, 다레이오스 1세, 크세륵세스 1세 총 4인의 대왕을 중심으로 서술하고 있는 것입니다.

소아시아의 병합 과정과 크로이소스 왕의 일화들

이제 작품을 훑어가며 주요 내용을 살펴보겠습니다. 1권은 기원전 6세기 근동의 여러 나라들, 특히 뤼디아와 메디아, 앗시리아, 니느베, 예루살렘, 바빌론 등이 페르시아에 병합되는 과정들을 기록하고 있습니다. 헤로도토스는 그리스와 페르시아가 대체 왜 충돌했는지, 그들이 충돌하게 된 원인이 무엇인지를 검토하면서 뤼디아의 5대 왕 크로이소스에서부터 이야기를 풀어갑니다. 크로이소스는 소아시아 서쪽 이오니아에 있던 그리스 도시들을 침략해서 끊임없이 괴롭혔던 인물이었습니다.

　두 가지 유명하고 흥미로운 일화를 살펴보겠습니다. 먼저, 크로이소스 자신이 아니라 조상 귀게스가 뤼디아 왕위를 차지한 사건에 얽힌 이야기입니다. 뤼디아 왕이었던 칸다울레스가 자기 아내의 아름다움을 자랑하고 싶어서 신하인 귀게스가 왕비의 벗은 몸을 몰래 엿보게 합니다. 그러자 왕비가 알아차리고는 귀게스에게 자결하거나 자기를 모욕한 남편을 죽이고 대신 귀게스 자신이 남편이 되는 것 중 하나를 선택하도록 강요합니다. 귀게스는 결국 왕을 죽이고 그 자신이 뤼디아 왕위에 오릅니다.

다른 하나는 크로이소스 자신에 관한 것입니다. 크로이소스가 아테나이의 입법자 솔론을 만납니다. 솔론은 기원전 640~560년에 살았던 아테나이의 7현인 중 한 명으로 꼽히는 인물이었습니다. 솔론은 아테나이에서 많은 개혁을 단행한 뒤 10년 동안 아테나이를 떠나 있었습니다. 자신에게 권력이 과도하게 집중될까 두려워서였습니다. 솔론이 여기저기를 떠돌다가 뤼디아를 방문했습니다. 당시 뤼디아는 부유한 나라였고 크로이소스는 자신의 부를 최고의 현자에게 자랑하고 싶었습니다. 그래서 솔론에게 향연을 베풀어주면서 세상에서 누가 제일 행복하다고 여기는지를 묻습니다. 물론 크로이소스 자신이 가장 행복하다는 대답을 내심 듣고 싶었을 것입니다.

아테나이의 손님이여, 당신은 많은 곳을 다니면서 정말 많은 사람들, 여러 돈 많은 사람들, 잘사는 사람들, 위대한 사람들을 많이 만나봤을 테니까, 한번 이야기해보세요. 누가 제일 행복합니까요?

그런데 솔론은 자신이 기대했던 대답을 해주지 않습니다. 가장 행복한 사람으로 크로이소스가 아닌, 아테나이의 텔로스 그리고 아르고스의 클레오비스와 비톤을 든 것입니다. 세 인물

모두 이미 세상을 떠난 사람들이었는데, 이유를 묻는 크로이소스에게 솔론은 대답합니다.

> 똑같은 일이 일어나는 날은 단 하루도 없고, 인간은 전적으로 우연의 산물입니다. 지금 부를 누리고 있어도 행운이 있어야 그 부를 끝까지 누릴 수 있고, 행운을 누리다 좋은 죽음을 맞아야 진정한 행복한 삶이라고 할 수 있습니다.

사실이 그렇습니다. 당장 재물이 많아도 언제든지 없어질 수 있고, 건강도 언제든지 잃을 수 있고, 뛰어난 자식이 많다고 자랑해도 한날한시에 다 죽을 수도 있습니다. 인간의 삶 자체가 변화의 연속입니다. 그리고 죽을 때가 되어서야, 그 마지막 순간에 가서야 자신의 삶이 행복한지 아닌지 알 수 있는 것입니다. 그러나 크로이소스는 무척 불쾌해합니다.

그런데 크로이소스에게 얼마 지나지 않아서 큰일이 닥칩니다. 사랑하는 큰아들이 멧돼지 사냥을 나갔다가 사고로 죽은 것입니다. 하지만 크로이소스의 불행은 여기서 그치지 않습니다. 2년 뒤, 페르시아의 세력이 날로 강성해져갔던 것입니다. 불안해진 크로이소스는 페르시아를 침공해야 할지를 묻기 위해 여러 신탁소에 사절을 보냈습니다. 그리고 여러 신탁들 끝에 "크로이소스가 페르시아인들과 전쟁을 하면 대국을 멸하게 될 것"이라는 신탁을 받습니다. 또 자신의 왕권이 오래 지속될 수 있을지도 물었는데, 다음과 같은 신탁을 받습니다. "노새가 메디아인들의 왕이 되면 도망쳐라." 크로이소스는 이 신탁을 페르시아를 치면 승리할 것이라는 신탁으로 받아들였습니다. 그런데 신탁이 말한 대국이 과연 페르시아였을까요? 아니었습니다. "대국"이라는 목적어는 바로 자신의 뤼디아였습니다. 신탁을 잘못 해석한 크로이소스는 페르시아를 쳤다가 결국 패하고 맙니다.

이렇게 《역사》에는 신탁, 더불어 꿈에 얽힌 일화가 빈번하게 등장합니다. 신들이 아니라 인간이 주역인 역사에 웬 꿈과 신탁인지 의아하겠지만, 헤로도토스는 신들에 대해 말하지는 않아도 어떤 신적인 힘이 존재한다고 여겼던 듯합니다. 그러나 신적인 힘의 존재보다 중요한 것은 그 신탁을 해석 또는 평가하는 것이 인간이라는 사실입니다. 크로이소스를 보죠. 신탁을 자신에게 유리한 방식으로 제멋대로 해석했다가 낭패를 보았습니다. 페르시아를 침공하러 갔다가 당시에는 더 큰 나라였던 뤼디아가 오히려 무릎을 꿇고 마는 치욕을 당했던 것입니다.

뤼디아가 패망하고 난 뒤, 후일담도 흥미롭습니다. 크로이소스는 페르시아 왕이었던 퀴로스 앞에 포로로 끌려옵니다. 퀴로스는 공개적으로 화형을 시키려고 크로이소스를 군중들 앞에 매달아놓습니다. 이제 막 장작더미에 불이 붙었고, 크로이소스는 죽음을 눈앞에 두고 있습니다. 그 순간 솔론을 떠올리고는 그 이름을 세 번 부릅니다.

솔론, 솔론, 솔론! 아, 그래, 당신의 말이 옳았구나!

그런데 크로이소스가 갑자기 솔론의 이름을 부르니까 퀴로스에게 궁금증이 생겼습니다. 그래서 물어봅니다. 크로이소스는 불길이 치솟는 장작더미 위에 매달린 채 솔론과의 대화를 들려줍니다.

내가 예전에 솔론을 만났는데 이러한 일들을 내가 그렇게 번성하고 번영하고 있었을 때도 지금 행복한 사람이라는 것은 죽을 때 가서야 안다고 이야기를 했습니다. 난 지금 그 말이 생각나서 솔론을 불렀습니다.

사연을 들은 퀴로스는 크로이소스를 죽이지 않기로 결정합니다. 하지만 이미 장작더미에는 불길이 한껏 붙었습니다. 그 순간 하늘에서 비가 내려 불길을 꺼버립니다. 이 극적인 이야기는 매우 유명해서, 아리스토텔레스도 《니코마코스 윤리학》 1권 10장에서 행복에 관한 여러 문제들을 논의하면서 그것을 예로 들고 있을 정도입니다. 이곳에서 아리스토텔레스는 "인간들 중 누구도 살아 있는 동안에는 행복하다고 말할 수 없고, 솔론이 이야기했던 것처럼 그 끝을 보아야 하는가?"라고 물은 다음, 만약 그렇다면 사람은 죽은 다음에야 비로소 행복하다고 말할 수 있는 것인가 하는 난제를 제기하면서 행복과 운명에 관한 흥미로운 논의들을 제시하고 있습니다.

페르시아의 풍습들과 여러 여담들

헤로도토스는 강대했던 두 나라 메디아와 뤼디아가 병합되는 과정들을 서술한 후에, 페르시아의 풍습들을 소개합니다. 그리스인들과 이방인들이 서로 싸운 사건 즉 페르시아 전쟁을 큰 줄기로 삼고 있지만, 동시에 큰 줄기에서 벗어난 주변의 이야기, 각 인물과 나라의 배경과 사연과 사정들을 엮어가는 것이 《역사》 서술 방식의 남다른 특징입니다. 특히, 각 지역의 풍습과 지리에 대해서 매우 자세한 기록을 남깁니다. 헤로도토스는 사건의 측면에서 페르시아 또는 다른 나라에 각 지역이 어떤 식으로 병합되는지를 기록한 다음, 그 지역에 대한 기후, 풍속, 문화 같은 것들을 덧붙입니다. 이런 보충들을 통틀어서 여담 digression이라고 합니다. 여담은 헤로도토스가 이전 선배들의 '지리지', '민족지' 등을 읽었다는 증거이기도 하고, 여행가로서의 면모를 잘 보여주는 대목이기도 합니다.

　일례를 들면, 뤼디아와 메디아를 페르시아가 병합하고 대제국이 되어가자, 소아시아 서쪽 해안의 이오니아의 그리스 도시들도 페르시아에 맞서 대응할 준비를 합니다. 그 와중에 각 지역의 역사, 지리, 기후 등이 끼어듭니다. 그러나 이오니아 도시들이 맞섰음에도 불구하고, 결국 대부분의 도시들은 퀴로스에게 복속되고 맙니다. 앗쉬리아의 수도인 바뷜론도 함락됩니다. 예상할 수 있듯이, 바로 이어 앗쉬리아의 역사와 영토, 풍습 등을 소개합니다. 이런 식입니다.

이런 여담은 페르시아 전쟁에 대해서만 읽고 싶어하는 독자들을 때로는 산만하게, 때로는 지루하게 만들기도 합니다. 하지만 오늘날 이 지역에 대한 지리서 및 인류학적 보고서와 같은 역할을 해주고, 또한 다른 역사적 기록이 전혀 남아 있지 않은 여러 나라들에 대한 유일무이한 정보라는 점에서도 매우 유용합니다. 특히 4권에 등장하는, 북방의 경계 스퀴티아 지역에 관한 여담이 그렇습니다. 이 지역에 대한 다른 정보가 많지 않기 때문에, 《역사》는 이 북방민족 연구에도 중요한 자료로 쓰이고 있습니다.

2권과 3권에서는 그다음 세대 왕인 캄뷔세스 2세의 치하의 일들을 서술합니다. 1권이 지중해 중부를 다룬다면, 2~3권은 지중해 남부를 다룹니다. 가장 중요한 사건은 이집트의 병합입니다. 예상할 수 있듯이, 바로 이어 이집트와 관련한 역사와 지형, 풍습 등을 소개합니다. 악어 떼들에 대한 이야기라든가, 미라 만드는 법 등이 나오는데, 이집트에 대한 서술을 보면 헤로도토스가 나일강을 따라서 상당히 남쪽까지 여행했던 것으로 보입니다. 헤로도토스는 지역 간의 거리를 측정하면서 당대인들이 생각했던 세계의 모습을 제시하기도 하고, 특히 이집트 종교에 대해서 상당한 관심을 기울입니다. 그리스 대부분의 신들의 이름이 이집트에서 그리스로 유입되고, 종교 의식들이 이집트에서 왔다고 여겼기 때문입니다.

군주제와 민주정, 그리스인과 비그리스인

캄뷔세스로부터 다레이오스로 권력이 넘어가는 와중에 현대인들에게 가장 흥미로운 대목 중 하나인 정치체제에 대한 논의가 나옵니다. 캄뷔세스 사후, 7명의 페르시아인들이 모입니다. 정치체제를 어떤 식으로 정해야 하는지 상의하기 위해서였습니다. 그중 대표 격인 오타네스, 메가비조스, 다레이오스 3명이 토론을 벌입니다. 오타네스는 가장 좋은 정치체제는 데모크라티아demokratia, 즉 다수 민중demos에 의한 정치체제이고 이소노미아isonomia, 즉 법 앞에 모두가 평등한 것이 가장 중요하다고 주장합니다. 민주정을 옹호하고 독재를 반대하며, 군주제를 폐기해야 합니다. 이어서 메가비조스는 다수가 다스리는 정치체제에 반대합니다. 쓸모없고 이랬다저랬다 하는 군중들은 어리석기 때문에 혼란을 가져올 수 있습니다. 다수 대신 소수의 아주 탁월한 사람이 다스리는, 과두제가 가장 좋은 정체입니다. 마지막으로 다레이오스는 가장 뛰어난 한 사람이 다스리는 독재 군주제가 가장 좋은 정치체제라고 역설합니다. 가장 탁월한 사람이 다스린다면 자신의 탁월함에 걸맞은 판단력을 발휘해서 정말 잘 다스릴 수 있다는 것입니다.

이 세 가지의 가능성을 놓고 7명의 페르시아인이 토론을 벌인 결과, 나머지 4명이 군주제가 최선의 정체라는 다레이오스의 주장을 지지하고, 그렇게 연설의 힘으로 다레이오스가 캄뷔세스 뒤를 이어서 왕좌를 차지합니다. 이렇게 페르시아인들은 군주제를 선택했습니다.

헤로도토스는 오타네스, 메가비조스, 다레이오스 간 토론의 형식을 빌어서, 페르시아와 아테나이를 비롯한 그리스의 여러 도시국가들의 정치체제와 각자가 누리던 자유를 비교합니다. 그리스의 여러 도시국가들은 각각 독립적이고, 다른 정치체제를 가지고 있으며, 서로 싸우기도 하지만 결국은 같은 말을 쓰고 있다는 점에서, 그리고 무엇보다 자유인이라는 점에서 독재 군주제인 페르시아와는 모든 면에서 달랐습니다. 이런 그리스로 페르시아 대제국에서 침입해 들어오자, 그리스인들은 페르시아를 겪으면서 수많은 차이들을 경험하게 됩니다. 자유인인 그리스 사람들의 입장에서 페르시아인들은 예속된 상태로 사는 사람들입니다. 그리스인에게 그 어딘가에도 속박되지 않는 자유는 그 무엇보다도 중요했습니다. 물론 예속이 속 편할 수도 있을 것입니다. 하지만 어떤 상황에서도 절대 속박될 수 없는, 목숨을 걸고서라도 자유를 지켜야 하는 사람들이 바로 그리스인들이었습니다. 이와 같은 그리스인들과 비그리스인들, 헤로도토스의 표현으로는 '헬라스인들과 이방인들' 사이의 차이를 《역사》는 중요하게 다루고 있습니다.

헤로도토스 자신은 두 집단의 차이에 대해 어떤 견해를 지니고 있었을까요? 당연히, 그리스인 헤로도토스는 가장 좋은 정치체제는 다수에 의한 정치이고 무엇보다도 자유가 중요하다는 생각을 여러 차례 비칩니다. 예속된 사람들 밑으로 들어갈 수는 없습니다. 자유는 기필코 지켜야 합니다. 하지만 군주제에도 여러 장점들이 있다고 인정합니다. 민주정에서도 나쁜 지도자가 있을 수 있고, 군주제에서도 좋은 지도자가 있을 수 있습니다.

실제로 그리스인들은 자신들과 다른 말을 쓰고, 모든 면에서 다르다고 해서 페르시아나 동방의 나라들이 야만적이라고 비난하지는 않았습니다. 고대에는 페르시아나 이집트 등 동방의 문명이 훨씬 더 이른 시기에 화려한 꽃을 피웠습니다. 그래서 페르시아가 침략국이었음에도 그리스인들 사이에서는 화려한 페르시안풍이 유행하기도 했습니다. 페르시아 사람들처럼 옷 입고 머리를 했습니다. 얼마나 유행이었던지 페르시아풍을 금지했다는 기록도 곳곳에 나옵니다. 페르시아가 그리스보다 훨씬 발전한 문명을 가졌기 때문에 절대 야만적이라고 말할 수는 없었습니다. 하지만 보다 중요한 이유가 있습니다. 그리스인들은 자신들의 자유를 억압하려는 페르시아를 단순히 가혹하고 무시무시한, 악한 존재라고 일방적으로 간주하지 않았습니다. 페르시아인들을 자신들과 다른 존재로 인정했습니다.

헤로도토스도 그랬습니다. 분명 둘 중 하나를 향한 애착과

신념을 품고 있지만, 그러면서도 객관적으로 보고자 했습니다. 둘 중 어느 하나를 폐기해야 할 것으로 치부하거나 폄훼하지 않고 '다름'을 인정하는 방식으로 제시합니다. 헤로도토스에게는 자신에게 낯선, 자신들과 다른 모든 것들이 관찰의 대상, 흥미롭고 경이로운 감탄의 대상이었습니다. 과연 다른 사람들은 어떻게 살고 있을까? 왜 이런 행동을 할까? 어떤 점에서 우리와 다를까? 그렇기에 헤로도토스는 《역사》에 나오는 여러 다른 민족과 나라들에 대해 어느 하나가 열등하거나 우월하다는 식으로 바라보지 않습니다. 민주정과 자유를 지지하는 입장이지만, 다른 정치체제나 자신들과 다른 상대에 대한 무시나 폄하, 악의는 없었다는 것이 헤로도토스에 대한 보다 공정한 판단일 것입니다.

4권에서는 헤로도토스가 그리스를 중심으로 세계 전체를 그려 보이고 있는 대목이 눈길을 끕니다. 헤로도토스 이전의 세계지도에서는 한 덩어리로 된 원형의 땅을 오케아노스 바다가 둘러싸고 있으며, 아시아와 유럽이 같은 크기로 그려져 있었습니다. 그런데 헤로도토스는 이런 세계의 모습이 불합리하다고 말합니다. 《역사》에 나오는 '홍해'는 오늘날 우리가 알고 있는 홍해와는 달리 인도양까지를 모두 아우르는 바다를 가리켰는데, 헤로도토스는 아시아를 홍해에서 페르시아-메디아-사스페이레스-콜키스-흑해에 이르는 지역으로, 페르시아 동쪽 땅은 남으로는 홍해, 북으로는 카스피해와 아락세스강이 한계인 것으로 보았습니다. 인도의 동쪽은 사람이 살고 있지 않는 땅으로 생각했습니다. 그리고 북아프리카를 뤼비아라고 하는데, 카르타고, 퀴레네와 같은 도시들이 있었습니다.

헤로도토스는 자신이 경험하고 들은 지역을 넘어가본 사람에 대해서는 들어본 적이 없다고 말하면서, 자신이 아는 세계까지만을 그립니다. 실제로, 터키 연안에 있는 작은 도시 출신인 헤로도토스가 방문하고 여행했던 지역의 범위가 상당히 넓었던 듯합니다. 페르시아의 지배 영역을 일별하면서, 동쪽으로는 인도, 남쪽으로는 아라비아, 남서쪽으로 에티오피아를 자세하게 언급하고 있으니 말입니다. 아무튼 헤로도토스는 자신의 경험에 전적으로 의존해서, 유럽이 아시아와 아프리카를 합친 것만큼 길고 폭도 비교할 수 없을 정도로 크다고 주장합니다. 아프리카 즉 뤼비아는 사면이 바다로 둘러싸여 있고, 오늘날로는 대서양과 지중해의 경계에 있는 '헤라클레스의 기둥'을 지나 지중해로 돌아올 수 있다고 생각했습니다.

당시에는 '주항기periplous'라는, 해안을 따라서 한 여정을 기록한 문헌들이 있었습니다. 헤로도토스가 주항기를 알고 있었던 것은 분명합니다. 그래서 아프리카를 동쪽에서 서쪽으로 순항한 사람들이 있었다고 말합니다. 그러나 반대 반향으로 도는 것은 가능하지 않았습니다. 헤로도토스가 직접 가보거나 알고 있었던 지역 너머로 여행이 가능해진 '대항해 시대'까지는 천년 이상의 세월이 필요했습니다. 물론 그 사이에도 새로운 땅으로 넘어가고자 한 끊임없는 시도와 노력들이 여행기라는 장르로 무수히 많이 남아 있기는 하지만 말이죠.

불가능을 이겨내는 자유의 갈망

그런데 페르시아와 더불어 또 다른 주역인 그리스는 도대체 언제 등장할까요? 그리스에 대한 이야기는《역사》5권에 가서야 점차 많아지기 시작합니다. 이제 곧 페르시아와 그리스 두 세력이 맞붙어 싸울 테니 분위기를 고조시키려는 의도일 것입니다. 이전 권들에도 그리스에 대한 언급이 전혀 없는 것은 아닙니다. 헤로도토스는 1권에서부터 기회가 닿을 때마다 그리스에 대한 이러저러한 언급을 해왔습니다. 하지만 5권부터 본격적으로 그리스 여러 도시국가들에 대한 이야기가 빈도도 늘어나고 분량도 많아집니다.

6권부터 본격적으로 페르시아 전쟁이 펼쳐집니다. 앞부분은 전쟁 준비 단계입니다. 이오니아 지역에서 벌어진 여러 반란들과 페르시아가 반란들을 진압하는, 전초전이 벌어집니다. 후반부에 드디어 이오니아 지역에서 벌어진 반란을 지원했던 그리스 본토의 도시들을 다레이오스 왕이 침공합니다. 다레이오스 왕의 원정에서 가장 중요한 사건은 우리가 잘 알고 있는 마라톤 전투입니다. 다레이오스는 바다를 직접 건너와서 바로 그리스 중부를 침공합니다. 에레트리아를 먼저 공격하고 내려와서는 기병이 활동하기 좋은 마라톤 평원에 상륙합니다. 페르시아군을 막기 위해서 아테나이에서는 10명의 장군들이 군대를 이끌고 마라톤으로 향하는데, 10명 중 유명한 밀티아데스가 있었습니다. 밀티아데스 장군의 지휘로 그리스군은 마라톤 전투에서 그 누구도 예상치 못한 승리를 거둡니다. 전세가 유리하기만 했던 것은 아니었습니다. 대오 중앙을 돌파당해 커다란 인명피해를 입기도 했습니다. 하지만 양쪽 날개에서 잘 버텨 승리를 거두었습니다. 페르시아군은 6000명 이상 죽었지만, 그리스군은 단 200명만 죽었다고 전해질 만큼, 대승이었습니다.

사실 그리스 연합군과 페르시아의 군대의 크기나 전력은 비교조차 되지 않았습니다. 그리스는 페르시아 제국에 비하면 작은 도시국가들의 연합에 불과했습니다. 그리고 어느 도시국가도 페르시아의 군사들처럼 전쟁을 위해 잘 훈련되고 준비된 병력을 가지고 있지 않았습니다. 그런데 결국 자유를 지키고자 하는 그리스인들의 열망이 페르시아의 엄청난 대군을 이겨냈습니다. 자랑스러운 승리였습니다.

전투에 관해 가장 유명한 일화도 헤로도토스는 소개하고 있는데, 페이디피데스라는 사람의 이야기입니다. 아테나이 장군들이 마라톤 전투 승리를 알리려고 스파르타에 사절로 보낸 사람입니다. 페이디피데스는 '헤메로드로메스'라는 직책을 가졌었는데, 온종일 달릴 정도의 장거리를 빠른 발로 오갔던 심부름꾼이었습니다. 아테나이에서 스파르타까지의 거리가 약

240km 정도 되는데, 페이디피데스는 그 먼 길을 달려가서 소식을 전했다고 합니다. 바로 마라톤 경기의 기원이었습니다. 하지만 마라톤 전투 하면 떠올리는 페이디피데스의 극적인 운명, 즉 승리의 소식을 전하고는 쓰러져서 죽었다는 이야기는 《역사》에 등장하지 않습니다. 훗날 플라톤의 대화편 《프로타고라스》나 플루타르코스의 작품이 전하고 있을 뿐입니다.

패배한 다레이오스는 아들인 크세륵세스에게 기필코 그리스 본토를 침입해서 페르시아의 것으로 만들어야 한다는 유언을 남기고 죽습니다. 아버지의 유지를 이어받아 크세륵세스는 즉위한 뒤 그리스를 재침공하는데, 그때 벌어진 전투 중 하나가 우리에게 〈300〉이라고 하는 영화를 통해서도 잘 알려진 테르모필라이 전투입니다.

페르시아군이 그리스 북부를 통해 진입해올 것을 대비해서 스파르타군이 '불의 문'이라는 뜻을 지닌 테르모필라이 지역에서 일단 첫 번째 저지선을 만들고 아테나이는 바닷길을 막았는데, 이때 페르시아군은 무려 300만 명이나 되었다고 합니다. 이런 대군을 300여 명의 스파르타 정예부대와 여러 지원군이 함께 막아내고자 한 것입니다. 애초부터 불가능한 싸움이었다고 할 수 있습니다. 하지만, 불의 문이라는 이름대로, 이 지역은 산세가 험하기도 했고 스파르타 정예부대가 적은 수로도 용맹하게 잘 버텨서 무려 4일 동안이나 페르시아군을 저지할 수 있었습니다. 하지만 결국 모두 장렬하게 전사하고 말았습니다.

이 전투는 당시에도 무척 유명해서, 이 전투에 가담하지 못하고 살아남은 사람들은 수치심에 자살하거나, 죽을힘을 다해 페르시아군과 맹렬하게 싸우다가 전사할 정도였다고 합니다.

전투가 벌어졌던 자리에는 전사한 사람들을 위해 기념비가 세워졌습니다. "일찍이 이곳에서 펠로폰네소스의 4000명 전사들이 300만 군대에 맞서 싸웠노라." 이 전투에서 죽은 라케다이몬인(스파르타인의 다른 이름)들을 위한 명문鉻文도 따로 세워졌습니다. "나그네여, 라케다이몬인들에게 가서 알려주오. 우리가 그들의 명령에 복종하여 여기에 누워 있노라고."

이 사건 이후에는 아르테미시온, 살라미스 등에서 페르시아 대군과 그리스 연합군의 대규모 전투가 벌어지고, 살라미스 해전에서 참패한 이후 크세륵세스가 퇴각한 이야기가 8권에 소개됩니다. 마침내 크세륵세스는 쓸쓸히 퇴각하고 맙니다. 그리스에 남아 있던 페르시아군도 플라타이아 전투에서 패배하고, 아테나이 해군이 오히려 페르시아 땅이었던 뮈칼레까지 추격해서 마지막 전투를 벌입니다. 뮈칼레 전투에서 그리스군이 승리하는 것으로《역사》는 대단원의 막을 내립니다.

《역사》속의 여러 주제들

지금까지는 간략하게《역사》의 내용들을 살펴보았습니다. 이제는《역사》에 나오는 몇 가지 중요한 주제들에 대해 살펴보죠.

헤로도토스는 페르시아 전쟁을 서술하면서 개개의 사건들을 이런 중요한 주제들과 수시로 관련짓고 있는데, 그중 하나가 바로 인간 운명의 가변성입니다. 앞에서 소개했던 인간의 운명은 언제든지 행복했다가도 불행해질 수 있고, 불행한 사람도 행복해질 수 있다는 크로이소스의 이야기는 단순히 재미를 위해 들어가 있는 것이 아닙니다. 운명의 가변성은 개인뿐 아니라 나라, 심지어는 대제국도 피할 수 없습니다. 헤로도토스는 강대국도 흥했다가 끝내 패망할 수 있고, 아주 작은 나라도 얼마든지 강성해질 수 있다는 인간사의 진실을 여러 사건들을 통해서 보여줍니다. 페르시아 대제국은 보잘 것 없어 보이는, 작은 도시국가들의 연합인 그리스군에 패배하고 말았습니다. 전쟁에서 승리한 그리스의 폴리스들도 당장은 의기양양하겠지만 언젠가는 쇠락하고 말 것입니다.

또 하나의 주제는 그리스인들의 전통적인 사고방식인 '오만hybris'에 대한 '징벌nemesis'입니다. 한 사람이나 한 나라가 번영하거나 과도하게 무언가를 갖게 되면 쉽게 오만해집니다. 그리고 오만함은 반드시 징벌의 대상이 된다고 그리스인들은 믿었습니다. 번영은 그리스어로 '올보스olbos'라고 합니다. 인간이 번영하면, 너무 많은 것들을 가지면 오만해지고, 오만해지면 눈이 멀어버립니다. 이렇게 정신이 눈먼 상태를 미망, '아테ate'라고 합니다. 아테에 빠지면 판단도 잘못 내리고 잘못된 행동을 하고, 결국 징벌을 당합니다. '네메시스nemesis'라는 개념입니다. 이런 패턴은 많은 그리스 비극 작품에서도 찾아볼 수 있습니다. 그리고 문학작품에서뿐 아니라, 인간의 실제 역사에서도 종종 볼 수 있습니다. 《역사》는 이렇게 '번영-오만-미망-징벌'의 수렁에 빠지고 마는 수많은 개인과 나라들의 이야기를 그리고 있고, 다음 장에서 다룰 투퀴디데스의 《펠로폰네소스 전쟁사》에서는 아테나이가 지나친 번영을 구가하다가 결국 패망에 이르고 맙니다.

세 번째는 호혜성의 원칙입니다. 좋은 일을 베풀면 좋은 결과가, 나쁜 짓을 저지르면 나쁜 일이 고스란히 자신에게 돌아옵니다. 《역사》에는 수많은 전투와 작은 나라 대 큰 나라의 여러 전쟁들이 서술되어 있습니다. 대체로 전쟁이라고 하는 사건은 크고 심각한 원인 때문에 벌어진다고 속단하기 쉽지만, 사실상 인류의 역사를 들여다보면 아주 사소한 개인적인 원한이 커져서 전쟁이 되기도 합니다. 페르시아 전쟁이라는 커다란 사건도, 개인과 개인 간의 원한 관계들이 쌓이고 한데 모여서 만들어갔다고 헤로도토스는 곳곳에서 강조하고 있습니다. 누군가가 베푼 선행과 은혜는 훗날 어떤 식으로든 보답을 받습니다.

일례로, 헤로도토스는 뤼디아에 관한 서술을 매듭지은 다음 페르시아 왕 퀴로스의 이야기로 다시 돌아갑니다. 퀴로스는 메디아라는 나라를 병합하는 인물인데, 메디아는 퀴로스의 외할아버지 아스튀아게스가 다스리고 있었습니다. 그런데 아스튀아게스는 외손자인 퀴로스를 두려워해서 죽여버리려고 했었습니다. 외손자의 손에 자기 나라가 망한다는 신탁을 들었기 때문입니다. 그러나 운명을 피해가려고 했음에도, 결국 신탁은 이루어지고 말았습니다.

꿈도 한몫했습니다. 아스튀아게스가 딸에 대한 이상한 꿈을 꿉니다. 딸의 소변에 나라가 잠기거나 딸의 몸에서 나무가 나와서 나라를 다 얽어매는 꿈이었습니다. 이런 꿈을 꾸고 나서 얼마 지나지 않아 딸이 손자를 낳자, 외할아버지 아스튀아게스는 손자를 없애야겠다고 생각합니다. 그래서 심복을 시켜서 외손자 퀴로스를 버리도록 합니다. 그러나 심복은 섣불리 아이를 죽였다가 나중에 딸 쪽으로 권력이 넘어가면 자신이 위험해질까봐 두려웠습니다. 그래서 일단은 살려놓는 것이 낫겠다고 생각하고서는 퀴로스를 몰래 빼돌렸습니다. 하지만 사실을 알게 된 아스튀아게스가 심복의 아이들을 잔인하게 죽여서 보복하고 맙니다.

왕이 자신의 아들이나 손자를 두려워하거나 아이들을 잔인하게 토막 내어 복수하는 이야기들은 그리스 신화에 빈번하게 등장하는 소재입니다. 헤로도토스는 메디아의 병합 과정을 설명하면서 이 신화적인 이야기 패턴들을 보여줍니다. 하지만 아스튀아게스의 이런 끔찍한 짓은 결국 대가를 치룹니다. 신화에서는 신들이 벌을 내렸지만, 인간들의 역사에서 끔찍한 일은 반드시, 상대방에 의해 대가를 치룹니다. 이 사건으로 훗날 메디아는 퀴로스, 나중에 페르시아 왕이 되는 자기 외손자에게 병합되는 것입니다. 이렇게 개인의 원한과 복수 사건들이 한 나라가 패망하는 큰 사건들로 번져나가는 것을 헤로도토스는 보여주고 있습니다.

하나 더, 크로이소스 일화에서와 마찬가지로 여기서도 꿈과 신탁이 등장합니다. 인간의 역사를 서술하면서 왜 자꾸 꿈이 나오는지, 왜 신화에서 보던 이야기 패턴들이 등장하는지 의아해할 수 있습니다. 이런 이야기들은 전통의 흔적입니다. 그러나 꿈과 신탁이 주어진다 하더라도 그것을 해석하고 적용하는 것은 결국 인간입니다. 인간의 결정에 따라서, 인간의 해석에 따라서 사건들이 바뀌고 역사가 바뀐다고 헤로도토스는 보고 있습니다.

역사의 아버지? 거짓말쟁이?

헤로도토스의 역사 서술에 관해서는 고대로부터 많은 비판이 있어왔습니다. 로마의 위대한 저술가이자 정치인이었던 키케로는 《법률론》 1권 4장에서 헤로도토스를 역사의 아버지라고 처음 언급하면서, "역사의 아버지인 헤로도토스의 책에는 (…) 수많은 이야기들이 있다apud Herodotus, patrem historiae (…) sunt innumerabiles fabulae"고 적었습니다. 역사와 시의 원리는 다르며, 역사에서는 모든 것을 판단하는 잣대가 진실이지만 시의 경우는 즐거움이라는 설명과 함께 말입니다.

그런데 키케로가 말하는 "수많은 이야기들fabella", 즉 온갖 지어낸 믿을 수 없는 이야기들은 어떤 의미로 받아들여야 할까요? 그리스어로는 '뮈토스mythos'인 '이야기'는 흔히 신화를 가리키기도 합니다. 사실 헤로도토스를 읽으면 신화에 가까운, 이상하지만 재미있는 삽화들이 무척 많이 들어 있습니다. 읽기에는 즐겁지만, 과연 역사라고 할 수 있을까 하는 의문이 생길 정도입니다. 17세기에 부베스라고 하는 사람은 헤로도토스의 이야기에는 믿을 것이 없고, 역사의 아버지가 아니라 '거짓말쟁이들의 아버지'라고 불러야 한다고 악평을 쏟아내기도 했습니다. 오랫동안 헤로도토스는 한편으로는 역사의 아버지라고 칭송받으면서도, 다른 한편으로는 거짓말쟁이의 아버지라는 오명도 동시에 받아왔던 것입니다.

하지만 이런 비판에도 불구하고《역사》를 최초의 역사서로, 헤로도토스를 역사의 아버지로 여전히 옹호할 수 있는 여러 근거가 있습니다.《역사》가 과거의 사실을 전해주는 최초의 문헌은 아니었습니다. 하지만 헤로도토스는 이전의 문헌과는 달리, 과거와 사건들을 서술하면서 그 일들이 왜, 어떻게 일어났는지를 탐구하고 해명했습니다. 그리고 그것을 위해 당시로서는 전 세계에 해당되는 지역을 두루 다니면서 자신이 직접 보고, 듣고 경험한 방대한 자료들을 수집했습니다. 그는 자신이 수집한 정보들을 놓치지 않고 빼곡히 기록하면서 그것을 하나의 대서사로 펼쳐냅니다.

그는 페르시아 전쟁이라는 대사건을 향해 한 걸음씩 나아가면서도 그 과정을 이루는 과거의 사건들, 지리적 특성들을 결코 놓치는 법이 없습니다. 본격적인 페르시아 전쟁 서사를 서술하는 작품 후반부에 이르기까지, 그는 여러 지역들의 이야기들, 지리지들을 매끄럽게 엮어냅니다. 《역사》는 페르시아 전쟁이라는 대사건에 대한 기록일 뿐만 아니라, 고대 그리스인들이 가지고 있던 세계관과 지리적 인식을 보여주는 작품이라는 점에서도 중요한 것입니다. 페르시아에 비하면 보잘 것 없어 보이는 그리스의 여러 도시들에 대한 기술은, 페르시아 전쟁을 향해 가면서 점점 늘어납니다. 그리고 마침내 작은 도시국가들의 연합 그리스가 대제국인 페르시아를 격퇴하는 엄청난 위업을 이루어내는 장관을 보여줍니다.

이런 종류의 서술은 헤로도토스 이전에는 볼 수 없었습니다. 《역사》는 과거의 사실을 단순히 정보로 기록하는 것이 아니라, 하나의 거대한 서사로 엮어낸 최초의 작품이었던 것입니다. 바로 이런 점에서 《역사》, 즉 헤로도토스의 '탐구의 보고서'는 역사의 첫 장을 열어젖혔고, 헤로도토스는 역사의 아버지라는 영광을 얻을 수 있었습니다. 《역사》는 현대에 와서 오히려 더 각광받고 있습니다. 최근 들어 인류학과 지리학, 민족학과 사람들의 일상적인 삶을 다루는 미시사에 학계와 대중의 관심이 쏟아지기 시작하면서, 그리고 고고학의 발전으로 그동안 의심받아왔던 많은 이야기들이 헤로도토스가 지어낸 허무맹랑한 이야기들이 결코 아니라는 사실이 점점 밝혀지면서 《역사》의 가치가 재조명되고 있는 것입니다.

※ 《역사》에서의 인용문들은, 국내에 출간된 《역사》의 그리스어 원전 번역본인 《역사》(천병희 옮김, 도서출판 숲, 2009)와 《역사》(김봉철 옮김, 도서출판 길, 2016)를 지은이 장시은이 다소 수정해서 사용했습니다.

그리스 서쪽 해안 에피담노스를 둘러싼 케르퀴라와 코린토스 간의 분쟁으로 촉발된 펠로폰네소스 전쟁은, 곧 지중해 전역을 아우르는 대전쟁으로 번져나갔습니다. 지도에서 음영 부분이 아테나이가 주도하는 델로스 동맹, 빗금 부분은 스타르타가 주도하는 펠로폰네소스 동맹, 점으로 된 부분은 중립 지역·도시. 아테나이는 이탈리아 남단 시켈리아섬으로의 대규모 원정에서 쉬라쿠사이에 대패한 이후 패망의 길을 걷게 됩니다.

6

《펠로폰네소스 전쟁사》투퀴디데스

인류를 위한 영원한 자산

장시은

투퀴디데스의《펠로폰네소스 전쟁사》는 서양 고대사의 대표적 문헌이자 고대 그리스 산문의 걸작 중 하나로 꼽히는 작품입니다. 앞 장에서 살펴본 헤로도토스의《역사》와 더불어 말이죠. 《펠로폰네소스 전쟁사》가 다루고 있는 대상은 기원전 431년부터 기원전 404년까지 약 27년간 지속된 펠로폰네소스 전쟁입니다. 이 전쟁은 아테나이를 중심으로 하는 델로스 동맹과 스파르타를 주축으로 하는 펠로폰네소스 동맹국 간의 충돌로 발발했습니다. 투퀴디데스 자신은 자신의 작품에 제목을 붙이지 않았습니다. 고대로부터 학자들은 이 책을 헤로도토스의 작품의 이름과 같은 '히스토리아이'라는 제목을 붙였습니다. 이를 현대의 번역가들은《역사》, 혹은 작품 첫 구절의 내용에 따라

《펠로폰네소스 전쟁사》,《아테나이-펠로폰네소스 전쟁》등의 제목으로 부르고 있습니다. 이런 사정을 감안해서, 이제부터는 《펠로폰네소스 전쟁사》도《역사》라고 부르겠습니다.

투퀴디데스는 대략 기원전 460~455년경 아테나이에서 태어났습니다. 아버지 이름은 올로로스였고, 그리스 북쪽 트라케에 있는 금광을 소유했을 정도로 명망 있는 집안이었다고 합니다. 사실 이 탄생 연대는 추정치입니다. 그는 기원전 424년 처음으로 장군에 선출되었다고 전해지는데, 당시 아테나이에서 장군으로 선출되기 위해서는 최소한 30살이 되어야 했었거든요. 그는 장군으로 선출되어 그리스 북쪽에 있는 암피폴리스를 브라시다스가 이끄는 스파르타군으로부터 구해내는 임무를 맡았지만, 이 작전에 실패하자 아테나이에서 추방을 당합니다. 그렇게 아테나이를 떠난 지 20여 년이 흘러 전쟁이 끝난 후에야 고국으로 돌아와서 얼마 지나지 않아 사망합니다.《역사》는 펠로폰네소스 전쟁이 끝나기 전인 기원전 411년까지의 기록으로 끝납니다. 하지만 투퀴디데스가 404년에 끝나는 전쟁의 결말을 알고 있었음은 확실해 보입니다. 반면 그가 기원전 400년 이후의 사건들에 대한 정보를 가지고 있었다는 흔적은 찾아볼 수 없습니다. 그래서 학자들은 그가 400년경에 죽은 것이 아닐까 추정하고 있습니다. 투퀴디데스는 전쟁 발발과 함께《역사》를 쓰기 시작해서 죽기 직전까지도 퇴고를 거듭하며 완성하지 못하고 있었던 것으로 보입니다.

투퀴디데스는 펠로폰네소스 전쟁이라는 엄청난 사건을 직접 겪었습니다. 전쟁 중에 역병에 걸려 죽음의 고통을 겪기도 하고 추방을 당하기도 하는 등 쉽지 않은 삶을 살아가면서, 자신이 직접 보고 듣고 경험한 동시대의 사건들을 기록했습니다. 그는 아테나이를 떠나 있는 동안, 타지의 여러 사람들을 통해 많은 정보들을 얻고 또 조사해서 《역사》의 중요한 자료로 삼았습니다. 고난과 시련이 많은 삶이었지만, 오히려 그 덕에 아테나이에 편중된 정보와 편향성을 갖지 않고 공정한 태도로 펠로폰네소스 전쟁을 기술할 수 있었던 셈입니다.

투퀴디데스와 헤로도토스

투퀴디데스는 헤로도토스와 여러 면에서 대조적입니다. 헤로도토스가 '역사의 아버지'라면, 투퀴디데스는 흔히 '객관적', '비판적' 역사의 아버지라고 여겨집니다. 헤로도토스의 《역사》는 매우 광범위한 지역의 긴 역사를 다루고 있고 헤로도토스 자신이 지리와 인종, 문화 등에 상당한 관심을 가졌었던 탓에, 그의 《역사》는 각 부분을 따로 떼어 읽어도 흥미로운 일화들이 많이 포함되어 있습니다. 반면 투퀴디데스의 관심은 헤로도토스에 비하면 좁은 공간과 시기에 집중되어 있는 데다가, 그의 《역사》는 정치와 경제, 외교, 군사적인 문제를 주로 다룹니다. 게다가 자신의 감정이나 의견은 거의 배제한 채 전쟁 중에 일어난 사건들을 자신이 본 대로 그리고 발생 순서대로 기술합니다. 투퀴디데스의 이런 담담한 태도는 자신이 아테나이로부터 배신당한 사건을 기록할 때조차 유지됩니다. 그리고 그 태도를 반영하는 건조한 문체 때문에 투퀴디데스《역사》는 딱딱하고 어렵게 느껴지기도 합니다.

헤로도토스에게는 일어난 일들을 탐구해서 제시하는 것이 저술의 목적이었다면, 투퀴디데스에게 일어난 일들을 탐구해서 제시하는 것은 전체 서술의 가장 기초적인 작업에 불과했습니다. 그는 전쟁 전후 그리고 전쟁 동안의 여러 사건들이 왜 그리고 어떻게 일어났는지, 사람들이 왜 그런 행동을 하고 말을 하는지, 그리고 그런 행위와 사건의 근본적인 원인이 무엇인지를 탐구합니다. 투퀴디데스는 실제 무슨 사건이 있었는지를 기록하는 데 그치지 않고 그 사건이 왜 일어났고, 그 결과로 무슨 일이 벌어졌는지, 그 인과관계를 깊게 탐구했던 최초의 인물이었습니다. 바로 그런 의미에서 투퀴디데스는 역사의 정신에 가장 부합하는 인물이라고도 볼 수 있습니다.

나아가 투퀴디데스는 여러 도시국가 사이의 사건들 그리고 인물들의 행동과 말의 동기와 인과관계와 더불어 인간의 감정에 대해서도 깊이 탐구합니다. 그의《역사》는 과거 그리스에서 일어났던 사건을 다루는 동시에 인간의 본성과 인간들이 모여 이루는 공동체의 본성을 탐구했던 작품입니다. 헤로도토스가 여러 정보들을 패치워크처럼 엮어 하나의 이야기로 만들어냈다면, 투퀴디데스는 자신의 탐구 대상인 사건과 인물들을 깊이 응시하면서 그 내면을 들여다봅니다. 그러다가 그 전체를 완전히 파악하는 순간 비로소 하나의 문장을 만들어냅니다. 당시의 정치적인 상황이 복잡했던 이유도 있지만, 이런 문장들 탓에도 투퀴디데스의 글은 읽기가 수월하지 않습니다. 헤로도토스가 여러 사람들의 생각들을 거르지 않고 들려주는 반면, 투퀴디데스는 사람들의 일반적인 생각이나 주어진 정보들을 있는 그대로 받아들이지 않습니다. 자신이 획득한 모든 정보들을 비판적으로 검토해서 정말 사실에 가까운 것이 무엇일지를 고민하며 진정한 원인, 진짜 모습을 계속 찾아갑니다. 그리고 스스로 생각하고 판단해서 진실에 가깝다고 생각하는 바를 선별해서 제시합니다. 바로 이런 점이 투퀴디데스가 잘 보여주는 역사에 대한 비판 정신이겠지요.

인류를 위한 영원한 자산

투퀴디데스는 《역사》의 서두를 다음과 같은 말로 시작하고 있습니다.

아테나이인 투퀴디데스는 펠로폰네소스인들과 아테나이인들의 전쟁을 기록했다. 이렇게 그들이 서로 싸웠는지. 전쟁이 시작되자마자 그는 이 전쟁이 이전에 일어났던 그 어떤 전쟁보다 더 기록할 만한 가치가 있다고 믿으면서 기록하기 시작했다. 이 양편이 온갖 준비를 다 갖추고 가장 힘의 정점에 있으면서 전쟁을 시작했고, 다른 헬라스인들도 일부는 즉시, 일부는 그러리고 생각하다가 가담하는 것을 보면서 이를 증거로 삼았다. 왜냐하면 이것은 헬라스인들과 일부 이방인들에게, 말하자면 인류 대부분에게 일어난 가장 큰 사변이었기 때문이다. 왜냐하면 지금 이 시기 전의 일들이나, 아주 먼 옛날의 일들은 시간이 많이 흘렀기 때문에 제대로 기억하는 것이 불가능했지만, 가능한 한 먼 과거의 증거들을 살펴본 내게는, 전쟁이든 다른 일이든, 이보다 더 큰일은 없다고 생각하기 때문이다.

우리말로는 여러 문장으로 옮겼지만 이 단락이 원문에서는 하나의 문장으로 이루어져 있습니다. 투퀴디데스는 하나의 행위 단위를 이룬다고 생각하는 내용을 하나의 문장으로 만들기를 좋아합니다. 연속된 행위라고 판단하면, 다섯 문장으로 나눌 수 있는 것도 하나의 문장으로 만들어서 덩어리째 보여줍니다. 투퀴디데스의《역사》의 첫 구절은 헤로도토스의 그것과 크게 다르지 않습니다. 투퀴디데스도 가장 첫 단어에 자신의 이름을 새겨 넣습니다. 그리고 그 서술의 대상을 밝힙니다. 바로 펠로폰네소스인들과 아테나이인들의 전쟁입니다. 투퀴디데스 역시 이 전쟁이 전례 없이 큰 사건이었음을 강조합니다. 그러나 헤로도토스와 달리, 단지 기억을 붙들기 위해 역사를 서술하지는 않습니다. 투퀴디데스에게 '기억'은 부정적인 것입니다. 기억은 시간이 흘러 퇴색될 수 있기 때문에 완전할 수 없습니다. 있는 그대로를 제시해서 보여주는 것이 그의 목적도 아닙니다. 헤로도토스가 기억으로 붙잡아두려고 했던 것들은 사라지거나 명성을 잃으면 안 되는 크고 기이한 일들 그리고 싸움이 벌어진 이유였습니다. 반면 투퀴디데스는 큰 사건들을 기록하기는 하지만 그 '큼'에 특별한 관심을 두지는 않습니다. 서문에 뒤이어 나오는 상고사에 대한 서술에서도 그는 '외관'만으로 판단하는 것은 옳지 않다고 말합니다. 사건이 크다고 해서, 그크고 놀라운 것에만 관심을 두지는 않겠다는 것입니다. 두 역사가 모두 과거의 커다란 역사적 사실을 대상으로 삼기는 합니다. 하지만 투퀴디데스는 눈에 보이는 것을 기록하는 데 그칠수 없다고 여러 차례 강조합니다.

투퀴디데스는 이후 자신의 역사서술 방법론에 대해 기술하면서, 이 작품에는 "설화가 없다"고 말합니다. 우리말 설화로 옮긴 그리스어 단어는 '뮈토스mythos'입니다. 앞 장에서도 설명했지만, 신화라는 뜻을 지닌 영어 mythology의 어원이 되는 이 단어의 원래 의미는 '이야기'입니다. 물론 헤로도토스의 이름을 직접 언급하지는 않습니다만, 분명 헤로도토스를 의식하고 있는 대목입니다. 헤로도토스와는 달리 뮈토스가 없는 까닭에 자신의 작품이 재미가 없을 것이라고 서문에서부터 못 박고 있는 것입니다. 그리고 투퀴디데스는 이어서 자신의 《역사》가

지닌 가치와 효용에 대해 말합니다.

> 과거에 일어난 일들에 대해서 인간의 본성에 따라 언젠가는 비슷한
> 형태로 반복될 미래의 명확한 진실을 알고 싶어 하는 사람들은 내
> 역사 기술을 유용하게 여길 것이다.

그는 사실상 다음과 같이 말하고 있는 셈입니다. '이 작품은 헤로도토스의 역사에 비하면 재미없는 책이라는 소리를 들을 수 있습니다. 하지만 정말 과거에 무슨 일이 있어났는지 알고 싶은 사람에게, 그리고 명확한 진실을 알고 싶어 하는 사람에게 내 작품은 분명히 유용한 작품이 될 것입니다. 인간의 본성에 따라서 반드시 똑같은 일, 유사한 일이 미래에 일어날 것이기 때문입니다.' 그러고는 자부심으로 충만한 유명한 말을 남기고 있습니다.

> 이 책은 대중의 취미에 영합하여 일회용 들을 거리로 쓴 것이 아니
> 라 영원한 자산으로 쓴 것이기 때문이다.

그런데 헤로도토스에 비해서는 딱딱한 것은 분명하지만, 투퀴디데스가 밝히고 있는 만큼 작품이 재미가 없지는 않습니다.

전쟁의 발발: 직접적 원인과 진정한 원인

이제 《역사》의 주요 내용을 선별해 살펴보겠습니다. 1권에서 투퀴디데스는 펠로폰네소스 전쟁의 원인을 설명합니다. 그런데 그 원인을 직접적 원인과 진정한 원인을 구분합니다. 이 구분에는 투퀴디데스 고유의 역사적 통찰이 담겨 있습니다.

먼저 전쟁의 직접적 원인은 서쪽 해안에 있는 에피담노스를 중심으로 한 케르퀴라와 코린토스 간의 분쟁, 그리고 포티다이아 문제였습니다. 그리스의 도시국가들은 서로가 도움을 주는 긴밀한 관계를 유지했습니다. 독립적인 나라로 존재하면서도 다른 여러 도시국가들과 동맹을 맺곤 했었지요. 그중 대표적인 동맹이 아테나이가 주도하는 델로스 동맹과 스파르타를 중심으로 뭉친 펠로폰네소스 동맹이었습니다. 그리고 이 도시국가들은 지중해 여러 곳에 식민시를 건설했습니다. 대개 그 식민시들도 자신의 모국과 같은 동맹에 속해 있었지요. 하지만 어느 동맹에도 속하지 않은 중립국들도 있었습니다. 펠로폰네소스 동맹에 속해 있던 코린토스가 세운 식민시 케르퀴라가 바로 그랬습니다. 식민시가 또 식민시를 세운 경우도 있었습니다. 에피담노스는 코린토스의 식민시 케르퀴라가 세운 식민시였지요.

기원전 436년 에피담노스에서 민주파와 과두파 사이의 내분이 발생하자 집권파였던 민주파는 식민 모국인 케르퀴라에 도움을 청합니다. 그러나 케르퀴라가 도움 주기를 거부하자 에피담노스인들이 이번엔 모국의 모국이었던 코린토스에 원조를 요청했습니다. 코린토스는 원조를 수락하고 에피담노스에 소규모 함대를 파병합니다. 그런데 돕기를 거절했던 케르퀴라는 코린토스가 자기네 식민시인 에피담노스의 싸움에 가담하는 것을 원치 않았습니다. 그래서 코린토스군의 철군을 요구합니다. 하지만 코린토스가 이 요구를 거부합니다. 케르퀴라는 에피담노스를 침공해 코린토스군과 대결하게 되지만 혼자서는 이 싸움에서 이길 자신이 없어서 아테나이에 도움을 청합니다. 아테나이는 케르퀴라를 지원합니다. 자신들 다음으로 큰 해군을 가진 케르퀴라와 동맹을 맺기를 바라는 마음에서였습니다. 이렇게 델로스 동맹에 속한 아테나이와 펠로폰네소스 동맹에 속한 코린토스가 전쟁을 벌이게 됩니다.

다른 한편, 기원전 433년에는 그리스 북쪽 칼키디케 반도에 위치한 포티다이아에서 분쟁이 일어납니다. 포티다이아 역시 케르퀴라와 마찬가지로 코린토스가 건설한 도시였으나, 모국과는 달리 델로스 동맹에 속해 있었습니다. 아테나이는 이 도시가 델로스 동맹에 있으면서도 사실은 모국 코린토스 편이라고 여기고는 포티다이아를 공격합니다. 아테나이의 공격에 포티다이아는 모국 코린토스에 원조를 요청했고, 결국 여기서도 코린토스와 아테나이가 충돌합니다. 이 두 사건 모두 델로스 동맹의 맹주인 아테나이와, 아테나이 못지않은 해상강국이자 펠로폰네소스 동맹의 일원이었던 코린토스의 대립이었습니다.

그리고 이 둘의 대립은 곧 두 동맹 간의 충돌로 확대되고 맙니다.

그러나 투퀴디데스가 보기에 전쟁의 진정한 원인은 따로 있었습니다. 바로 페르시아 전쟁이 끝나고 아테나이가 신흥 강대국으로 급부상하면서 더 오랜 지도국이었던 펠레폰네소스 반도의 스파르타가 위협을 느끼게 되었다는 것입니다. 페르시아 전쟁에서 가장 큰 역할을 한 도시국가는 스파르타 그리고 엄청난 함대를 제공한 아테나이였습니다. 그런데 전쟁이 끝나고 여러 도시들이 페르시아의 재침공에 대비해 델로스 동맹을 결성합니다. 이때 가장 많은 함선을 보유했던 아테나이가 동맹의 주도국이 되면서 여러 동맹국에 많은 요구들을 합니다. 함선을 제공할 능력이 있는 도시들을 제외하고는 이 함선들에 들어가는 비용을 대기 위한 공물을 내도록 강요했던 것이죠. 델로스라는 섬에 공물을 보관하는 금고가 있었고요. 게다가 아테나이는 이 델로스 동맹 기금을 대^對 페르시아 전쟁을 위해서가 아닌, 아테나이의 위상을 보여주기 위한 대규모 공사자금으로 전용하기도 합니다. 이런 식으로 아테나이가 점차 힘을 키워가면서 동맹에 속했던 다른 도시국가들은 아테나이에 불만을 갖게 될 수밖에 없었습니다. 아테나이의 그런 태도에는 경제적인 이유도 있었습니다. 넓은 평야를 갖고 있던 스파르타와는 달리, 산악지대에 자리한 아테나이는 수입 농산물에 의존하고 있었습니다. 그렇기 때문에 아테나이는 끊임없이 새로운 땅을 개척하고 수입 루트를 확장해야만 했고, 자연스럽게 제국주의적 대외정책을 취할 수밖에 없었습니다. 하지만 아테나이의 힘과 영향력이 과도하게 커지면서, 당연히 스파르타 입장에서는 위협을 느낄 수밖에 없었습니다. 그런 와중에 케르퀴라-에피담노스 사건 또 포티다이아 사건으로 코린토스를 비롯한 펠로폰네소스 동맹국들에서 터져나오는 불만의 목소리가 높아졌던 것입니다. 결국 스파르타는 이를 구실 삼아 30년 평화협정이 깨진 것으로 간주하고 개전을 결의했고, 이렇게 해서 기원전 404년까지 장구한 세월 동안 이어지는 펠로폰네소스 전쟁이 발발하게 됩니다.

페리클레스: 아테나이의 제일인자

펠로폰네소스 전쟁 초기 아테나이를 이끌었던 인물은 페리클레스였습니다. 그는 아테나이가 정치, 경제, 문화, 예술 등 모든 방면에서 명실공히 그리스 최고의 국가가 되는 과정에 결정적인 역할을 한 위대한 정치 지도자였습니다. 전쟁 초기를 그리고 있는 《역사》 1권과 2권에서 페리클레스가 가장 중심적인 위치를 차지하고 있는 것은 자연스러운 일이라 하겠습니다. 투퀴디데스는 반복적으로 페리클레스가 아테나이의 제일인자였다고 강조합니다. "크산팁포스의 아들 페리클레스는 당시 아테나이의 제일인자로서 말과 행동에서 가장 유능한 자였다." "(그는) 대중을 자유롭게 장악할 수 있었으며, 대중이 그를 이끈 것이 아니라 그가 그들을 이끌었다. (…) 그 통치는 명목상으로는 민주정치였지만 실제로는 제일인자에 의한 것이었다." 제일인자라는 호칭은 공식 직책상의 최고 권력자였다는 것이 아니라, 실질적으로 가장 큰 힘을 가지고 있었던 인물이었다는 의미입니다.

투퀴디데스는 그러한 힘의 원천이 페리클레스가 가지고 있었던 '말'이었다고 합니다.

그럴 수 있었던 것은 (…) 그가 적절치 못한 수단으로 권력을 차지하러 들지 않아서 그는 그들의 귀의 즐거움을 위해 말할 필요가 없고, 명망을 가지고 있어서 대중에게 반대하며 분노를 일으킬 수도 있었기 때문이었다. 그는 그들이 오만함으로 대담함의 정도를 넘어섰다고 여길 때면 놀랄 만한 말을 해서 두려워하게 만들고, 반면 그들이 근거 없이 겁에 질려 있으면 다시 용기를 갖도록 일으켜 세웠다.

페리클레스의 구체적인 삶에 관해서 투퀴디데스는 거의 아무것도 전해주지 않습니다. 그 대신 페리클레스의 말의 능력을 확인할 수 있는 자료를 제공하는 데 훨씬 더 관심이 있었습니다. 그 자료는 다름 아닌 페리클레스의 연설들이었습니다. 투퀴디데스는 페리클레스의 연설들 중 셋을 《역사》를 통해 전하고 있는데, 그중 가장 유명한 것이 전쟁 첫해 전장에서 죽은 이들을 위해 치러진 국장에서 행해진 추모 연설입니다. 잠시 이 연설의 주요 내용을 살펴보겠습니다.

페리클레스의 장례 연설이 유명해진 가장 큰 이유는 역사상 최초로 정치 지도자가 민주주의가 무엇인가라는 물음을 던지고 진지하게 답하고자 한 사례이기 때문입니다. 그는 아테나이 민주주의의 핵심을 간결히 밝힙니다.

> 우리의 정체는 이웃의 제도들을 따라 한 것이 아니며, 다른 이들을 모방하기보다는 오히려 그들의 본이 되고 있습니다. 그리고 소수가 아닌 다수를 위한 것이기 때문에 그것의 이름은 민주정이라 불립니다. 사적인 분쟁들에 관해서는 법률에 따라 모두가 평등합니다. 반면 공적인 일들에 관해서는 자격에 따라, 각자가 평가되는 대로, 추첨이 아닌 탁월함에 의해서 자리가 주어집니다. 그리고 누군가가 폴리스에 뭔가 좋은 일을 할 능력이 있다면, 가난에 따른 신분의 미미함으로 인해 제약받는 일도 없습니다.

그는 어떤 점에서 모두가 평등하고, 또 어떤 점에서 차등이 정당화되는지를 설명하고 있습니다. 페리클레스는 나아가 민주정 하에서 시민들이 가지는 삶의 태도에 관해서도 이야기합니다. 여기서 그가 강조하는 것은 자유로움입니다.

> 우리는 공적인 일과 관련해서 정치활동을 할 때에도, 서로의 일상사에 대한 의혹에 있어서도 자유롭습니다. 만일 이웃이 자신의 즐

거움에 따라 어떤 행동을 했다면 화를 내지도 않고, 해를 끼치지는 않지만 기분을 상하게 할 수 있는 언짢은 표정을 짓지도 않습니다.

페리클레스가 말하는 자유로움은 그 폭이 아주 넓습니다. 자신의 뜻에 따라 무언가를 할 수 있다는 적극적인 의미에서의 자유와, 다른 사람으로부터 구속을 받지 않는다는 소극적인 의미에서의 자유가 모두 포함되어 있습니다. 아테나이 시민들은 공적인 활동에서 적극적으로 자기 의견을 개진할 수 있으며, 사적으로는 서로의 삶에 간섭하지 않고 각자의 삶의 방식을 용인한다는 것입니다. 페리클레스는 이렇게 자유롭고 개방적인 삶이 아테나이인들이 지닌 용기의 원천이라는 점을 강조하며 아테나이인들의 자부심을 고취시킵니다.

요약해 말씀드리자면 우리 폴리스 전체는 헬라스의 학교이고, 시민 개개인은, 제가 생각하기에, 가장 다양한 삶의 방식 속에서도 최대한 우아함을 지니고 유연하게 자기 자신을 사족적인 사람으로 드러냅니다.

투퀴디데스는 페리클레스가 이전에도 이후에도 찾아보기 어려운 아테나이의 최고의 리더십을 보여주고 있다고 생각했습니다. 그리고 그 리더십이 특히 '말의 힘'에서 잘 드러난다고 보았습니다. 페리클레스의 연설들은 그가 가지고 있었던 특별한 설득의 힘을 잘 보여줍니다. 그 하나는 정신적 가치에 호소하는 능력이고, 다른 하나는 주어진 상황을 새로운 관점에서 바라보고 그것을 설득에 활용하는 능력입니다. 정확한 현실인식을 바탕으로, 그는 아테나이인들에게 자신들이 처한 위기의 상황을 직시하되 정신적인 가치인 영예를 붙들라고 호소했습니다. 그렇게 주저하고 망설이는 자들을 일어서게 만들었습니다.그런데 장례 연설이 행해진 몇 개월 뒤인 기원전 430년 초여름에 예상치 못했던 역병이 발생합니다. 이 역병으로 아테나이 시민의 약 1/3가량이 목숨을 잃었고, 애석하게도 페리클레스 또한 이 역병으로 기원전 429년 사망하고 맙니다.

역병은 육체적으로, 정신적으로 아테나이를 무너뜨렸습니다. "어떤 인간적인 기술도 아무 소용도 없었다. 신전으로 가기도 해보고, 예언자들이나 그 밖의 어떤 것들을 이용해봐도 소용 있는 것은 없었고, 결국 고통에 굴복당해 이마저도 포기해버렸다." 역병에 걸린 자들은 "당장 절망적인 생각에 빠져 당장 자포자기에 빠졌고", 사람들은 역병에 걸린 자들을 두려워했습니다

그래서 사람들은 목숨도 재물도 마찬가지로 하찮게 여기며, 가진 것들을 신속하게 쾌락을 위해 빨리 써버리는 것이 옳다고 여겼다. 고상한 목표로 보이는 것들을 위해 인내하며 노력하려는 열망을 가진 자는 아무도 없었다. 그 목표에 이루기도 전에 죽음을 맞게 될지조차 불확실했기 때문이다. 그들은 이제 당장의 쾌락과 그것에 도

움이 되는 것이라면 뭐든 간에 고상하고 유익한 것이 되어버렸다. (…) 신들에 대한 두려움도 인간의 법도 아무도 막지 못했다. 어떤 행동을 해도 마찬가지로 죽는다면, 신들을 공경하나 하지 않으나 똑같다고 판단한 한편, 잘못을 저지른 자들 중 어느 누구도, 재판을 받고 그 대가를 치를 때까지 살게 되리라 기대하지 않았기 때문이다.

그런데 원래 장례식과 역병의 발생 사이에는 약 반년간의 시간차가 있었습니다. 그럼에도 투퀴디데스는 그 사이에 벌어진 사건들은 거의 언급하지 않고 바로 역병으로 넘어갑니다. 중간을 과감히 생략하고 페리클레스의 장례식 추모 연설과 역병 장면을 연이어 배치한 것입니다. 투퀴디데스의 이런 서술방식은 다분히 의도적이었던 것으로 보입니다. 독자들은 페리클레스의 추모 연설을 통해 한껏 치켜 올려진 아테나이가 급속히 붕괴되어 가는 모습을 보며, 일종의 '비극적 반전'을 경험하게 되기 때문입니다.

클레온의 뮈틸레네 연설: 아테나이 민주정과 제국의 논리

기원전 428년 여름 레스보스섬의 도시들이 뮈틸레네의 주동으로 아테나이에 반란을 일으켰습니다. 뮈틸레네의 과두파는 스파르타에 도움을 요청했으나, 지원군이 도착하기 전에 뮈틸레네는 아테나이에 포위당하고 맙니다. 결국 기원전 427년 뮈틸레네인들은 무조건적으로 아테나이의 지휘관 파케스에게 항복했고 주동자들은 아테나이로 후송되었습니다. 아테나이인들은 포로의 신병 처리 및 뮈틸레네의 운명을 놓고 민회를 개최합니다. 분노에 한껏 사로잡힌 아테나이인들의 결정은 잔인했습니다. 어떤 협상도 받아들이지 않았고 재판도 없이 주동자인 살라이토스를 즉결처형했습니다. 그리고 뮈틸레네의 모든 성인 남성들을 죽이고 여자와 아이들을 포로로 팔기로 결정했습니다.

하지만 아테나이인들에게 자신들의 결정이 가혹하고도 과하지는 않았나 하는 생각이 들기 시작했습니다. 그래서 결국 다음 날 다시 민회를 소집합니다. 《역사》 3권에서 투퀴디데스는 이 두 번째 민회에서 의견을 개진한 사람들 중 클레온과 디오도토스의 연설을 매우 자세하게 들려주고 있는데, 특히 클레온의 연설에 우리는 주목할 필요가 있습니다. 클레온은 페리클레스 사후 아테나이 정치인들 중 가장 큰 영향력을 행사했던 인물이기 때문입니다. 투퀴디데스는 그를 "아테나이 시민 가운데 가장 과격했으며 당시 민중에게 가장 설득력이 있었던" 사람이라고 소개하고 있습니다. 그런 만큼 클레온의 연설을 읽어보면 왜 그가 아테나이 민중들에게 그토록 인기가 있었는가를 짐작할 수 있습니다. 더 중요하게는 그에게 그 연설에 설득당한 아테나이의 민중들이 무엇을 원했는지 알게 해줍니다. 하지만 클레온에 대한 투퀴디데스의 평가는 긍정적이지 않았습니다. 투퀴디데스는 페리클레스 사후 클레온이 "일인자가 되려는 열망 때문에, 도시의 사안들을 민중의 즐거움에 맡겼던" 지도자들 중 하나였다고 꼬집습니다. 우리는 클레온의 연설을 통해서, 왜 아테나이가 결국 쇠망의 길로 접어들 수밖에 없었고 그 결과 펠로폰네소스 전쟁에서 패할 수밖에 없었는가에 대한 투퀴디데스의 생각을 엿볼 수 있습니다.

클레온은 아테나이인들이 동료 시민들을 대하듯 다른 도시들을 대하는 것이 문제라고 주장합니다. 아테나이인들은 "일상사에서 서로에 대해 두려움이나 의심을 가지고 있지 않기 때문에" 다른 도시들도 그렇게 대한다고 합니다. 이 구절은 페리클레스가 아테나이 시민들의 생활방식을 묘사한 대목을 상당 부분 차용하고 있습니다. 페리클레스는 이렇게 말했었습니다. "우리는 공적인 일과 관련해서 정치활동을 할 때에도, 서로의 일상사에 대한 의혹에 있어서도 자유롭게 행동합니다." 하지만 클레온이 보기에 이것은 동맹국들을 대하는 올바른 방식이 아닙니다. 아테나이와 동맹국들과의 관계는 시민과 시민 간의 동등한 관계보다는 참주와 피지배민들 사이의 지배-복종 관계와 더 유사하기 때문입니다. 그리고 이 관계의 근거는 호의가 아닌 힘입니다.

여러분은 지배권을 참주권으로 가지고 있고, 여러분들에게 음모를 꾸미며 마지못해 복종하는 자들을 지배하고 있다는 사실을 보지 못하고 있습니다. 그들은 여러분 자신이 해를 입으면서 호의를 베풀어주기 때문에 여러분 말을 듣는 것이 아니라, 호의가 아닌 힘의 우위를 가지고 있기 때문에 복종하고 있는 것입니다.

클레온은 반복적으로 뮈틸레네인들이 저지른 불의와 그 응징의 정의로움을 강조합니다. 또 그 과정에서 끊임없이 청중들의 분노를 불러일으키려고 시도합니다. 뮈틸레네 문제를 재고해봐야 시간낭비일 뿐 그들이 저지른 불의에 대한 정당한 대응이 아닙니다. "당한 것에 대한 갚음은 가장 즉각적으로 이루어졌을 때 가장 걸맞게 처벌을 되돌려받습니다." 여기서 클레온은 '저지른 자는 당해야 한다'는 보복적 정의관을 끌어들이고 있습니다. 당한 대로 갚아야 한다는 전통적인 이 정의관은 호메로스와 비극에서 흔히 발견됩니다. 클레온은 아테나이인들에게 너무나 친숙했을 이 오래된 정의관을 다시 불러들이고 있습니다. 보복 욕구를 자극함으로써, 마음이 바뀌기 전에 아테나이인들이 뮈틸레네인들을 향해 가졌던 그 분노를 다시금 불러일으키고자 합니다. 클레온은 연민과 관용이, 민중들이 말의 힘에 좌우되는 것과 함께, 제국 지배의 가장 큰 세 가지 적이라고 지적합니다. 제국 지배를 포기할 생각이 없는 한, 설사 그것이 올바른 일이 아니라고 생각한다 할지라도, 위험을 감수하고 가차 없는 응징을 가할 필요가 있습니다. "만일 온당하지는 않지만 그렇게 해야 한다고 여기신다면 (…) 여기 이 자들을 이익을 위해 벌해야 합니다. 그렇게 하지 않겠다면, 제국을 포기하고 위험과 떨어져 인간적으로 지내는 일이나 해야 합니다."

클레온은 뮈틸레네의 반란을 단순한 불의를 넘은, 앞 장에서 언급한 일종의 오만으로 규정합니다. "생각지도 않다가 엄청난 성공을 누리게 된 도시들은 오만에 빠지는 법입니다." 뮈텔레네인들이 "자신들이 누리고 있던 행운을 깨닫지 못하고, 미래에 대한 과신과 그들 자신의 힘을 넘어서리라는 희망을 가지고 그 일을 저질렀고 (…) 정의보다 힘을 더 가치 있게 여기기로 작정했다"는 것입니다. "우리는 뮈틸레네인들을 오래전부터 다른 이들과 다르게 존중하지 말았어야 했습니다. 그랬다면 그들은 이 정도까지 오만해지지는 않았을 것입니다." 하지만 클레온의 연설에서 독자들이 받는 인상은 그 어떤 나라보다도 아테나이 자신이 오만에 빠져 있다는 것입니다. "미래에 대한 과신"과 "자신의 힘을 넘어서는 희망을 가지고" "정의보다 힘"을 존중하기로 작정한 도시는 바로 아테나이이기 때문입니다. 그런 점에서 클레온의 연설은 아테나이의 제국 지배에 대한 가장 오만한 정당화입니다.

클레온의 연설은 당시 아테나이에 널리 퍼져 있었던, 제국 지배에 대한 자기중심적 정당화를 적나라하게 보여주고 있습니다. 투퀴디데스는 그것이 잘못된 것이었다든가 지나친 것이었다든가 하는 평가를 직접 내리지 않습니다. 단지 차분하고 냉정한 시선으로, 자신이 관찰했던, 당대에 가장 영향력 있었던 정치 지도자의 마음을 독자들에게 전할 뿐입니다. 페리클레스 이후의 정치 지도자들에 대한 투퀴디데스의 평가에 우리가 동의한다면, 그 마음은 상당 부분 아테나이 민중의 마음이기도 했습니다. 투퀴디데스는 페리클레스 이후의 정치 지도자들이 민중의 기분을 거스르지 않으려 노력했으며, 어떻게든 그 기분을 맞춰주어 최고의 권력을 얻는 데에만 관심을 쏟았다고 평가하고 있기 때문입니다. 당시의 대표적인 민중 지도자였던 클레온과 그의 연설은, 당시의 민중들이 아테나이의 제국 지배에 관해 가지고 있던 생각과 그 정당화를 가장 잘 보여주는 단서였습니다.

아테나이의 이러한 오만은 뮈틸레네 처리 이후의 사건들에서도 반복적으로 드러납니다. 기원전 423년 스키오네에서 반란 사건이 일어났을 때, 아테나이인들은 클레온의 발의와 설득에 따라 스키오네를 파괴하고 시민 전체를 도륙하자는 결의안을 즉각 통과시키고, 이후 그 결의안대로 실행합니다. 지배에 대한 어떠한 저항도 용인하지 않으며 그 저항에 대한 가혹한 응징을 정당한 것으로 여기는 아테나이의 오만은, 기원전 416년의 소위 멜로스 회담에서 또 한 번 드러납니다. 멜로스는 아테나이 동맹에 참여하기를 거부했다는 이유로 아테나이군의 공격을 받고 항복을 강요받는데, 투퀴디데스는 《역사》 5권에서 아테나이의 사절단과 멜로스 정부 사이에 벌어진 대화를 상세히 기록하고 있습니다. 아테나이의 사절단은 정의와 부정의에 관해 이야기해 봐야 시간낭비에 불과하다고 노골적으로 말합니다. 동등한 힘을 갖지 않은 국가 사이에서 그런 논의는 무의미하기 때문입니다. "인간관계에서 정의란 힘이 대등할 때나 통하는 것이지 실제로 강자는 할 수 있는 것을 관철하고 약자는 거기에 순응해야 한다는 것쯤은 여러분도 우리 못지않게 아실 것이오." 멜로스인들은 정의롭게 자신들을 대하는 것이 아테나이의 이익에도 부합하는 일이라고 답합니다. 정의를 외면한다면, 아테나이는 신의 도움을 받기 어렵게 될 것이니 말입니다. 하지만 아테나이 사절단은 강자의 논리는 자연의 필연적 법칙이라고 되받습니다.

더 강한 자가 지배하는 것은 자연의 필연적 법칙이오. 이것은 우리에 의해 만들어진 법도, 만들어진 것을 우리가 처음으로 적용하는 것도 아니오. 우리는 단지 그것이 이미 존재함을 발견하고 그것에 따라 행동할 뿐이며, 우리는 이것이 미래에도 영원히 존재하도록 남겨둘 것이오. 우리는 당신들이건 그 누구든 우리와 같은 힘을 가질 때 동일하게 행동할 것임을 알고 있소.

학자들은 클레온의 연설과 멜로스 연설에서 드러나는 이런 생각이, 당시 그리스 사회에서 영향력을 미치기 시작한 소피스트들의 주장과 밀접히 연관되어 있다고 봅니다. 소피스트들은 전통적인 도덕관의 정당성에 관해서 근원적인 문제들을 제기했지요. 그 대표적인 예가 7장과 8장에서 살펴볼 《고르기아스》의 칼리클레스와 《국가》 1권의 트라쉬마코스입니다. 플라톤의 작품에서 트라쉬마코스는 정의가 "강한 자의 이로움"이자 "남에게 좋은 일"이라고, 칼리클레스는 강자가 약자를 지배하는 것이 자연의 법이라고 주장합니다.

시켈리아 원정: "가장 중대한 사건"

《역사》 6~7권은 아테나이군의 시켈리아 원정을 다루고 있습니다. 시켈리아는 이탈리아 남쪽에 위치한 오늘날의 시칠리아 섬을 가리킵니다. 시켈리아 원정은 펠로폰네소스 전쟁의 결정적인 전환점이 된 사건입니다. 투퀴디데스는 이 원정을 펠로폰네소스 전쟁뿐 아닌, 그리스 역사상 가장 중요한 사건이었다고 보고 있습니다. "이 사건은 이번 전쟁 전체를 통틀어, 아니 내가 보기에는 기록에 남은 헬라스 역사 전체를 통틀어 가장 중대한 사건으로, 이긴 자들에게는 가장 빛나는 승리였지만 패한 자들에게는 비할 데 없는 재앙이었다."

기원전 416년 아테나이는 중립국으로 남아 있던 멜로스를 침공해 항복시키며 자신의 세력을 키워가고 있는 와중이었습니다. 그런데 저 멀리 시켈리아 북서부의 에게스타가 이웃인 셀레스타와 분쟁 중인 상황에서 놓여 있었습니다. 이 에게스타가 아테나이에 도움을 요청합니다. 시켈리아의 가장 큰 도시국가인 쉬라쿠사이가 개입해 셀레스타를 지원했기 때문입니다. 사실 아테나이는 에게스타와 동맹관계에 있지 않은 탓에 굳이 도울 이유가 없었습니다. 그럼에도 민회를 열어 에게스타를 도울 원정대를 보내기로 결정합니다. 이미 오래전부터 시켈리아를 장악해서 카르타고와 더 나아가 지중해 전체를 지배하고자 하는 욕망을 가지고 있었던 까닭이죠. 기원전 415년 아테나이인들은 원정대의 지휘관으로 알키비아데스, 니키아스, 그리고 라마코스를 지휘관으로 선출합니다.

투퀴디데스는 시켈리아 원정을 준비하기 위해 모인 민회에서 행해진 니키아스와 알키비아데스의 연설을 독자들에게 들려줍니다. 노장군인 니키아스는 위험부담이 큰 모험은 안전하지 않다고 주장하며 원정 결정 자체를 철회하도록 아테나이 시민들을 설득합니다. 반면, 젊은 신흥 정치인인 알키비아데스는 아테나이 시민들이 가지고 있던 아테나이의 세력 확장에 대한 욕망을 부추깁니다. 알키비아데스에게 넘어간 아테나이 시민들이 시켈리아 원정을 포기할 것 같지 않자, 니키아스는 이번에는 시켈리아 원정이 성공하려면 엄청난 규모의 원정대와 막대한 비용이 마련되어야만 한다고 주장합니다. 적을 더 크고 무서운 상대로 만들어 두려움에 원정을 포기하도록 만들려는 의도였을 것입니다. 하지만 니키아스의 이런 의도가 오히려 역효과를 내고 맙니다. 이미 원정이 가져올 성과에 대한 기대에 한껏 부풀어 있는 시민들은 이마저도 받아들였던 것입니다.

그리하여 아테나이는 당초 계획보다 훨씬 더 큰 규모의 원정대를 준비하게 됩니다.

투퀴디데스는 시켈리아로 떠나는 원정대의 출항 장면을 매우 생생하게 묘사합니다. 그의 묘사에서 아테나이인들이 원정을 앞두고 일종의 흥분 상태에 빠져 있습니다. 피라이에우스 항구에는 원정을 떠나기 위해, 그리고 이들을 환송하거나 이 광경을 구경하려고 "사실상 아테나이의 전 주민이" 모였으며, 그 광경은 "볼만했고 믿기 어려울 정도의 장관"이었습니다. 엄청난 규모의 원정대와 장비들은 아테나이인들의 불안감을 제거해주고 사기충천하게 만들었습니다. 원정에 참여하는 이들은 서로 더 많은 비용을 들여, 더 빠르고 더 아름다운 장비들을 갖추기 위해 "대단한 열의를 갖고 경쟁했습니다." 투퀴디데스는 이 광경이 "다른 헬라스인들의 눈에는 원정 준비가 아닌", "아테나이의 힘과 재물의 과시"로 비춰졌다고 설명합니다. 하지만 이토록 화려하고 희망과 흥분에 들뜬 원정군의 출항은 곧 비극적 반전을 맞게 됩니다.

쉬라쿠사이에 도착한 후 아테나이군은 전쟁 초기에 쉬라쿠사이를 포위하는 등 적지 않은 성과를 거둡니다. 그러나 지휘관 중 하나였던 라마코스가 전사하고, 원정을 내켜하지 않았던 니키아스가 사실상 홀로 원정을 이끌게 됩니다. 가장 열렬하게 원정을 지지하고 부추겼던 알키비아데스도 원정길에 오르기는 했습니다. 하지만 정작 시켈리아에 도착하자 아테나이에서 일어났던 헤르메스 석주상 훼손과 엘레우시스 비밀의식 흉내라는 신성모독 사건들에 휘말려 본국으로 소환되었고, 소환되어 가는 도중 스파르타로 도주해버립니다.

그 사이 귈립포스가 이끄는 스파르타군이 지원군과 함께 쉬라쿠사이에 도착하면서 전세는 완전히 뒤바뀝니다. 아테나이에서도 데모스테네스가 지휘하는 지원군이 파병되었지만, 이미 전세를 만회하기에는 역부족이었습니다. 결국 아테나이군은 퇴각을 시도합니다. 그런데 마침 철군하고자 하는 날에 월식이 일어나 출발을 연기합니다. 지휘관 니키아스가 월식을 불길한 징조로 여겼기 때문입니다. 그리고 이로 인해 아테나이군은 최후의 운명을 맞이하게 됩니다. 쉬라쿠사이군은 아테나이의 철수 계획을 눈치채고 쉬라쿠사이 항구를 봉쇄해서 해상 퇴각로를 막아버립니다. 아테나이군은 봉쇄를 뚫어보려고 했지만 실패하고, 쉬라쿠사이 항구 안에서 최후의 결전을 벌이다 참패하고 맙니다. 참패 뒤에는 살아남은 소수의 해병과 보병들이 육로로 퇴각을 시도했습니다. 하지만 이마저도 쉬라쿠사이군에게 막혀 결국은 앗시나로스 강가에서 수많은 사람들이 목숨을 잃고 포로로 붙잡힙니다. 이 장면에 대한 7권의 기록은 《역사》 전체를 통틀어 가장 생생한 묘사라고 할 수 있습니다.

쉬라쿠사이인들은 맞은편에 있는 가파른 강둑에 자리 잡고 위에서 아테나이인들을 향해 쏘거나 던져댔는데, 아테나이인들은 대부분

뒤죽박죽이 되어 강물이 얕은 곳에서 탐욕스럽게 물을 마시고 있었다. 그러자 펠로폰네소스인들을 공격하기 위해 강둑을 내려와 주로 강에 있는 자들을 도륙했다. 그러자 물이 즉시 오염되었지만, 그럼에도 아테나이인들은 온통 피로 물든 흙탕물을 계속 마셔댔고, 대다수는 그런 물을 마시려고 서로 싸우기까지 했다. 마침내 수많은 시신이 강바닥에 켜켜로 쌓이고, 군대의 일부는 강에서 도륙되고 일부는 간신히 강을 건너 기병대에게 도륙되었다.

살아남은 사람들은 쉬라쿠사이에 있는 채석장으로 보내져서 비참하게 목숨을 부지하다 결국 대부분 목숨을 잃습니다. 잘못된 판단으로 아테나이군을 재앙으로 이끈 니키아스 역시 그곳에서 처형을 당하게 되지요. 시켈리아 원정은 이렇게 처참한 패배로 끝나고 맙니다.

아테나이의 비극적 역사

투퀴디데스는 시켈리아 원정 패배의 책임이 정치 지도자들뿐만 아니라, 잘못된 논의를 하고 잘못된 결정을 내린 아테나이 시민들에게도 있다고 보았습니다. 《역사》의 마지막 권인 8권은 시켈리아 원정 패배를 믿지 못하는 아테나이 시민들의 모습으로 시작됩니다. 아테나이인들은 시켈리아에서 온 소식을 듣고도 전쟁을 계속하기로 결정합니다. 더 많은 것을 갖고, 더 멀리 뻗어나가고 싶은 자신들의 욕망을 포기하지 못했기 때문입니다. 8권에서는 원정 이후 아테나이를 비롯한 여러 도시들의 내분 상황이 다뤄집니다. 기원전 411년 아테나이에서는 민주정이 약화되면서 과두정파가 정권을 장악합니다. 그러나 얼마 가지 않아 아테나이의 과두정부가 무너지고 다시 민주정이 회복되는 복잡한 정치적 상황들이 이어집니다. 투퀴디데스는 이 411년의 사건들로 서술을 마칩니다. 그 뒤로부터 전쟁이 끝나는 404년까지의 사건들은 다루고 있지 않죠. 그런 의미에서 《역사》는 미완의 작품이기도 합니다. 하지만 투퀴디데스가 전쟁의 결말을 알고 있었다는 것은 분명합니다. 페리클레스는 전쟁 초기에 한 연설에서 말했습니다.

이 도시국가는 불행에 굴하지 않기 때문에 모든 사람들 사이에서도 가장 위대한 이름을 가지게 되었으며, 가장 많은 목숨과 노고를 전쟁에 바쳐 역사상 최대의 이름을 가지게 되었으며, 가장 많은 목숨과 노고를 전쟁에 바쳐 역사상 최대의 힘을 갖게 된 것입니다. 이것은 후세들에게도 영원히 기억으로 남을 것입니다. 그리고 설령 우리 세대 역시 언젠가 쇠퇴하게 된다고 해도 말입니다. 모든 것은 본성상 약해지기 마련이니까요.

그의 말대로, 모든 것이 본성상 그렇게 되듯, 아테나이도 결국 쇠망의 길을 걷고 말았던 것입니다.

투퀴디데스는 펠로폰네소스 전쟁에 대해 서술하면서, 위대하고 아름다웠던 아테나이가 왜 패망할 수밖에 없었는지를 냉정하게 분석합니다. 아테나이를 관찰하고, 정치인들의 연설과 이 연설을 듣고 행동하는 사람들의 마음과 생각을 들여다보면서 말이죠. 아테나이를 "헬라스의 학교"로 만든 그 아테나이의 힘이 끝내는 아테나이를 파멸로 몰고 갑니다. 아테나이가 가진 참주적 지배력은 아테나이를 가장 강력한 해상제국으로 만들었으나, 그 지배력의 본성이 아테나이에 재앙으로 되돌아왔던 셈입니다. 그리고 아테나이 민주정의 핵심인 아테나이 민중과 민회에서의 의사결정 과정은 아테나이 민주정의 쇠락을 가져옵니다. 민중의 끝없이 팽창하는 욕망은 제어할 수 없는 상황에 이르게 되고, 궁극적으로 비극적인 역사적 파국을 가져오고 말았습니다.

투퀴디데스가 바라본 아테나이의 이런 현실은 과거 아테나이인들에게만 해당되지 않습니다. 그는 "언젠가 다시 인간 조건에 따라 앞으로의 일들이 그런 식으로 반복해서 일어나게 될 것"이며, "사람의 본성이 동일한 한, 더 가혹하든 좀 더 견딜 만하든, 그리고 각각의 일들이 놓이는 변화들에 따라 양상의 차이가 있어도, 일어나는 일이 생기고 또 계속하게 일어나게 된다"고 말했습니다. 한 나라에서 일어난 일은 다른 나라에서도 일어날 수 있습니다. 그리고 정복하는 자가 정복되는 자가 되기도 합니다. 투퀴디데스는 역사를 만들어가는 힘은 인간의 본성과 우연한 일들 그리고 지도자들의 생각이라고 보았습니다. 그래서 인간의 본성과 우연적인 일들을 제어할 수 있는 지도자들의 마음에 관심을 기울였습니다. 이 세 가지 조건이 각기 가장 큰 힘을 발휘하는 순간이 바로 위기의 시간, 특히 전쟁 상황입니다. 투퀴디데스는 펠로폰네소스 전쟁의 주요 사건들마다 이 셋이 어떻게 서로 작용하고 있는지를 보여주었습니다. 기원전 5세기 지중해 세계에서 일어났던 펠로폰네소스 전쟁을 단지 우연적이고 일회적인 사건이 아닌, 언젠가 누구라도 겪을 수 있는 비극의 역사로 그려내었던 것입니다. 그렇기에 오늘날까지 《역사》는 온 인류에게 지속될 영원한 자산으로 빛을 발할 수 있었습니다.

※ 《펠로폰네소스 전쟁사》에서의 인용문들은 지은이 장시은이 그리스어 원전에서 우리말로 옮겼습니다. 국내에 출간된 그리스어 원전 번역본으로는 《펠로폰네소스 전쟁사》(천병희 옮김, 도서출판 숲, 2011)가 있습니다.

III

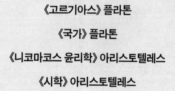

철학

《고르기아스》 플라톤
《국가》 플라톤
《니코마코스 윤리학》 아리스토텔레스
《시학》 아리스토텔레스

이탈리아의 거장 로베르토 로셀리니 감독의 영화 〈소크라테스〉. 1971년. 1. 광장 즉 아고라 Agora에서 젊은이들과 즐겨 대화를 나누었던 소크라테스는, 2. 시민 법정에서 아테나이 젊은 이들을 타락시킨 죄로 사형을 선고받았고, 3. 평생지기인 크리톤이 탈옥을 권유했으나 단호히 거부하고는, 4. 가족과 친구 그리고 제자들에 둘러싸인 채 독배를 들고 죽음을 맞이했습니다.

7

《고르기아스》플라톤

부정의하거나 무절제해도 행복할 수 있을까

이기백

이전 장까지 크게 보아 문학과 역사학의 탄생을 살펴봤다면, 이제 철학의 탄생을 살펴보는 게 적절할 듯합니다. 그러나 이 장에서는 탈레스에서 비롯된 자연철학의 탄생을 다루기보다는 탐구 대상을 자연에서 인간으로 전환시킨 소크라테스의 윤리학적 논의를 살펴볼 것입니다. 따라서 철학의 탄생보다는 철학의 한 분야인 윤리학의 탄생을 다룬다고 보면 좋겠습니다. 그리고 이를 위해 플라톤의 대화편 중 플라톤 철학의 입문서로 많이 읽혀온《고르기아스》라는 작품을 살펴볼 것입니다. 잘 알려졌듯, 플라톤은 스승 소크라테스를 주인공으로 하는 대화체 형식의 글을 썼기에 그의 저술을 대화편이라 부르지요. 그리고 다음 장에서는 이 대화편과 긴밀하게 얽혀 있고 플라톤의 대표

작으로 꼽히는《국가》를 통해 정치학 혹은 정치철학이 어떻게 시작되었는지도 살펴볼 것입니다.

그런데 윤리학과 정치학은 본디 동떨어진 두 개의 영역이 아니었습니다. 고대 그리스 사상에서 이 둘 사이에는 긴밀한 관계가 있었습니다. 플라톤과 아리스토텔레스 사상에 있어서 윤리학과 정치철학의 연관성을 주목한 현대의 정치철학자로는《정의란 무엇인가》로 널리 알려진 마이클 샌델이 있습니다. 그는 정치학 또는 정치의 목적이 시민들의 좋은 삶, 즉 행복한 삶에 있다는 사상을 지지하며, 이런 사상을 편 철학자로 아리스토텔레스를 내세웁니다. 그런데 그런 사상은 아리스토텔레스에 앞서 플라톤이《국가》에서 잘 보여주었던 것이고, 더 나아가《고르기아스》에서도 그 싹을 보여주었습니다.《고르기아스》에서 주인공 소크라테스는 정치가가 할 일은 시민들을 나은 사람들로 만드는 것이라고 주장합니다. 가능한 한 시민들의 영혼이 훌륭하게 되도록 하는 것이 정치가의 할 일이라는 것입니다. 그래야 시민들이 더 행복해질 수 있기 때문입니다.

플라톤의 대화편은 통상 초기 대화편, 중기 대화편, 후기 대화편으로 분류되곤 합니다. 초기 대화편들에서는 소크라테스의 행적과 사상을 보여주는데, 주로 윤리적 덕들에 대한 개념 정의를 시도하고, 어떻게 살아야 하는가 하는 문제를 다룹니다.《고르기아스》는 이 시기의 대화편으로 간주됩니다. 이에 비해 중기 대화편에서는 소크라테스의 생각을 더 진전시켜 플라톤 자신의 고유 사상을 펼칩니다. 이를테면 형상이론과 형상 인식 방법인 상기설, 그리고 이상국가론을 펼칩니다. 《국가》는 이 시기의 대표적인 대화편입니다. 그리고 후기 대화편에서는 자신의 고유 사상을 더 원숙하게 제시합니다. 특히 형상들 사이의 관계를 분석하는 방법인 변증술의 제시와 우주론적 논의와 함께 윤리적, 정치적 논의를 펼칩니다. 플라톤 철학 이후의 유럽 철학은 플라톤 철학의 주석에 불과하다는 현대의 철학자 화이트헤드의 유명한 평가는, 사실상 플라톤이 남긴 30편 가까운 대화편의 사상적 폭과 깊이에서 비롯된 것입니다.

철학자, 모르기에 지혜를 찾아 나서는 사람

이 장에서는 특히 《고르기아스》의 주요 논의 세 가지를 주목해 볼 것입니다. 그 하나는 고르기아스의 기술인 수사술에 대한 소크라테스의 비판입니다. 다른 하나는 불의를 저지르는 것과 불의를 당하는 것 중 어느 것이 더 나은가에 관한 소크라테스와 폴로스 사이의 논의입니다. 그리고 또 하나는 즐거움 삶과 절제적인 삶 중 어느 삶이 행복한 삶인가에 대한 소크라테스와 칼리클레스 사이의 논의입니다.

　《고르기아스》는 소크라테스가 아테네를 방문한 고르기아스를 찾아 나선 장면으로 시작됩니다. 이 고르기아스는 당대에 수사가(연설가)로 널리 알려진 실존인물이었습니다. 늘 지혜를 추구했던 철학자인 소크라테스로서는 이런 대단한 인물이 연설을 한다는 소식에 가만히 있을 수는 없었습니다. 그런데 오늘날의 독자들이 쉽사리 가질 오해부터 하나 바로잡고 이 대화편의 논의를 따라가는 것이 좋을 것 같습니다.

소크라테스는 철학자로 알려져 있지만, 철학 분야에서 어떤 전문지식을 갖추고 있기 때문은 아니었습니다. 철학자는 그리스어로 '필로소포스philosophos'이며, 이 말은 '지혜sophia를 사랑하는 사람'이라는 뜻입니다. 말 그대로, 철학자는 지혜를 소유한 사람이 아니라 지혜를 향한 강한 열망을 품고 있는 사람을 가리켰습니다. 그런데 지혜를 향한 갈망은 왜 생길까요? 대답은 단순합니다. 모르기에, 무지하기에 생깁니다. 소크라테스는, 그 스스로도 말하듯, 무지한 사람으로서 지혜를 사랑한 바로 그런 의미의 철학자였습니다. 지혜를 사랑하기에 누군가가 지혜롭다고 하면 망설임 없이 기쁜 마음으로 찾아 나서 배움을 얻고자 했던 소크라테스! 어찌 보면 독자 여러분도 소크라테스와 다르지 않을 것 같습니다. 여러분도 지혜를 사랑하는 심정으로 이 책을 펴들었을 테니까요!

소크라테스는 고르기아스라는 대단한 인물이 아테네에 와서 연설을 한다는 소식에 들떠 그를 찾아 나섭니다. 누가 어떤 질문을 하든 대답해준다고 하니 굉장히 지혜로운 사람으로 보입니다. 이른바 '만사무불통지萬事無不通知'라고 할 수 있지 않을까요? 소크라테스는 이런 대단한 사람이 묵고 있는 칼리클레스의 집을 방문합니다.

그런데 고르기아스를 상대로 한 소크라테스의 첫 질문부터가 심상치 않습니다. 지혜로운 사람이라는 고르기아스가 '과연 누구인가?' 하고 물으며, 다짜고짜 고르기아스의 정체를 알고자 합니다. '과연 누구인가?' 느닷없기도 하고, 알쏭달쏭하기도 합니다. 고르기아스가 누구인지도 모르고 소크라테스가 찾아오지는 않았으니까요. 그런데 실상, 이 질문을 통해 소크라테스가 알고자 하는 것은 고르기아스가 지닌 기술techné이 무엇인지 하는 것입니다. 통상적으로도 직업을 알면 그 사람이 어떤 사람인지가 분명히 드러나기 마련입니다. 가령, 의사는 의술을 지닌 사람입니다. 마찬가지로, 소크라테스도 여기서 그 기술이 무엇인지, 그리고 무어라고 불리는 사람인지 묻고 있는 것입니다. 그런데 소크라테스나 플라톤은 '기술'과 '지혜' 그리고 잠시 뒤에 나오는 '지식'을 대체어로 사용하곤 하지요. 그리고 소크라테스는 지혜를 사랑하는 사람입니다. 그렇다면 결국 고르기아스가 지녔다는 지혜가 무엇인지를 묻고 있는 셈입니다. 지혜를 사랑하는 소크라테스의 입장에서는 당연히 고르기아스에게서 무엇을, 어떤 지혜를 배울 수 있는지 알고 싶었겠지요. 그러자 고르기아스는 자신의 기술은 '수사술'이고 자기가 '수사가'로 불린다고 답합니다. 소크라테스 당대에 수사술 혹은 수사학rhétoriké은 연설에서 주로 쓰였기 때문에 '연설술'이라고 부를 수도 있습니다. 그러니까 고르기아스는 자신이 연설술을 가진 사람이고 연설에 능한 '연설가rhētor'라고 답하는 셈입니다.

그런데 소크라테스의 추가적인 질문이 이어집니다. '고르기아스 당신은 남들도 연설가 혹은 수사가로 만들어줄 수 있는가?' 무슨 뜻일까요? 엉뚱하고 사소해 보이지만 사실은 자격 요건을 묻는 중요한 질문입니다. 소크라테스에 따르면, 만들 수 있어야 진짜 기술을 가진, 지혜로운 사람이라고 말할 수 있습니다. 누군가가 무언가를 안다면 남들에게 설명할 수 있어야 하고 설명할 수 없으면 아는 것이 아닙니다. 그리고 제대로 된 기술 또는 지혜를 지닌 사람이라면 남들도 지혜롭게 만들 수 있어야 합니다. 그래야 진짜 지혜를 가진 사람이라는 생각입니다. 말하자면 고르기아스가 진짜 지혜를 가진 사람인지를 확인하고 있는 것입니다. 고르기아스는 물론 남들도 연설가로 만들 수 있다고 자신 있게 대답합니다.

그러자 소크라테스가 한 걸음 더 들어갑니다. 그렇다면 '수사술은 무엇을 성취하는 것인가?' 하며, 이번에는 수사술의 기능 혹은 본질이 무엇인지를 묻습니다. 고르기아스는 사람이 하는 일들 중 가장 크고 가장 좋은 것을 성취하는 기술이라고 대답합니다. 수사술이 '사람이 하는 일들 중 가장 크고 가장 좋은 것을 성취하는 기술'이라고? 의아하게 들리겠지만 여기에는 역사적인 배경이 있습니다. 고대 그리스 아테네에서 수사술은 출세의 아주 중요한 도구였습니다. 수사술을 갖춰야 출세가도를 달리고 행복한 삶을 살 수 있다는 인식이 널리 퍼져 있었습니다.

수사술이 상당히 중시되는 분위기였습니다. 이 같은 풍조는 당대 아테네의 정치체제가 직접 민주정이었다는 사정과 관련이 있습니다. 직접 민주정에서는 도시국가의 중요한 사안들이 법정이나 민회나 그 밖의 대중 집회에서 시민들의 연설에 의해 다수결로 결정되었습니다. 연설을 잘하면 자기 뜻대로 정치적으로 아테네를 움직여갈 수도 있고, 법정에서 자신의 죄를 무죄로 만들거나 형량을 가볍게 만들 수도 있었습니다. 그런 사회였기 때문에 연설술 또는 수사술이 출세와 성공에 무엇보다 중요하고 행복을 보장해주며 더 나아가 위대한 정치가가 되는 수단이라는 인식이 일반적이었습니다. 바로 이런 수사술을 가르치는 사람이었기에 고르기아스가 그토록 자신만만했던 것입니다.

수사술의 본질과 힘

이제 소크라테스의 반론이 시작됩니다. 수사술이 가장 크고 좋은 것을 성취할 수 있게 해준다면, 가장 크고 좋은 것, 즉 무엇이 가장 좋은 것인지 당연히 물을 수밖에 없겠지요. 그런데 각각의 전문가들은 저마다의 분야에서 가장 좋은 것을 내세울 것입니다. 의사는 건강을, 체육 선생은 신체적 아름다움과 강함을, 사업가는 부를 가장 좋은 것으로 내세울 것입니다. 각자가 자신의 기술로 만들어내는 것들을 가장 좋은 것으로 내세우겠지요. 그렇다면 '수사술이 만들어내는 가장 좋은 것은 무엇인가?' 하고 소크라테스는 또 묻습니다. 이 물음에 고르기아스는 '법정이나 민회나 그 밖의 대중 집회에서 말로 설득하는 능력'이 바로 가장 좋은 것이라고 답합니다. 이것이야말로 최고로 좋은 것으로서 수사가들을 자유인이 되게 하고 남들 위에 군림할 수 있게 하는 기술이라는 것입니다. 그런데 고르기아스의 이 설명은 소크라테스의 물음에 대한 정확한 답변이 아닙니다. 단지 의술은 사람을 건강하게 만드는 능력을 갖게 해주는 기술이라는 식으로, 수사술은 말로 설득하는 능력을 갖게 해주는 기술이라고 말한 셈입니다. 그래서 소크라테스는 고르기아스의 생각을 이렇게 정리합니다. 수사술은 "설득의 장인"이며 연설을 듣는 사람들의 "영혼 속에 설득을 낳는 것"이라고요(453a). 여기서 '설득peithō'은 앞서 말한 건강이나 부와 비교될 수 있습니다. 이제 수사술은 무엇인가, 즉 수사술의 기능이나 본질이 무엇인가 하는 소크라테스의 물음에 대한 답이 확보되었습니다. 요컨대 수사술은 '말로 설득을 만들어내는 기술'입니다.

소크라테스의 질문이 이어집니다. '어떤 것에 대한 어떤 설득인가?' 이번에는 어떤 것을 대상으로 한 어떤 성격의 설득인지 묻는 것입니다. 고르기아스는 답합니다. '정의로운 것들과 부정의한 것들'을 대상으로 '확신을 주는 설득'입니다. 수사술은 정의로운 것과 부정의한 것들에 관해 확신을 주는 설득을 만들어내는 기술이라는 이야기입니다. 소크라테스는 여기서 확신을 주는 설득과 '가르침(혹은 앎)을 주는 설득'을 구분합니다. 가르침을 주는 설득은 필연적인 지식epistēmē을 상대방이 갖게 하는 것이고, 확신을 주는 설득은 필연적 지식을 주는 것이 아니라 단지 그럴듯한 '의견doxa'을 상대방이 받아들이게 하는 것입니다. 이 둘 중 수사술은 확신을 주는 설득만을 목표로 삼는 기술입니다. 수사술은 연설술이기도 한데, 정의로운 것과 부정의한 것이라는 어마어마한 사안에 관해 한낱 연설이 수많은 군중을 짧은 시간에 가르칠 수는 없기 때문입니다. 그러니 수사술은 그저 그럴듯한 이야기로 대중이 '그럴듯한 것'을 받아들이도록 설득해내는 기술일 뿐입니다.

더 나아가 고르기아스는 수사술이 어떤 힘, 즉 어떤 영향력을 갖고 있는지 설명합니다. 연설에 능한 사람은 정의로운 것과 부정의한 것뿐 아니라 무엇에 대해서든 그 분야의 장인들보다도 대중 앞에서 더 설득력 있게 말할 수 있습니다. 이를테면, 장인들 중 의사는 치료 전문가입니다. 그런데 연설에 능한 사람은 '말 기술'로 의사를 능가하고 그에게 조언도 할 수 있습니다. 또한 배를 만드는 전문가인 조선 건축가에게도 이 말 기술로 조언하고 그 사람을 오히려 다스릴 수 있습니다. 성벽이나 항구 건설도 마찬가지입니다. 장인들마다 전문가적인 식견이 있을 텐데, 연설가 또는 수사가는 아무런 전문지식을 지니지 않고서도 그들에게 조언할 수 있다는 것입니다. 듣고 보니 연설술이라는 것이 대단하지 않은가요! 정치적인 문제, 즉 정의로운 것과 부정의한 것뿐 아니라 그 무엇이든 더 설득력 있게 말할 수 있다니 말입니다. 그렇게 단지 연설의 힘으로 사람들의 의사를 능히 자기 쪽으로 이끌어갈 수 있다니 말이죠.

수사술은 위험한 아첨술이다

소크라테스는 고르기아스가 말하는 수사술이나 수사가를 상당히 우려 섞인 시선으로 바라봅니다. 수사가는 단지 확신을 주는 설득을 목적으로 하고 그럴듯한 이야기로 그럴듯한 것을 받아들이도록 설득할 뿐이기 때문입니다. 그래서 수사가에게는 자신의 말이 진실인지 거짓인지는 안중에 없습니다.

> 수사술이나 수사가는 사실 자체가 어떤지에 대해서는 알 필요가 없고, 대신에 설득의 어떤 계책을 찾아내어 모르는 사람 앞에서 아는 사람들보다 더 많이 알고 있는 것처럼 보일 수 있게 해야 한다. 좋은 것과 나쁜 것, 훌륭한 것과 부끄러운 것, 그리고 정의로운 것과 부정의한 것이 무엇인지에 대해서도 그렇다.
>
> _459b~d

잠깐 인용문 아래의 '459b~d'라는 기호를 설명해야겠군요. 이 기호는 '스테파누스 쪽수Stephanus pages'라고 부르는데, 16세기 말 스테파누스라는 인쇄업자이자 문헌학자가 출판한 〈플라톤 전집〉의 쪽수와 행수 번호예요. 가령, '459b~d'는 이 전집의 459쪽 b행부터 d행까지를 가리킵니다. 그는 알파벳 하나에 약 10줄 정도씩 배열했습니다. 플라톤의 대화편을 인용할 때는 관례적으로 이 기호를 함께 적어주지요. 앞으로 간간이 인용문이 나올 테니, 알아두면 좋겠습니다.

다시 본론으로 돌아가서, 게다가 소크라테스에 의하면, 수사술은 기술조차 아닙니다. 요리술과 마찬가지로 기쁨이나 즐거움을 만들어내는 익숙한 경험이자 숙달된 솜씨에 불과하며 아첨술과 같은 것입니다. 수사가에게 사실 자체는 관심 밖의 일이고, '수사술이 적용되는 일들에 대해 원인을 설명할 수도 없으므로' 시민들에게 그럴듯하게 보일 이야기로 설득하고자 할 뿐입니다. 그래서 수사가는 수사술을 통해 최대한 시민들의 환심을 살 수 있도록 청중 영혼의 즐거움만을 살필 뿐이고, 즐거움들 중 어떤 것이 좋은지 나쁜지는 살피지도 않고 기쁘게 하는 것 말고 다른 것에는 관심을 기울이지도 않습니다. 결국 수사술은 아첨술로서 "가장 좋은 것에는 조금도 주의를 기울이지 않고 언제나 가장 즐거운 것을 미끼로 우매함을 사냥하고 속여서 자신이 가장 존경받을 만한 것처럼 보이게 합니다."(464d) 아주 신랄한 비판입니다.

소크라테스의 수사술 비판에는 비장함도 더해집니다. 그는 수사가처럼 아테네 시민들에게 '기쁨을 주려고 시민들과 사귀며 하인 노릇을 하는 쪽'보다는, '그들이 가능한 훌륭하게 되도록 하기 위해 오히려 그들과 싸우는 쪽'을 택해야 한다고 역설합니다. 그러니 자신이 "죽는다 해도 이상할 게 하나도 없다"(521d)고 하면서도, 또 "완전히 무분별하고 비겁한 자가 아니라면 누구나 죽는 것 자체는 두려워하지 않고 불의를 저지르는 것을 두려한다"(522e)고 재삼 역설합니다.

그러면 소크라테스가 그토록 수사술에 대해 비판을 한 까닭은 무엇일까요? 수사술은 당시 아테네의 현실에서 실제로 어떤 문제를 야기했을까요? 그 한 예로 당시 그리스에 있었던 공공 의사의 선출 과정을 살펴보죠. 나라에서 보수를 받는 공공 의사로 선출되기 위해서는, 첫째로 의사 자신이 건강해야 합니다. 의사 자신이 건강해야 남들도 건강하게 할 수 있기 때문입니다. 둘째로 성공적인 치료 경력이 있어야 합니다. 여기까지는 동의할 만한 자격 요건이라고 할 수 있습니다. 그런데 이둘만으로는 충분하지 않았습니다. 공의를 대중 집회에서 시민들이 선출했기 때문입니다. 그래서 공의 선발에 있어서도 뛰어난 대중 연설가로서의 수사적 능력이 오히려 더욱 중요했습니다. 고르기아스는 그런 참담한 현실을 엿볼 수 있는 언급을합니다.

수사술에 능한 사람과 의사가 어떤 나라든 당신이 원하는 나라에가서, 둘 중에 누가 의사로 선발되어야 하는지를 놓고 민회나 다른어떤 집회에서 말로 경쟁을 해야 한다면, 의사는 어디에도 보이지 않고, 말을 하는 데 유능한 자가 마음만 먹으면 선발될 것이오.

_456b~c

고르기아스같이 뛰어난 연설 능력을 가지고 있는 사람은, 실제 의학적 전문지식과 치료 경험을 갖고 있지 않아도 마음만 먹으면 공의로 선출될 수 있는 현실을 보여주는 대목입니다. 이런 말도 안 되는 상황을 고르기아스가 자랑 삼아 이야기하자 소크라테스는 크게 우려합니다. 자신의 기술에 대한 고르기아스의 자랑은 이뿐만이 아닙니다. 연설에 능한 자는 정의로운 것과 부정의한 것만이 아니라 무엇에 대해서건 의사를 비롯해 다른 어떤 장인들보다도 대중 앞에서 더 설득력 있게 말할 수 있다고 자부합니다. 이를테면 연설가는 장인들의 일들과 관련해서도 제 뜻대로 조선소나 성벽, 항구 건설 등을 하도록 만들 수 있을 뿐더러, 장인들의 선발조차도 자신의 조언대로 할 수 있다는 것입니다. 이처럼 수사술이 지배하는 사회가 될 경우, 각 분야의 전문지식은 무시되고 국가의 운영도 민중 선동가에 의해 좌우되는 상황이 전개될까 소크라테스나 플라톤은 심각하게 우려했습니다.

더 나아가 소크라테스는 수사술이 큰 영향을 미치고 있던 아테네 현실을 풍자한 가상의 예를 드는데, 장차 자신이 겪을 일에 대한 예언으로 보여 주목됩니다. 그는 아이들 앞에서 의사와 요리사가 누가 건강에 좋은 음식에 대한 전문가인지를 놓고 경쟁하는 장면, 혹은 요리사의 고발로 의사가 배심원인 아이들 앞에서 재판을 받는 장면을 보여주는데, 약간 각색해서 그 장면을 그려보겠습니다. 요리사는 아이들을 향해 연설합니다. '누가 진정으로 아이들의 건강을 돌봐주는 사람이냐? 의사냐 요리사냐? 나는 여러분이 가능한 한 건강해지도록 음식을 맛있고 다양하게 만들어주었다. 과자도 만들어주고 즐겁게 식사할 수 있도록 온갖 요리를 해주었다. 그에 비해 이 의사는 그간 무슨 짓을 했나? 바로 여러분들에게 많은 고약한 짓을 저지르지 않았는가? 쓰디쓴 약으로 사레들게 하고, 칼로 째고 불로 지지고, 때론 굶기고 물도 못 먹게 함으로써 말이다.' 요리사가 이런 연설을 해댈 때, 이 고약한 상황에 걸려든 의사가 무슨 말을 할 수 있겠느냐고 소크라테스는 묻습니다. "어린이 여러분, 나는 이 모든 일을 건강을 생각해서 해왔습니다"라고 진실을 말하면, "이런 부류의 재판관들이 얼마나 크게 아우성을 칠 거라고 생각하나? 아우성 소리가 크게 들리지 않나?" 하고 말이죠.

웃을 일이 아닙니다. 소크라테스는 자신도 법정에 서게 된다면 같은 일을 당하리라는 것을 알고 있다고 말합니다. 실제로 그는 시민 법정에서 사형선고를 받고 죽음을 맞이합니다. 소크라테스가 500여 명의 시민 배심원 앞에서 재판을 받았던 바로 그 상황을, 제자인 플라톤이 아이들 앞에서 재판을 받는 의사의 예로 암시하고 있는 셈입니다. 플라톤은 연설술로 무장한 대중 선동가들이 아이들을 다루듯 시민들을 움직여, 누구든 걸려들면 당할 수밖에 없는 상황을 참담하게 여겼습니다. 그래서 시민들을 더 훌륭하게 만드는 것이 아니라 즐겁게만 만들기 위해 연설가들이 그들에게 아첨하고 구미에 맞는 말들로 선동하며 이끌어갈 때 어떤 심각한 문제들이 생길지를, 《고르기아스》를 통해 분명히 밝히고자 한 것으로 보입니다.

그러면 고르기아스가 제시한 종류의 수사술이 아니라 시민들을 더 훌륭하게 만드는 '참된 수사술'이 있을 수는 없을까요? 소크라테스는 《고르기아스》 끝부분에서 참된 수사술에 대해 말합니다. 그저 즐거움을 만들어내는 숙달된 솜씨가 아니라 '기술을 가진 훌륭한 수사가'는 연설을 할 때 "어떻게 하면 시민들의 영혼 속에 정의가 생기고 불의는 제거될 수 있는지, 그리고 절제가 생기고 무절제는 제거될 수 있는지, 그리고 다른 덕들은 모두 생기고 나쁜 것들은 사라질 수 있는가에 늘 주의를 기울일 것"이라고 역설합니다(504d~e). 즉 참된 수사가는 시민들을 더 훌륭하게, 즉 덕 있게 만들어 좋은 삶을 살 수 있게 한다는 것입니다. 이 참된 수사술에 대해서는 다른 대화편인 《파이드로스》에서 더 분명한 설명이 이루어지고, 아마도 플라톤 최후의 대화편인 《법률》에서 법과 통치의 도구로 활용되는 것으로 보입니다.

불의를 저지르는 것보다 당하는 것이 더 낫다

이제, 고르기아스의 제자 격인 젊은 폴로스가 나섭니다. 고르기아스가 소크라테스에게 밀린다는 느낌이 역력한 까닭입니다. 폴로스는 우선 수사술이 아첨술이라는 소크라테스의 견해에 반기를 들며 끼어듭니다. "당신은 훌륭한 수사가들이 그들의 나라에서 하찮은 아첨꾼으로 여겨진다고 생각하십니까?"라고 묻고는, "그들이 나라에서 가장 큰 힘을 행사"한다고 힘주어 말합니다(466a~b). 어떤 힘을 행사하느냐면, 절대 권력을 가진 참주들처럼 죽이고 싶은 사람은 누구라도 죽일 수 있고 재물을 빼앗을 수 있으며 내쫓고 싶은 사람은 누구든 나라 밖으로 몰아낼 수 있는 힘입니다. 그래서 연설가들이 가장 큰 힘을 가지고 있으며 자기가 원하면 무엇이든 할 수 있는 굉장한 사람들이라는 것입니다.

그런데 언뜻 보기에, 폴로스의 반발에 대한 소크라테스의 응수가 이상합니다. 수사가들도, 참주들도 실은 나라에서 가장 작은 힘을 행사한다고 정반대의 주장을 하기 때문입니다. 무슨 말일까요? 소크라테스의 의하면, 그들은 자신들이 최선이라고 생각하는 것을 할 테지만, 겉보기와는 달리 진정 자신들이 원하는 것, 즉 실제로 그 자신들에게 좋은 것은 못합니다. 왜냐하면 실제로 자신들에게 좋은 것을 행하려면 지혜가 있어야 하기 때문입니다. 어리석은 사람들이 스스로 최선이라고 생각하는 것을 제멋대로 하면, 오히려 그 자신들에게 화조차 초래할 수 있습니다. 그리고 소크라테스의 눈에 수사가들이나 참주들은 이런 어리석은 사람에 불과할 따름입니다.

　소크라테스의 반박에도 폴로스는 여전히 수사가들과 참주들의 큰 힘을 부러워합니다. 그러자 소크라테스는 과연 그들이 부러워할 만한지를 따지고 듭니다. 세 가지 경우가 있습니다. 첫째, 정당하게 자기가 죽이고 싶은 사람은 죽이고 재산을 빼앗기도 하는 사람은 비참하거나 가엾지는 않지만, 그렇다고 부러워할 만하지도 않습니다. 둘째, 부당하게 그렇게 하는 사람은 비참하고 가엾은 자입니다. 큰 힘을 가지고 자기가 원하는 대로 힘을 행사하는 사람들은 정당하게 그렇게 하든 부당하게 그렇게 하든 폴로스가 생각하듯 부러워할 만한 사람은 아니라는 것입니다. 셋째, 부당하게 죽임을 당하는 사람은 덜 비참하고 덜 가엾습니다.

　소크라테스의 분류에 따르면 불의를 행하는 사람은 비참하고 가엾지만, 불의를 당하는 사람은 덜 비참하고 덜 가엾습니다. 과연 그럴까요? 불의를 저지르는 것보다 당하는 것이 더 억울한 일이니 당하는 사람이 더 비참하고 더 가엾은 자가 아닐까요? 소크라테스 당대의 정서도 그랬을 것입니다. 불의를 저지르는 것이 나쁘기는 해도 당하는 것보다 낫다는 것이 일반적 정서였을 것입니다. 그런데 소크라테스는 그렇지 않다고 도발적인 답변을 내놓습니다. 그는 '불가피할 경우에는 불의를 저지르기보다는 차라리 불의를 당하는 쪽을 선택할 것'이라고 말합니다. 그런데 과연 불의를 저지르는 것보다 불의를 당하는 것이 더 나을까요?

아무리 봐도 소크라테스가 '억지'를 부리는 것 같습니다. 폴로스를 따라서 당장 이렇게 반문할 수 있습니다. '불의를 저지르면서도 행복한 사람들도 많지 않나? 현실을 보자. 불의를 저지르고도 오히려 떵떵거리면서 사는 사람들이 많다. 마케도니아의 왕 아르켈라오스를 보라! 수많은 사람들을 부정의하게 죽였지만 형벌은커녕 마케도니아 왕으로 영화를 누렸다. 누가 그를 불행한 사람이라 하겠는가? 그는 불의를 저질렀지만 처벌도 안 받고 온갖 영화를 누렸으니 세상 사람들은 그를 부러워한다.'

그런데 소크라테스는 불의를 저지른 자나 부정의한 자는 전적으로 비참한 자라고 봅니다. 게다가 불의를 저지르고도 형벌을 받지 않는다면 더욱 비참합니다. 이 말은 또 무슨 말일까요? 결국 두 가지 의문이 남습니다. 첫째, 과연 불의를 당하는 것이 불의를 저지르는 것보다 더 나은가? 둘째, 과연 불의를 저지르고도 처벌을 받지 않는 것보다는 처벌을 받는 게 더 나은 것인가? 이 두 문제에 대한 소크라테스의 생각은 아무래도 쉽게 납득하기 힘듭니다. 도대체 소크라테스는 무슨 생각을 가진 것일까요?

둘째 문제부터 그의 생각을 알아보죠. 처벌을 받는 게 더 낫다는 견해도 그다지 설득력 있어 보이지 않습니다. 오늘날의 현실만 보더라도 권력을 남용하다가 심판을 받는 권력자들은 한결같이 처벌을 면하려고 온갖 수단을 다 동원하지 않나요? 권력자뿐만 아니라 일반인들 역시 불의를 저지르고도 처벌만은 피하려 하지 않나요? 폴로스도 처벌을 받는 것이 더 나쁘다며 예를 하나 듭니다. 어떤 사람이 참주가 되려고 불의를 저지르려다 붙잡혀서 자신의 처자식까지 온갖 고문을 당하고 화형에 처해지는 처벌을 받는 것보다는, 도망쳐서 마침내 참주 자리에 올라 통치자 노릇을 하며 원하는 것을 무엇이든 하며 평생을 보낼 수 있다면 그것이 더 행복하다는 것입니다. 그러나 소크라테스는 그 사람이 부당하게 참주가 되려고 음모를 꾸민 것이라면 둘 중 어느 쪽도 행복한 일이 못 되지만, 도망쳐서 참주 노릇을 하는 것은 더 비참한 일이라고 역설합니다. 그건 또 왜일까요? 여전히 소크라테스의 주장에는 물음표가 생깁니다.

왜 불의를 저지르면 처벌을 받아야 덜 비참해지는 것일까요? 여기서 삼단 논증이 제시됩니다. '대가를 치르는 것(즉 법적 처벌을 받는 것)'은 정의롭게 응징을 받는 것(즉 정의로운 일을 '겪는' 것)입니다. 그런데 정의로운 일을 겪는 것은 좋은 일을 겪는 것입니다. 그러므로 대가를 치르는 것은 좋은 일을 겪는 것입니다. 여기서 좋은 일을 겪는다는 것은 곧 그의 영혼이 더 좋게 된다는 것이고, 이것은 다시 영혼이 나쁜 상태에서 벗어난다는 것을 뜻합니다. 결국 대가를 치르는 자는 영혼의 나쁜 상태에서 벗어날 수 있는 기회를 갖게 되는 반면, 불의를 저지르고 처벌을 안 받으면 더 나은 사람이 될 기회를 상실하는 셈입니다. 게다가 소크라테스에 따르면, 세상에는 세 종류의 악, 즉 가난, 질병, 불의가 있는데, 이 중 불의와 그 밖의 영혼의 나쁜 상태, 즉 악덕들이 가장 큰 악입니다. 그러니까 대가를 치르는 자의 영혼은 가장 큰 악에서 벗어나는 것인 반면, 처벌을 안 받은 사람의 영혼은 가장 큰 악의 상태에 처해 있는 것입니다.

소크라테스는 행복의 순위를 매기기도 하는데, 일단 부나 건강이나 명예나 좋은 직업이나 권력은 고려 대상이 안 됩니다. 행복을 좌우하는 주된 요소는 영혼의 덕과 악덕이라고 보기 때문입니다. 우선 가장 행복한 사람은 영혼 속에 부정이나 악덕을 갖고 있지 않은 사람입니다. 영혼이 부정이나 무절제 등의 악덕을 지니지 않은 사람이 가장 행복한 사람입니다. 둘째로 행복한 사람은 영혼이 불의나 악덕의 상태에서 벗어난 사람입니다. 악한 일을 행했지만 처벌을 받아 영혼이 악한 상태에서 벗어난 사람입니다. 마지막 셋째로는 불의를 저지르거나 부정의한 사람입니다. 처벌을 받거나 그 밖에 악덕에서 벗어날 기회를 못 갖고 악한 영혼의 상태를 갖고 사는 사람입니다. 이것이 최악의 삶입니다. 아르켈라오스나 다른 참주들이 세 번째 유형에 속합니다. 불의를 저지르고도 처벌받지 않고 영화를 누리지만 진짜 행복한 사람은 아니라는 것입니다. 이들이 해낸 성공은, 가장 위중한 질환을 앓는 사람이, 마치 아이처럼 지지거나 째는 것이 고통스럽다는 이유로 두려워해 치료조차 받지 않는 데 성공한 것과 거의 다를 바 없습니다. 고통스럽더라도 썩어서 곪아가는 부위를 째고 치료해야 하는데, 그러지 않으면 나중에 그 부위를 잘라내야 할지도 모르는데, 아프다고 치료를 안 받겠다고 투정 부리는 사람과 똑같다는 것입니다. 이 셋째 유형의 사람은 "건강한 영혼이 아니라 부정의한 영혼과 같이 사는 것이 건강하지 않은 몸과 같이 사는 것보다 얼마나 더 비참한지를 모르는 것 같다"(479b)고 소크라테스는 말합니다. 소크라테스가 즐겨 쓰는 말로 바꾸면, 몸이 망가지면 우리의 삶이 살 만하지 못한데, 하물며 그것보다 훨씬 중요한 영혼이 망가지면 우리의 삶이 살 만하겠느냐는 것입니다.

소크라테스에게는 몸의 나쁜 상태인 질병보다 영혼의 나쁜 상태인 부정의가 얼마나 크게 해로운지가 너무도 자명하게 여겨졌던 것 같습니다. 반면에 당대는 물론이고 오늘날 우리에게는 그 점이 그다지 분명하게 인식되지 않는 것 같습니다. 우리에게는 소크라테스의 말이 너무나 원론적이어서 현실적으로 그다지 설득력 있는 이야기가 아닌 듯합니다. 하지만 우리가 중요한 뭔가를 놓치고 있는 것은 아닐까요? 다시 그의 말에 귀 기울여보겠습니다. "자신이든 자신이 돌보는 다른 어떤 사람이든 불의를 저지른다면, 그는 자진해서 최대한 빨리 대가를 치를 곳으로 가야 하네. 불의라는 질환이 고질이 되어 영혼을 속으로 곪게 해 치료 불가능하게 만들지 않도록, 의사에게 가듯이, 재판관에게 서둘러 가야 하네."(480a~b)

칼리클레스: 정의는 더 강한 자가 더 많이 갖는 것이다

《고르기아스》에서 소크라테스의 마지막 대화 혹은 대결 상대
는 칼리클레스라는 인물입니다. 작중에서는 야심만만한 정치
초년생으로 그려지고 있지요. 플라톤의 대화편에 등장하는 인
물들 중 칼리클레스는 《국가》의 트라시마코스와 더불어 가장
도전적인 인물입니다. 칼리클레스가 본격적으로 논의에 뛰어
드는 장면부터가 그의 예사롭지 않은 도발성을 보여줍니다. 그
는 소크라테스와 폴로스 사이의 대화를 팔짱을 낀 채 지켜보다
가 마침내 소크라테스를 향해 말문을 엽니다. 도대체 "진지하
게 말씀하시는 겁니까, 아니면 농담하시는 겁니까?"(481b) 그
에게는 불의를 저지르는 것보다 불의를 당하는 것이 낫다거나,
불의를 저지르고도 대가를 치르지 않는 사람이 가장 비참한 사
람이라는 주장이 너무도 터무니없어 보였던 것입니다. 그리고
는 소크라테스의 말이 맞다면, 인간의 삶은 뒤엎어지고 우리는
모든 일을 우리가 마땅히 해야 할 바와는 정반대로 하는 셈이
라고 목청을 높입니다. 소크라테스와 폴로스의 대화에서는 정
의나 부정의에 대해 자연적 차원과 법적 차원을 구분하지 못한
데 따른 혼란이 있었다는 것이 칼리클레스의 진단입니다.

　칼리클레스가 보기에 물론 법적으로는 불의를 저지르는 것
이 더 부끄러운 것입니다. 하지만 자연적으로는 불의를 당하는
것이 더 부끄러운 것입니다. 불의를 당하는 일은 죽는 것이 더

나을 법한 처지에 있는 어떤 노예나 겪을 일입니다. 그러면 왜 자연적 정의와 법적 정의가 이렇게 다를까요? 법을 제정한 자들은 힘없는 다수의 사람이기 때문입니다. 그들은 자신들의 이익에 맞게 법을 제정하며, 더 힘 있는 자가 더 많이 갖지 못하도록 겁을 주면서 더 많이 갖는 것은 부끄럽고 부정의한 일이라고 말합니다. 이 열등한 자들은 자신들이 우월한 자들과 동등한 몫을 갖는 것이 정의라고 생각합니다. 반면에 자연 자체는 더 나은 자나 더 유능한 자가 더 많이 갖는 것, 바로 이것이 정의로운 것임을 보여줍니다. 동물들 사이에서도 인간들 사이에서도 "정의는 더 강한 자가 더 약한 자를 다스리며 더 많은 몫을 갖는 것이다."(483a~d) "무엇이건 더 못하고 약한 자들의 소유물은 더 낮고 더 강한 자에게 속하는 것이 자연에서의 정의이다."(484c) 여기서 일단 정의의 문제가 소유의 문제로 전환되고 있음을 주목해둘 필요가 있습니다.

칼리클레스는 강자를 위한 자연적 정의를 주창할뿐더러 심지어 소크라테스에게 철학을 그만두라고 충고하기까지 합니다. 철학은 청소년기에 교양에 필요한 정도로만 하는 편이 좋다고, 나이가 꽤 들었는데도 계속해서 철학을 하면 웃음거리가 된다고, 꽤 나이가 들고도 여전히 철학을 하면 당장 매가 필요하다는 생각이 든다며 말이죠. 왜냐하면 아무리 뛰어난 자질을 타고 났어도 계속 철학만 하다보면, 도시 외곽에서 몇몇 청소년들과 쑥덕공론이나 하며 여생을 보내고 중요하고 변변한 말한 마디 제대로 못하게 될 것이기 때문이랍니다. 그런 무기력함이 부끄럽지 않느냐는 질타도 덧붙이죠. 그리고 소크라테스의 운명을 예언하듯 말합니다. 당신 같은 사람은 불의를 전혀 저지르지 않았는데도 불의를 저질렀다는 누명을 쓰고 법정에 선다면 현기증을 일으키며 무슨 말을 해야 할지 몰라 입을 쩍 벌리고 있을 것이며, "아주 열등하고 사악한 고발자가 당신에게 사형을 선고하기 원하면 당신은 죽게 될 것이다." 그러니 논박은 그만하고 세상 물정을 잘 읽는 기예를 익히라고 충고합니다.

소크라테스로서는 모욕감을 느낄 법도 합니다. 자신보다 한결 젊은 칼리클레스로부터 철학을 포기하라는 충고를 듣다니요. 그런데도 그는 오히려 칼리클레스가 지식과 호의와 솔직함을 겸비한 인물이라고 치켜세웁니다. 그리고 공동 탐구를 제안합니다. 탐구 주제는 "우리가 어떤 사람이 되어야 하며, 무엇을 어느 정도까지 실천해야 하는가"(488a)입니다. 이 주제에 관해 공동 탐구를 진행해서 자신과 그가 의견의 일치를 보면 진리를 획득하는 셈이 될 것이라며, 이제 소크라테스는 칼리클레스의 견해에 대한 검토에 들어갑니다. 역시 지혜를 사랑하는 철학자답습니다.

소크라테스는 우선 칼리클레스에게 '자연에서 정의로운 것'이란 "더 강한 자가 더 약한 자들의 것을 강제로 가져가고, 더 훌륭한 자가 더 못한 자들을 다스리며, 더 나은 자가 더 열등한 자보다 더 많이 갖는 것인가?"(488b) 하고 묻습니다. 그가 끄덕입니다. 그러자 이번에는 '더 강한 것'과 '더 훌륭한 것'과 '더 힘센 것'이 같은 것인지를 다시 묻습니다. 이번에도 칼리클레스는 긍정을 하는데, 바로 여기서 소크라테스는 칼리클레스식 정의론의 약점을 간파하고 반론을 폅니다.

더 힘센 것으로 말하자면, 다수의 사람이 한 사람보다 '자연의 측면에서' 더 강할 수밖에 없습니다. 따라서 다수의 법규는 더 강한 자들의 법규요, 더 훌륭한 자들의 법규입니다. 그렇다면 "이들의 법규는 '자연의 측면에서' 훌륭한 것이다."(488d) 칼리클레스의 주장과는 다르게, 여기서는 법과 자연의 구분이 의미가 없어지고 있지요? 그런데 바로 앞에서 보았듯이, 다수의 사람은 동등한 몫을 갖는 것이 정의로우며, 불의를 저지르는 것이 더 부끄럽다고 생각합니다. 결국 법적으로뿐 아니라 자연적으로도 불의를 저지르는 것이 불의를 당하는 것보다 더 부끄러운 일이고, 동등하게 갖는 것이 정의로운 것입니다. 이런 결론은 바로 '더 강한 것'이 '더 힘센 것', 즉 물리적으로 '더 힘센 것'과 같다는 칼리클레스의 대답에서 비롯된 것입니다.

칼리클레스는 소크라테스의 반론을 듣고는, 실없는 소리를 멈추고 말꼬리를 잡지 말라며 강력하게 이의제기를 합니다. 자신은 단지 더 강한 자들이 더 훌륭한 자들이라고 말했을 뿐이랍니다. 더 강한 자들은 더 힘센 자들이라고 한 적이 없다고 합니다. 그래서 소크라테스는 다시 묻습니다. 그러면 '더 훌륭한 자들'과 '더 강한 자들'은 어떤 자들인가? 소크라테스가 얻어낸 대답은 '더 슬기로운 자들'입니다. 결국 칼리클레스의 견해는 "더 훌륭하고 더 슬기로운 자가 더 열등한 자들을 다스릴 뿐 아니라 '더 많이 갖는 것'이 자연에서의 정의"(490a)라는 것입니다.

이제 소크라테스는 더 강한 자가 무엇을 더 많이 갖는다는 것인지 궁금해합니다. 우선 장인들의 생산물은 아닙니다. 칼리클레스는 더 강한 자들은 장인들의 생산물에 관심이 없다고 합니다. 장인들과 달리, 더 강한 자들은 나랏일에, 즉 어떻게 하면 나라를 잘 경영할 수 있는지에 슬기롭고, 용감한 사람들입니다. 따라서 더 강한 자들이 '나라를 다스리는 것'이 적절하며, 이들이 다른 사람들보다 나랏일에 대한 권력, 즉 정치권력을 더 많이 갖는 것이 정의로운 일입니다.

칼리클레스의 견해에는 어떤 문제가 있을까요? 소크라테스는 이른바 '더 슬기롭고 용감한 사람들'은 다른 사람들만을 다스리고, 자신들은 다스릴 필요가 없는지 묻습니다. 칼리클레스로서는 "자신을 다스린다"라는 말의 의미가 무엇이냐고 되묻습니다. 나라를, 남들을 다스리고 더 많이 차지하는 데에만 관심이 있었던 칼리클레스로서는 의아했을 테지요. 소크라테스는 "절제 있는 자로서 자신의 주인이 되어 자신의 쾌락들과 욕구들을 다스린다"라는 뜻이라고 설명합니다. 그러자 칼리클레스는 "참 재미있는 분이셔! 우둔한 자들을 두고 절제 있는 자들이라고 하시니"라며, "누구에게든 노예 노릇하는 사람이 어떻게 행복할 수 있겠는가?"라고 반문합니다(491e). 결국 소크라테스가 보기에, 더 강한 자들이란 자신의 쾌락과 욕구를 다스리는 절제적인 삶이 아니라 무절제한 삶을 추구하는 자들이라 할 수 있습니다. 그런데 이런 삶이 진정 행복한 삶일까요?

욕구라는 '구멍 난 항아리' 채우기

칼리클레스가 보기에는 "올바르게 삶을 살아가려는 자는 자신의 욕구들이 최대한 커지도록 하고 욕구들이 최대한 커졌을 때 용기와 슬기로써 능히 그것들을 섬길 수 있어야 하며, 매번 욕구가 원하는 것들로 그 욕구들을 충족시킬 수 있어야" 합니다 (491e~492a). 하지만 다수의 사람들은 그럴 능력이 없습니다. 스스로는 그 욕구들을 충족시킬 수 없습니다. 그래서 그럴 능력이 있는 자들을 비난하며 자신들이 무능함을 감추고, 절제와 정의를 칭찬하는 것입니다. 욕구 충족에만 골몰하는 칼리클레스의 이런 입장을 아마도 쾌락주의라고 부를 수 있겠지요.

이제 소크라테스는 쾌락주의자인 칼리클레스에 맞서 자신의 큰 관심사인 "어떻게 살아야 하는가$^{pōs\ biōteon}$"(492d) 하는 문제를 분명하게 전면에 등장시킵니다. 소크라테스나 플라톤에게 이 문제는 그저 여러 철학적 문제 중의 하나가 아니라 가장 중심적인 문제였습니다. 그런데 사실 이 문제에 앞서 제기되어야 할 또 다른 문제는 '왜 사는가?'라는 궁극적인 삶의 목적을 묻는 물음일 테지요. 그 '왜'에 맞추어 '어떻게'도 정해질 것입니다. 물론 이 삶의 목적에 대해서는 사람마다 다양한 견해가 있을 수 있겠지요. 하지만 일반화해볼 수 있을 듯도 합니다. 인간이라면 누구나 추구하는 행복이라는 한마디로요. 그렇다면 그다음 물음은 또 '행복이란 무엇인가' 혹은 '어떤 삶이 행복한 삶인가'가 되는 게 자연스러울 것입니다. 그리고 이에 대한 답을 비로소 찾게 된다면, 우리는 '어떻게 살아야 하는가'에 대한 답은 찾은 셈이 될 것입니다. 이를테면, 부유하게 사는 삶이 행복한 삶이라면 부를 획득하려 힘써야 하고, 덕에 따라 사는 삶이 행복한 삶이라면 덕을 획득하려 힘써야 합니다. 그리고 향락적으로 사는 것이 행복한 삶이라면, 쾌락을 추구하는 삶을 살아야 합니다. 방금 꼽은 행복한 삶의 후보들 중 소크라테스를 비롯해 플라톤과 아리스토텔레스는 덕을 지니고 덕에 따라 살아야 한다는 견해를 보여주지만, 칼리클레스는 다른 노선을 취합니다. 그는 향락적인 삶이 행복한 삶이라고 보고 무절제하게 쾌락을 추구하는 인물입니다. 그래서 소크라테스는 이제 칼리클레스와 더불어, 쾌락에서 행복을 찾는 삶이 진정으로 행복한 삶이라고 할 수 있는지를 검토합니다.

우선 쾌락은 어떻게 생기는지부터 살펴보죠. 소크라테스에 따르면 쾌락은 배고픔이나 목마름과 같은 욕구들의 충족에서 생깁니다. 이를테면, 배고픔은 고통이고 배고플 때 먹는 것이 쾌락입니다. 또 목마름은 고통이고 목마를 때 마시는 것이 쾌락입니다. 결국 배고픔이나 갈증과 같은 결핍 상태를 채움이 쾌락이라는 것입니다. 칼리클레스의 쾌락주의는 이 채움을 추구하는 쾌락주의입니다. 그래서 소크라테스는 이런 채움과 관련해 쾌락주의의 문제점을 지적합니다. 쾌락에 탐닉해 욕구를 채우고자 하는 쾌락주의적 삶은 '밑 빠진 독에 물 붓기'와 같다는 것입니다. 이 점을 그는 '구멍 난 항아리'의 설화 두 가지를 통해 지적합니다.

그 하나를 이해하기 위해서는 우선 플라톤이 《국가》 4권에서 전개하는 영혼의 삼분설을 떠올리면 좋을 것 같습니다. 어떤 사람이 전쟁터에서 전투를 치른 후 목이 타서 물을 찾다가 우물물을 발견했다고 해보죠. 그런데 이때 대뜸 물을 떠 마시려는 영혼의 부분이 있는가 하면, 적군이 후퇴하며 독약을 풀어놓았을지도 모른다고 판단해 몸 전체에 무엇이 좋은지를 고려해서 이를 말리는 부분도 있을 것입니다. 이처럼 우리의 영혼 속에는 갈등과 대립이 있습니다. 영혼 속에 갈등과 대립이 있다는 것은 우리의 영혼은 단일한 하나가 아니라는 뜻입니다. 여기서 대뜸 물을 떠 마시려는 앞엣것은 '욕구'라 불리며, 이를 말리는 뒤엣것은 '이성'이라 불립니다. 그리고 이 둘 사이에 '격정'이라는 부분이 상정됩니다. 이 격정 부분은 이성을 보조합니다. 좋은 것이든 나쁜 것이든 가리지 않는 욕구에 화를 내며 이성을 보조하는 부분입니다. 이처럼 영혼은 하나인 것 같지만 하나가 아니라고 플라톤은 말합니다.

다시 《고르기아스》의 이야기로 돌아가보죠. 소크라테스는 영혼에서 욕구가 들어 있는 부분은 쉽게 설득당하고pithanon 변덕스러워서 '항아리pithos'라고 불렀다고 합니다. 그리고 특히 어리석은 자들의 항아리는 무절제하고 만족할 줄 모르므로 '구멍 난 항아리'라고 불렀습니다. 어리석은 자들은 사후 세계인 하데스에서 가장 비참한 자들로서, 구멍이 난 항아리에다 구멍이 나 있는 체를 갖고 물을 나르는 형벌을 받습니다. 소크라테스는 또 하나의 설화도 들려줍니다. 절제 있는 사람들은 이 욕구의 항아리가 멀쩡하고 가득 채워져서 신경 쓸 일이 없어 편히 쉴 수 있는 반면, 무절제한 사람들은 항아리가 구멍이 나 있어서 밤낮으로 줄곧 그것들을 채울 수밖에 없고 극단적인 고통을 겪을 수밖에 없다는 것입니다. 소크라테스는 이 항아리 설화들로 쾌락을 탐하며 무절제하게 욕구를 채우려는 삶이 얼마나 허망한 삶인지를 일깨우고 있는 셈입니다.

사실 일상적으로도 욕구 충족이 밑도 끝도 없다는 것을 어렵지 않게 깨닫게 됩니다. 욕구의 충족에 따른 쾌락은 일시적이고 쉬이 사라집니다. 취업 준비생을 떠올려볼까요. '취업만 하면 진짜 행복할 텐데!' 그런데 막상 취업을 하면 어떨까요? 취업이 더 이상 기쁨이나 행복을 안겨주지 않습니다. 월급이 올라가면 행복할까요? 막상 월급이 오르면 더 오르길 바랄 것이고, 혹 돈에 대한 욕심이 약해진다 해도 또 다른 욕심이 계속 생깁니다. 왜 그럴까요? 더 나은 상황에 도달하면 거기에 금세 적응하고 당연시하게 되고 새로운 기대가 생기는 과정이 이어지기 때문입니다. 돈, 건강, 명예, 권력 등 외적인 조건들이 나아지면 주관적 기대가 상승하고 이전의 조건으로는 더 이상 만족하지 못합니다. 욕구 충족에서 행복을 찾으려면 계속 채워나가야 하는데 욕구는 한없이 오르기 때문입니다. 결국 이는 밑 빠진 독에 물 붓기와 같으며 허망한 일이 아닐 수 없을 것입니다.

그래서 무절제한 사람으로서 구멍 난 항아리와 같은 욕구를 끝없이 채우는 삶을 살기보다는, 절제적인 사람으로서 절제된 욕구의 항아리를 채우고 쉴 수 있는 삶을 살 것을 소크라테스는 권합니다. 즉 무절제한 삶보다 절제적인 삶이 더 낫지 않겠느냐는 것입니다. 하지만 칼리클레스는 또다시 반발합니다. 항아리를 채운 절제적인 사람에게는 더 이상 아무런 쾌락도 없고, "돌과 같은 삶"이 있을 따름이라며 소크라테스의 권고를 거부하고 말지요(494a). 칼리클레스에게 행복한 삶이란 욕구를 끊임없이 채우며 즐거움을 만끽하는 삶입니다. 욕구적인 부분이 아무리 채워도 채워지지 않는 구멍 난 항아리라면 오히려 천만다행입니다. 그래야 끊임없이 채워가면서 쾌락을 맘껏 누릴 수 있을 테니까! 칼리클레스의 이런 이상을 잘 보여주는 설화가 또 있습니다. 배설하면서 계속 먹어댄다는 게걸스러운 새의 설화입니다. 이런 전설적인 새의 삶이 칼리클레스가 추구하는 삶이라며 소크라테스는 조롱합니다.

그리고는 "가려운 데가 있는 사람이 긁고 싶어서 마음껏 긁을 때, 평생을 계속 긁으면서 행복하게 살 수 있는지" 묻습니다 (494c). 이 질문도 다소 엉뚱하게 들리지 않나요? 칼리클레스도 엉뚱하다고 느끼고는 즉답을 주저합니다. 하지만 가려움도 욕구의 일종인 만큼 일관성을 유지하려면 이 물음에 '네'라고 답변할 수밖에 없겠지요. 그래서 평생 긁기만 하는 사람도 즐겁게, 따라서 행복하게 사는 것이라고 칼리클레스는 결국 인정합니다. 더 나아가 소크라테스는 좀 더 적나라한 비유도 동원합니다. 잘 알려졌듯, 고대 그리스에서는 남성 동성애가 하나의 문화로 자리 잡고 있었습니다. 소크라테스는 이 남성 동성애에서 부끄러운 역할(수동적인 역할)을 하는 사람도 필요한 것들을 맘껏 얻을 수 있는 한 행복하다고 할 수 있는지 묻습니다. 칼리클레스는 순간 난처해하지요. 하지만 다시 한번 일관성을 위해 그들도 행복하다고 인정할 수밖에 없었습니다. 소크라테스는 이들 두 예를 통해 칼리클레스식 행복론의 한계를 보여준 것입니다.

향락적 삶 대신 절제의 삶으로

소크라테스는 여기서 멈추지 않고 쾌락주의에 대한 비판을 끝까지 밀고 나아갑니다. 그는 향락적 삶, 즉 쾌락적 삶을 행복한 삶으로 여기는 쾌락주의의 가장 큰 문제는 쾌락과 좋은 것을 동일시하는 데 있다고 봅니다. 그런데 '좋은 것'에 대해서는 왜 이야기하는 것일까요? 소크라테스에 따르면 행복한 삶이란 '좋은 것을 지닌 삶'입니다. 이때 무엇을 좋은 것으로 보느냐에 따라 행복에 대한 견해가 갈립니다. 오늘날과 별반 다르지 않게 소크라테스의 시대에도 사람들은 일반적으로 건강, 부, 명예, 권력, 가문 등을 좋은 것으로 보았습니다. 그런데《고르기아스》에서는 이런 외적으로 좋은 것들을 문제 삼기보다는 내적인 좋은 것들인 쾌락이나 영혼의 덕들을 문제 삼습니다. 칼리클레스는 그 둘 중 쾌락과 좋은 것이 같다고 보고 쾌락을 지닌 삶을 행복한 삶이라고 봅니다. 그러므로 쾌락주의를 논박하는 한 가지 방식은 쾌락과 좋은 것이 같지 않음을 밝히는 것입니다. 쾌락과 좋은 것이 같다고 보는 견해는 고대로부터 유래한 것이고, 근대 이후에는 공리주의 윤리학의 기본 전제이기도 합니다. 고대의 쾌락주의를 이어받은 공리주의는, 쾌락을 추구하고 고통을 회피하는 본성을 지닌 존재로 인간을 파악합니다. 그래서 옳고 그름이라는 윤리적 판단의 기준을 이 쾌락의 추구와 고통의 회피에서 찾았습니다. 공리주의의 창시자 벤담의 유명한 '최대 다수의 최대 행복' 원리에서 행복은 쾌락과 다름없는 말이었습니다. 여기서 소크라테스는 쾌락과 좋은 것이 같다고 보는 바로 이러한 통념에 맞서고 있는 것입니다.

쾌락주의에 대해 소크라테스가 가한 비판의 핵심은 쾌락들 가운데는 좋은 쾌락도 있고 나쁜 쾌락도 있다는 것입니다. 이로운 쾌락들은 좋지만 해로운 쾌락들은 나쁩니다. 무언가 좋은 것을 생기게 하는 쾌락은 좋은 것이지만 무언가 나쁜 것을 생기게 하는 즐거움은 나쁜 것입니다. 먹고 마셔서 얻는 몸 관련 쾌락들 가운데 몸의 건강이나 체력, 또는 몸의 다른 어떤 덕을 생기게 하는 쾌락은 좋은 쾌락입니다. 그리고 반대되는 것을 생기게 하는 쾌락은 나쁜 것입니다. 고통들도 마찬가지인데, 어떤 것들은 쓸모가 있지만 어떤 것들은 쓸모가 없습니다. 그래서 쾌락이든 고통이든 쓸모 있는 것들은 선택해야 합니다. 좋은 쾌락과 나쁜 쾌락, 쓸모 있는 쾌락과 쓸모없는 쾌락을 잘 구분해야 합니다. 그런데 즐거움들 중 어떤 것들이 좋고 어떤 것들이 나쁜지를 가려내는 일은 아무나 할 수 있는 일은 아니고 전문가가 필요합니다. 다시 말해 무엇이 좋은 것인지에 관한 앎이나 지혜가 필요하다는 것입니다. 결국 행복하게 살려면 지혜가 있어야 하는 것입니다.

쾌락주의에 대한 소크라테스의 문제 제기는 상식적으로도 공감이 갑니다. 오늘날 우리는 어떤 면에서 칼리클레스처럼 즐거울 때 행복하다고 생각하고 쾌락을 추구하는 경향이 강합니다. 마약 중독자가 주사를 맞고 환각 상태에서 극도의 쾌감을 느끼고 있다고 해보죠. 쾌락주의적 관점에서 그 사람은 쾌락을 만끽하는 상태에 있으니까 행복한 사람이라고 해야 할 것입니다. 하지만 이런 결론은 상식에 부합하지 않은 듯합니다. 그래서 쾌락주의의 한 형태인 공리주의는, 환각 상태의 쾌락 자체만 보면 좋은 것이지만 쾌락과 고통의 총합을 고려해야 한다는 관점에서 이런 난점을 해소하려 할 것입니다. 마약이 가져다주는 쾌락뿐 아니라 마약 중독으로 인한 고통도 함께 고려할 때 쾌락 즉 행복의 총량은 증가되지 않고 오히려 감소되므로, 마약을 통한 행복의 추구는 옳지 않다고 볼 것입니다. 그러나 소크라테스의 견해는 쾌락주의적 관점과 근본적으로 다릅니다. 그는 마약 중독자의 쾌락은 나쁜 쾌락이며, 이런 쾌락을 누리는 삶은 나쁜 삶이므로 행복한 삶이 아니라고 봅니다. 적어도 행복한 삶이란 진정으로 좋은 것을 지닌 '좋은 삶'이어야 한다는 것이 소크라테스의 생각입니다.

결국 쾌락적 삶이 행복한 삶이 아니라면, 소크라테스가 생각하는 행복한 삶이란 어떤 것일까요? 이를 밝히기 위해 우선 그는, 장인들이 어떻게 제작물들을 좋고 쓸모 있게 만드는지를 설명합니다. 이를테면 화가, 집 짓는 사람, 배 만드는 사람, 그 밖의 장인들은 저마다 자신의 제작물 전체가 일정한 짜임새 taxis와 질서kosmos를 갖추도록 구성합니다. 이 짜임새와 질서를 갖춰야 좋은 제작물이 나옵니다. 좋은 그림이라면, 무엇보다 아름다운 그림이라면 전체적으로 짜임새와 질서가 잘 갖춰져야 하며, 쓸모 있고 좋은 배의 경우도 마찬가지입니다. 집도, 좋은 건축 자재를 쓴다고 다 좋은 집이 아니라, 전체적으로 질서 있고 짜임새가 있어야 합니다. 몸의 경우도 좋고 쓸모 있게 되려면 의사가, 체육 교사가 몸이 질서와 짜임새를 갖추게 해야 합니다.

영혼의 경우도 다르지 않습니다. 영혼도 일정한 짜임새와 질서를 갖췄을 때 쓸모가 있고 훌륭하게 됩니다. 몸이 짜임새와 질서를 갖춘 상태를 건강과 체력이라고 한다면, 영혼이 짜임새와 질서를 갖춘 상태는 정의와 절제라 할 수 있습니다. 그러면 짜임새나 질서와, 덕은 어떤 관계가 있는 것일까요? 소크라테스에 의하면, 몸의 짜임새와 질서에서 건강과 체력 및 그 밖의 신체적 덕이 생기고, 영혼의 짜임새와 질서에서 정의와 절제가 생깁니다. 그래서 질서를 가진 영혼은 절제가 있으며, 정의롭기도 합니다. 절제 있는 사람은 신들에 대해서나 인간들에 대해서나 적합한 것들을 행하는데, 인간들에 대해 적합한 것을 행하면 정의로운 것을 행하는 것이고, 신들에 대해 적합한 것을 행하면 경건한 것을 행하는 것이기 때문입니다. 절제 있는 사람은 이렇게 정의롭고 경건하며, 게다가 용감하기까지 합니다. 그는 덕들이 하나라는 관점에서 한 가지 덕을 가지면 다른 모든 덕도 갖는 것과 같다고 보는 셈입니다. 그렇다면 절제, 정의, 경건, 용감을 두루 갖추었으니 완벽하게 좋은 사람이라고 할 수 있겠지요. 이런 사람은 무엇을 하든지 훌륭하게 잘 행하고, 따라서 복되고 행복할 것입니다. 반면에 무절제한 사람은 나쁜 행위를 하는 몹쓸 사람으로서 비참할 수밖에 없습니다.

이제 결론입니다. 소크라테스가 보기에 행복하기를 원하는 사람은 무엇보다 절제를 추구하고 익혀야 합니다. 반대로 무절제는 피하고, 무엇보다도 응징당할 필요가 전혀 없도록 준비해야 합니다. 욕구들을 무절제한 상태로 방치한 채 그것들을 채우려 애쓰면서 강도의 삶을 살아서는 안 되는 것이지요. 그런데 칼리클레스는 이런 삶을 추구하는 것입니다. 이런 사람은 다른 사람과 친해질 수도 없고 신과도 친해질 수 없다고 소크라테스는 봅니다. 그 사람은 공유할 수 없는 자이고, 그에게는 우애가 없을 것이기 때문입니다. 여기서 소크라테스는 피타고라스주의자들로 봄직한 '현자들'의 견해를 끌어들여 주목할 만한 이야기를 합니다.

현자들은 공유(연대)와 우애와 절도 있음과 절제와 정의로움이 하늘과 땅을, 그리고 신들과 인간들을 함께 묶어준다고 말하네. 그렇기 때문에, 친구여, 그들은 이 전체(우주)를 '우주 질서kosmos'라 부르고 무질서나 무절제라고 부르지는 않은 것이네. 그런데 자네는 지혜로운데도 불구하고 여기에 주의를 기울이지 않는 것 같네. 오히려 자네는 기하학적 동등이 신들 사이에서나 인간들 사이에서나 큰 힘을 발휘한다는 점을 간과하고 있네. 그러면서 자네는 더 많이 갖는 연습을 해야 한다고 믿고 있네. 그건 자네가 기하학을 소홀히 하기 때문이네.

_507e~508a

이 인용문과 관련해서는, 우선 절제와 정의와 같은 것들이, 앞서 영혼의 경우 이야기되었듯이, 질서와 짜임새에서 생긴다는 점을 고려할 필요가 있습니다. 그러니까 현자들은 질서와 짜임새가 우주를 하나로 결합시킨다고 본 셈이며, 그래서 우주를 '코스모스(우주 질서)'라는 용어로 지칭하기까지 한 것입니다. 그리고 우주가 질서와 짜임새를 갖추고 있다는 것은 그것이 전체적으로 아름답고 좋다는 것을 함축합니다. 반면에 칼리클레스가 중시하는 무질서와 무절제가 우주를 지배한다면 우리가 보는 아름답고 좋은 우주는 존재할 수 없을 것이라는 것이 소크라테스의 생각입니다.

여기에 덧붙여 소크라테스는 "기하학적 동등" 즉 기하학적 평등을 이야기하는데, 이것은 통상 '산술적 평등'과 대비해서 쓰이곤 합니다. 분배의 문제 차원에서, 뒤의 평등이 모든 사람에게 똑같이 분배하는 방식이라면, 앞의 평등은 어떤 일에 알맞은 덕들이나 가치에 따라 그에 비례해 분배하는 방식을 뜻합니다. 그런데 이런 구분은 현재의 논의에는 그대로 적용하기 힘듭니다. 칼리클레스는 둘 중 어느 쪽일까요? 그는 한정 없이 더 많이 차지하고자 할 뿐입니다. 그러니까 그는 산술적 평등주의자가 아니며, 또한 소크라테스가 중시하는 기하학적 평등주의자도 아닙니다. 결국 인용문의 맥락에서 기하학적 평등에 대비되는 것은 산술적 평등보다는 정당한 몫 이상을 무한정 차지하는 것입니다. 이런 점에서 그는 칼리클레스가 기하학을 소홀히 하고 있다고 말하고 있습니다. 반면에 소크라테스가 생각하는 기하학적 평등은 공동선의 목표 아래 덕이나 가치에 따른 비례적 분배를 뜻하는 것으로 보입니다.

플라톤의 다른 초기 대화편들과는 달리, 《고르기아스》에서는 우주적 차원의 논의까지 끌어들여 어떤 삶이 행복한 삶인지를 밝히고자 한 점이 주목됩니다. 우주적인 차원에서 살펴보더라도 행복한 자들이 행복한 것은 정의와 절제의 소유로 인해서이고, 비참한 자들이 비참한 것은 악덕의 소유로 인해서인 것으로 보아야 한다는 것이 소크라테스의 생각입니다(508b). 요컨대, 영혼이 질서와 짜임새를 갖출 때 덕이 생기고 덕이 생겨야 좋은 사람이 되고 그래야 행복해질 수 있다는 것입니다. 영혼의 덕들과 행복에 관련해서는 《국가》에서 더 충실하게 다루어지니 다음 장에서 좀 더 생각해보기로 하겠습니다.

❊ 《고르기아스》에서의 인용문들은, 국내에 출간된 《고르기아스》의 그리스어 원전 번역본인 《고르기아스》(김인곤 옮김, 아카넷, 2021)를 지은이 이기백이 다소 수정해서 사용했습니다. 국내에 출간된 그 밖의 그리스어 원전 번역본으로는 《플라톤의 고르기아스 / 메넥세노스 / 이온》(박종현 옮김, 서광사, 2018)와 《플라톤전집 3》(천병희 옮김, 도서출판 숲, 2019)이 있습니다.

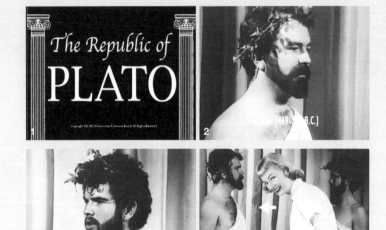

플라톤 《국가》는 1950년대에 미국에서 교육용 영화로 만들어지기도 했는데, 후반부를 컬러 영상으로 제작하다가 영화사가 파산하고 말았다고 합니다. 1. 타이틀시퀀스, 2. 소크라테스, 3. 대화 상대자 중 한 명인 아데이만토스, 4. 광고인 듯, 갑자기 현대 여성이 등장하는 두 사람의 대화 장면. 소크라테스와 아데이만토스가 월계관을 쓰고 있군요.

8

《국가》플라톤

개인의 정의와 나라의 정의

이기백

플라톤은 대내외적인 정치적 격변의 시대를 살았던 인물입니다. 대외적으로는 펠로폰네소스 전쟁 시기에 태어나서 스파르타에 조국 아테나이가 굴복당하는 광경을 목격했고, 대내적으로는 여러 정변들 특히 민주파와 과두파 간의 처참한 싸움이 있었습니다. 전쟁이 끝나고 잠깐 동안의 과두정을 거쳐 민주정이 다시 자리를 잡은 청년 시절에는 큰 절망감을 안겨주는 사건을 겪었습니다. 큰 기대를 걸었던 민주정 시기인 기원전 399년에 그가 보기에 "가장 훌륭하고 가장 지혜로우며 가장 정의로운 사람"인 소크라테스가 불경죄로 처형을 당한 것입니다. 그 충격으로 플라톤은 명망 있는 가문의 자제로서 현실 정치에 참여하려던 뜻을 접고, 철학의 길로 들어섭니다. 하지만 그는 철학을 통해서도 여전히 아테나이의 정치적 악순환과 암울한 현실을 타파할 근본적인 대책을 강구하고자 했고, 그 결실로《국가》에서는 철학자들이 통치하는 '아름다운 나라'라는 이상국가를 제시합니다. 이런 점에서 이 대화편은 국가에 관한 정치철학적 견해를 펼친 작품으로 널리 알려져 있습니다. 그런데 아쉽게도 이 작품의 일차적 관심사가 윤리적 문제에 있다는 점은 간과되곤 합니다. 부정의가 정의보다 더 나은가, 혹은 부정의한 사람이 정의로운 사람보다 더 행복한가 하는 윤리적 문제를 주된 문제로 다루고 있는데도 말이에요. 실상은 이 문제야말로 대화편 전체를 관통하는 주제이고, 다른 한편 이 문제를 다루는 가운데 여러 정치철학적 논의들이 도입되는 것이지요. 그런데 이 논의들이 그 유명한 정의론이나 철학자 통치론 등을 제시하고 있어서《국가》는 유독 플라톤의 정치철학서로서만 크게 주목을 받아왔습니다.

정의는 강자의 이익인가

《국가》는 총 10권으로 구성되어 있는데 오늘날로 치면 총 10장으로 되어 있다고 보면 됩니다. 그런데 그중 1권의 경우는 나머지 권들에서 따로 떼어내어 초기 대화편으로 분류되곤 합니다. 1권에서는 정의에 관해 트라시마코스와 소크라테스 사이에 논쟁이 펼쳐지는데, 이 1권의 짜임새만으로도 한 편의 독립적인 대화편으로 손색이 없어 보이고, 또한 그 내용이 초기 대화편들 특히 《고르기아스》에서의 정의에 관한 논의와 유사해 보이기 때문입니다. 그래서 1권은 플라톤이 초기에 저술했고, 2권부터 10권까지는 중기에 썼다고 보는 견해가 충분히 설득력 있어 보입니다. 하지만 이 점이 《국가》 전체가 형식상이나 내용상으로 통일성이 없는 작품이라는 것을 뜻하는 것은 아닙니다.

바로 1권에서는 "정의는 강자의 이익"이라는 소피스트 트라시마코스의 유명한 주장이 나옵니다. 소피스트shopistes는 기원전 5세기에 아테나이에 등장한 신흥 지식인을 일컫는 말입니다. 플라톤의 대화편에서 주로 소크라테스의 논적으로 등장하는 이 소피스트들은 보수를 받고 지혜를 가르치는, '지혜의 교사'를 자처했었지요. 흔히 오해받는 것처럼 궤변론자까지는 아니지만, 트라시마코스의 예에서 볼 수 있듯 아테나이의 전통적인 가치관에 반하는 파격적인 주장을 종종 펼쳤던 사람들입니다. 다시 본론으로 돌아와서, 과연 정의는 강자의 이익일까요? 약자의 이익일까요? 우리가 살고 있는 현실에서는 정의가 강자 편이 아니냐고 충분히 생각할 만합니다. 현실에서 정의의 척도 역할을 하는 것은 바로 법이지요. 이 법이 정의의 척도 역할을 제대로 하려면 적어도 불편부당해야 할 테고요. 하지만 과연 법이 실제로 그러한지에 대해서는 의문을 가질 사람들이 많을 것입니다. 동서고금을 막론하고 "유전무죄 무전유죄"라는 말에 많은 이들이 공감해왔다는 사정은 우리의 법이 결코 약자들의 편은 아니었음을 보여주는 것 같습니다. 그런가 하면 다른 한편으로, 전직 최고 권력자들이 줄줄이 재판을 받는 낯설지 않은 풍경은 법이 꼭 강자들의 편만은 아니라는 믿음을 주기도 합니다. 물론 하나하나 따져보면 실제 법률들 중에는 약자에 더 유리한 것도, 강자에 더 유리한 것도 있겠지만, 오늘날에도 그렇듯 큰 틀에서 법은 누구의 이익을 반영한 것인가에 대해서는 이미 고대로부터 많은 논란이 있어왔습니다.

앞서 말했듯, 1권에서는 주인공 소크라테스와 트라시마코스 사이에 논쟁이 벌어집니다. 트라시마코스는 정의가 강자의 이익인 까닭을 다음과 같이 설명합니다. 각 정권은 자기의 이득을 위해 법을 제정하고 자신들에게 이득이 되는 것이 피통치자들에게 정의로운 것이라고 공포하고, 이것을 어기는 자는 부정의한 자로 간주하여 처벌한다는 것입니다(338e). 여기서는 각 정권의 통치자들을 강자들로 제시하고 셈이라는 점을 눈여겨볼 필요가 있습니다. 그리하여 그가 생각하기에 (1) "정의는 '남에게 좋은 것', 즉 강자인 통치자에게 이익이 되는 것이지만, 복종하여 섬기는 자의 경우에는 '자신에게는 해로운 것'입니다." 부정의는 이와 반대되는 것이겠지요. 그리고 (2) 통치를 받는 자들은 강자인 통치자의 이익이 되는 것(정의)을 행하고 그를 행복하게 만들어줄 뿐이고 결코 어떤 식으로도 자신들을 행복하게 만들지 못합니다(343c~d).

이제 (1)과 관련한 소크라테스의 논박이 시작됩니다. 우선 통치자들이 법을 잘못 제정할 수도 있지 않을까요? 그래서 실수로 법을 잘못 제정해서 강자에게 불리하게 만들 수도 있지 않을까요? 그럴 경우, 정의는 강자의 이익이 아니라 약자의 이익이 되지 않을까요? 그러니까 트라시마코스가 정색을 합니다. 이를테면 "엄격한 의미에서"는 어떤 전문가도 실수를 저지르지 않습니다. 실수를 하는 사람은 지식이 달릴 때 실수를 하므로 실수한다는 점에서 그는 전문가가 아닙니다. 마찬가지로 엄격한 의미에서 어떤 통치자도 실수를 하지 않습니다. 어떤 통치자도, 그가 통치자인 한에서는 실수하지 않습니다. 따라서 그들이 제정하는 법은 강자인 자신들의 이익을 가져오는 것입니다.

여기서 소크라테스는 말꼬리를 잡습니다. 엄격한 의미에서의 통치자라고? 그럼 엄격한 의미에서 의사나 선장은 어떨까요? 이들은 자신들의 이익이 아니라 관리 대상인 환자들이나 선원들의 이익을 생각하고 지시하지 않나요? 이 전문가들이 지닌 그 어떤 전문적 지식도 강한 자의 이익이 아니라, 오히려 관리 대상이 되는 약한 자의 이익에 관한 것입니다. 그러니 적어도 엄격한 의미에서 의사는 환자를 치료하는 자이지, 돈벌이를 하는 자가 아닙니다. 돈벌이를 하려고 의술을 도구로 이용하는 흔한 경우는 엄격한 의미에서 의술 행사가 아닙니다. 통치자들의 경우도 마찬가지입니다.

긴장감 넘치는 설전입니다. 트라시마코스는 어처구니없어

합니다. 양을 치는 자나 소를 치는 자가 자신의 이익을 염두에 두지 않고서 그저 양이나 소한테 좋은 것을 생각하고 그것들을 살찌우고 돌본다는 것인가요? 오히려 자신에게 좋은 것, 즉 자신의 이득을 위해서 그렇게 할 것입니다. 통치자도 마찬가지입니다. 결국 통치자도 자기이익을 위해 통치를 할 것이라는 주장입니다. 이에 대한 소크라테스의 재반박이 재미있습니다. 우선 트라시마코스는 앞서와 같이 엄격한 의미에서 말해야 할 것입니다. 양치기는, 그가 양치기인 한, 양한테 가장 좋은 상태를 염두에 두고서 양을 치지, 자신의 이익을 위해 그러지는 않습니다. 일반적으로 기술들은 각기 다른 능력으로 각각에 해당하는 고유의 성과를 약자들에게 제공합니다. 의사의 의술은 건강을, 선장의 조타술은 안전을, 건축가의 건축술은 집을 제공해 줍니다. 그렇다면 의사나 선장이나 건축가가 얻는 이득인 보수는 어떻게 봐야 할까요? 보수는 건강과 안정과 집과는 달리 각 기술에 고유한 성과가 아닙니다. 그것은 전문가들이 공통되게 "보수 획득술"을 추가적으로 이용해서 얻는 것입니다. 그러니까 의술도, 조타술도, 건축술도 그 자체로는 돈벌이 기술이 아닙니다. 이 기술들이 본래 할 일은 건강과 안정과 주거를 제공하는 것이니 말입니다. 그래서 돈벌이는 이 기술들이 아니라 보수 획득술이 할 일일 뿐입니다. 돈벌이는 의사의 고유한 일이 아니라 부수적인 일이고, 참된 의사는 돈벌이를 하는 사람이 아니라 환자에게 좋은 것을 살피는 사람입니다. 따라서 참된 통치자도 자기이익이 아니라 돌보는 대상인 통치받는 사람들에게 좋은 것을 살피는 사람이라는 점을, 소크라테스는 이 비유를 통해 분명히 하고자 하는 것이지요.

여기서 흔히들 혼동하는 지점이 있습니다. 그 혼동 탓에 소크라테스가 너무 현실을 모르고 순진하다고 치부해버리고 맙니다. 사실 우리의 현실을 보면, 트라시마코스의 말처럼 대부분의 의사, 건축가, 그리고 통치에 관여하는 정치가들이 자신의 기술이나 지식을 이용해 자신의 이익을 추구합니다. 현실에서는 트라시마코스의 말이 옳습니다. 그렇다면 소크라테스가 그런 현실을 몰라서 저런 순진한 소리나 해대고 있는 걸까요? 아닙니다. 그도 현실의 의사나 건축가, 통치자에 관해서는 트라시마코스의 주장에 당연히 동의하겠지요. 하지만 거꾸로 이렇게 물을 수도 있습니다. 그렇다고 의사가, 건축가가 대놓고 자기 본분에 충실하지 않고 이익만 탐한다면 어떨까요? 더군다나 통치자나 정치가가 그러하다면 세상이 어떻게 될까요? 소크라테스는 이런 상황을 우려하며 자기이익의 추구가 적어도 통치자의 본분은 아니라고 말하고자 한 것입니다. 그래서 말끝마다 "엄격한 의미에서"라는 표현을 반복적으로 쓰면서, 이 표현을 통해 현실과 이상, 사실과 당위를 대비시키고자 했다고 할 수 있습니다.

통치자가 할 일, 본분은 시민들을 더 훌륭하게 만드는 일입니다. 통치자는 남에게 좋은 일을 해야 합니다. 자기에게 좋은 일이 아니라 남에게 좋은 일입니다. 그래서 "아무도 자발적으로 다스리는 일을 맡아 남의 나쁜 일들을 바로잡는 일을 하려들지는 않습니다."(346e) 물론 정치꾼들은 다르겠지만, '남 좋은 일'이니 만큼 제대로 된 사람은 아무도 자발적으로 통치자가 혹은 정치가가 되려고 하지 않겠지요. 그런데 정작 훌륭한 사람들은 정치를 외면하고 자기이익만 탐하는 이런 정치꾼들만 통치를 맡으려 한다면 나라가 어떻게 되겠어요? 그래서 훌륭한 사람들이 통치를 하려는 마음을 갖도록 해야 하고, 그러려면 그들에게는 어떤 강제나 벌이 가해지지 않으면 안 됩니다. 그러면 그 벌이 무엇일까요? "스스로 통치하려는 마음을 갖지 않을 경우, 최대의 벌은 자기보다 못한 사람한테 통치를 받는 것입니다."(347c)《국가》의 아주 유명한 논변인데, 오늘날 선거철에 늘 등장하는 구호를 떠올리게 합니다. '우리가 정치에 관심 갖지 않으면 우리보다 못한 사람들에게 지배를 받을 것입니다. 선거에 참여하십시오!' 이런 구호가 바로 소크라테스의 말을 패러디한 것입니다. 훌륭한 사람들은 그런 벌이 두려워서 마지못해 통치를 떠맡습니다. 자기들보다 더 훌륭하거나 적어도 자기들과 같은 수준의 사람들이 통치에 나설 가망이 없어서이죠. 그런데 만일 이런 훌륭한 사람들로 이루어진 나라가 생긴다면 어떨까요? 이런 나라에서는 오늘날과 달리 서로 통치를 하지 않으려고 다투겠지요. 그러다가 결국 훌륭한 누군가가 마지못해 통치를 맡게 되면, 참된 통치자의 진면목도 잘 드러나겠지요. 현실에서 통치자는 자기에게 이익이 되는 것을 추구하지만, 이 참된 통치자는 자신의 이익을 도모하지 않고 시민들의 이익을 도모할 것입니다. 이렇게 소크라테스는 현실 아닌 이상을 말하고 있습니다. 사실 철학자들은 늘 이상을 말합니다. 현실에 무작정 순응하기를 거부하고 저 높은 이상을 추구하는 데 철학의 위대한 정신이 있는 게 아닐까요?

부정의가 정의보다 나은가

트라시마코스에 대한 훨씬 더 중요한 반박이 아직 남아 있습니다. 트라시마코스는 정의란 강자의 이익이고 강자인 통치자에게만 이익과 행복을 준다고 봅니다. 이런 관점에서 일반인들의 경우 부정의가 정의보다 낫다고 주장합니다. 이런 주장에 맞서 소크라테스는 과연 "정의로운 일들이 정의롭지 못한 이들보다 더 훌륭하게 살고 더 행복한가", "어떤 방식으로 살아가야 하는가" 하는 문제를 1권 말미에서 다룹니다(352d). 그리고 정의로운 사람이 행복하고 정의가 더 낫다는 점을 밝히기 위해 소크라테스는 유명한 '기능ergon' 또는 '할 일' 논증을 펼칩니다.

그는 묻습니다. '말馬의 기능과 같은 것이 있는가?' 여기서 기능이란 '누군가가 그것에 의해서만 할 수 있거나 그것에 의해 가장 훌륭하게 할 수 있는 것'을 뜻합니다. 그러니까 그는 '우리가 말에 의해서만 할 수 있거나 말에 의해 가장 훌륭하게 할 수 있는 일', 다시 말해 '말만이 할 수 있거나 말이 가장 훌륭하게 할 수 있는 일'이 있냐고 묻는 것입니다. 이런 말의 기능으로는 '달리는 것'을 들 수 있겠지요. 그런데 말뿐만 아니라 이런 식으로 수많은 사물들의 기능을 이야기할 수 있습니다. 생물과 무생물을 막론하고 말이죠. 그리고 마찬가지로 우리는 신체의 부분들 중 귀의 기능, 눈의 기능 등도 말할 수 있을 것입니다.

더 나아가 그는 어떤 기능이 부여되어 있는 각각의 것에는 '훌륭한 상태arete' 혹은 '훌륭함'도 있는지 묻습니다. 예를 들어 보는 기능이 부여되어 있는 눈에는 훌륭한 상태도 있느냐는 것입니다. 물론 눈의 훌륭한 상태도 있습니다. 또한 귀의 기능이 있으니 귀에 고유한 훌륭한 상태도 있습니다. 여기서 훌륭한 상태란 '각 사물이 그것의 기능을 잘 수행할 수 있게 해주는 상태'를 뜻합니다. 귀는 그것에 고유한 훌륭한 상태를 갖고 있을 때 잘 들을 수 있지만, '나쁜 상태kakia'를 갖고 있을 때는 잘 들을 수 없습니다.

여기서 소크라테스는 그 밖의 모든 것에도 같은 이치가 적용된다고 보고, 이 이치를 영혼에 적용해서 영혼의 기능과 훌륭한 상태에 대해 이야기합니다. 일반적으로 훌륭한 상태로 옮길 수 있는 '아레테arete'란 용어는 사람 혹은 사람의 영혼에 적용될 때는 '덕德'이나 '탁월성'으로 번역됩니다. 그 대표적인 덕으로는 지혜, 용기, 절제, 정의가 꼽힙니다. 이 덕 개념은 고대 철학에서 행복을 논할 때 꼭 나오는 개념입니다. 아리스토텔레스는

《니코마코스 윤리학》에서 행복을 "덕에 따른 영혼의 활동"이라고 정의했고, 덕을 중시하는 그의 윤리학은 현대 윤리학의 중요한 한 축인 덕 윤리(덕 이론)로 부활합니다. 의무론적 윤리설과 공리주의는 주로 행위의 옳음과 그름에 관심을 두고 의무의 이행이나 최대 행복을 그 평가 기준으로 내세우지만, 덕 윤리는 주로 인간의 좋은 삶에 관심을 기울이고 이런 삶을 가능하게 하는 덕이나 성품을 중시하지요. 그런데 알고 보면, 덕에 따른 영혼의 활동을 행복으로 보는 아리스토텔레스 윤리설의 모델은 바로 우리가 살펴보고 있는 《국가》 1권의 논의라 할 수 있습니다.

이렇게 사물들은 저마다 고유의 기능이 있듯이 사람의 몸의 부분들도 이를테면 눈도, 귀도, 손도, 발도 다 기능이 있습니다. 그런데 인간에게는 신체뿐만 아니라 영혼도 있습니다. 그처럼 사물들이나 신체의 부분들처럼, 인간의 이 영혼도 고유한 기능을 갖고 있을까요? 소크라테스의 대답은 '있다'입니다. 그러면 세상의 다른 어떤 것도 해낼 수 없고, 오직 인간의 영혼만이 해낼 수 있는 일은 무엇일까요? 보살피거나 다스리는 것, 심사숙고하는 것, 그리고 사는 것 등이 그것입니다. 그러면 다시 사물들이나 신체의 부분들과 마찬가지로, 이런 기능들을 훌륭하게 수행할 수 있게 해주는 어떤 영혼의 훌륭한 상태 즉 덕도 있을 것입니다. 따라서 훌륭한 상태의 영혼은 자신을 훌륭하게 보살피고 다스리며, 자신에 무엇이 좋은지를 훌륭하게 심사숙고하고 훌륭하게 살 테지만, 나쁜 상태의 영혼은 자신에게 고유한 이런 기능들을 잘못 수행할 게 필연적입니다. 그런데 정의는 영혼의 덕이지만, 부정의는 영혼의 악덕입니다. 그러니 정의의 덕을 지닌, 정의로운 사람은 훌륭하게 살게 되겠지만, 정의롭지 못한 사람은 잘못 살게 될 것입니다. 그리고 훌륭하게 사는 사람은 복 받고 행복할 것이지만, 그렇지 못한 사람은 그 반대일 것입니다. 그러므로 "정의로운 삶은 행복하되, 정의롭지 못한 사람은 불행합니다."(354a) 그러면 불행하다는 것은 이득이 되지 않지만 행복하다는 것은 이득이 됩니다. 결국 "부정의는 정의보다도 결코 더 이득이 되지 않습니다."(354a)

이렇게 해서 정의로운 사람은 더 행복하다는 것이 밝혀진 것일까요? 아직 아닙니다. 왜일까요? 그것은, "정의로움이 무엇인지"를 알아내기 전에는 "정의가 부정의보다 더 이득이 되는지", 혹은 "그것을 지닌 이가 불행한지, 행복한지"도 알게 될 가망은 거의 없을 것이기 때문이라고 소크라테스는 말합니다 (354b~c). 그리하여 정의란 무엇인가에 대한 논의가 이후의 과제로 남겨집니다. 플라톤의 대화편들에서는 두 가지 물음이 제기되곤 합니다. 'X는 무엇인가'와 'X는 어떤 것인가'라는 물음입니다. 정의로운 것이 이득이 되는 것일까요, 아닐까요? 행복을 가져오는 것일까요, 아닐까요? 이런 질문들은 두 가지 중 'X는 어떤 것인가'를 묻는 것입니다. 그런데 이런 질문들에 답을 얻으려면, 먼저 정의라는 'X가 무엇인가'를 알아야 합니다. 정의라는 X의 본질을 먼저 알아야 한다는 것입니다. 왜일까요? 우리도 일상에서 많이 경험하지만, 제대로 어떤 말의 의미를 규정하거나 개념을 정의해놓지 않으면 대화가 동문서답이 되기 십상이지요. 일상적인 대화에서도 그럴진대 추상적인 문제를 다루는 철학적 문답에서는 당연히 더할 테지요. 여태껏 소크라테스와 트라시마코스가 설전을 벌인 까닭도 이런 사정과 무관하지 않습니다. 정의라는 덕에 관한 의미 규정이나 개념 정의가 먼저 이루어지지 않아서이지요. 게다가 그 둘이 윤리적인 문제를 다루고 있는 까닭에 더 심각한 문제가 발생합니다. 정의라는 윤리적인 덕을 각자가 제멋대로 규정하는 윤리적 상대주의가 비집고 들어오게 되지요. 하물며 트라시마코스는 정의를 강자의 이익이라는, 언뜻 보기에도 상식적이지 않은 의미로 규정하잖아요. 따라서 이 'X가 무엇인가'라는 물음은 철학적 문답이 생산적 논의가 되도록 하려는 시도일뿐더러 윤리적 상대주의를 극복하려는 노력이기도 합니다. 그래서 실제로 소크라테스는 당시의 사람들에게 'X는 무엇인가' 하는 물음을 즐겨 던졌던 것으로 보입니다. 플라톤의 대화편을 보면 등장인물인 소크라테스는 줄곧 '경건이란 무엇인가', '용기란 무엇인가', '우정이란 무엇인가', '절제란 무엇인가', '덕이란 무엇인가', '사랑이란 무엇인가' 하고 묻는데, 이제 《국가》에서는 '정의란 무엇인가', '좋음이란 무엇인가' 하는 물음들을 던지는 것입니다.

2권부터는 소크라테스의 대화 상대가 바뀝니다. 글라우콘과 아데이만토스라는 두 인물인데, 플라톤의 실제 형들이었다고 알려져 있습니다. 2권에서는 우선 글라우콘이 앞서의 논의에서 소크라테스가 "정의가 부정의보다 모든 면에서 더 낫다"고 트라쉬마코스를 진정으로 설득해낸 것은 아니라고 말합니다 (357a). 진정으로 그를 설득하려면 정의가 '그 자체 때문에' 우리가 좋아하는 것임을 밝혀줘야 한다는 것입니다. 그리고 "정의와 부정의 각각이 무엇인가"뿐만 아니라 "그 각각이 영혼 안에 있을 때 그 자체로 무슨 힘을 갖는가"(358b)도 밝혀줘야 한다고 보고 소크라테스에게 이를 요청합니다. 그리하여 해결해야 할 문제가 하나가 더 늘어난 셈입니다. '정의란 무엇인가'에 대한 고찰도 해야 하고, 이제 글라우콘의 새로운 문제 제기에 대한 답도 내놓아야 하기 때문입니다.

　글라우콘이 추가적으로 제기한 문제의 의미를 알기 위해서는 우선 좋은 것에 대한 그의 견해를 살펴볼 필요가 있습니다. 그는 좋은 것에는 세 종류가 있다고 말합니다. (1) 그 하나는 우리가 결과를 바라서가 아니라 오직 그 자체 때문에 반기며 갖고자 하는 것, 이를테면 쾌락들 중에서 나중에라도 고통을 동반하지 않는 해롭지 않은 쾌락입니다. (2) 또 하나는 그 자체 때문만이 아니라 결과 때문에도 좋아하는 것, 이를테면 분별,

보는 것, 듣는 것, 건강한 것과 같은 것입니다. (3) 셋째 것은 체육, 치료 받음, 의사의 의료 행위나 기타 돈벌이와 같이 수고롭지만 우리를 이롭게 하는 것들입니다. 이것들은 그것들 자체 때문이 아니라, 보수라든가 그 밖의 결과 때문에 우리가 좋아하는 것입니다.

그러면 정의는 이 세 가지 중 어느 것에 속할까요? 소크라테스는 두 번째 종류에 속한다고 봅니다. 하지만 글라우콘의 생각은 다릅니다. 대중의 관점에서 이의를 제기하지요. 그에 따르면, 정의는 그 자체 때문이 아니라 보수나 명성 같은 결과 때문에 실행되어야 할 것이며, 그 자체 때문이라면 기피되어야 할 것이라는 것이 다수의 생각입니다. 그렇다면 정의는 좋은 것의 세 번째 종류에 속하겠지요. 여기서 멈추지 않고 글라우콘은 한술 더 떠 부정의를 강력하게 찬양하는 견해마저 펼칩니다. 정의가 어떤 점에서 그 자체로 우리가 좋아할 만한지에 대한 소크라테스의 설명을 듣고 싶어서이지요.

부정의를 찬양하는 견해를 펼치면서 글라우콘은 먼저 정의의 기원과 본질에 대해 이야기합니다. 정의는 최초에 어떻게 생기게 되었을까요? 그에 따르면, 사람들은 본디 불의를 좋은 것이라고 생각합니다. 하지만 불의를 저지르고 당하는 경험 속에서 다른 생각이 싹틉니다. 불의를 저지름으로써 얻는 좋음보다는 불의를 당함으로써 입게 된 나쁨이 월등하게 크기 때문입니다. 그래서 "불의를 저지르거나 당하는 일이 없도록 서로 계약하는 것이 이익이 되겠다는 생각을 하게 되었습니다." 사람들은 법률을 제정하며 계약을 맺기 시작했고, 법에 의한 명령을 합법적이고 정의롭다고 일컬었습니다. 이것이 글라우콘이 말하는 정의의 기원과 본질입니다.

그러니까 사람들이 정의를 존중하는 것은 그것이 좋은 것이기 때문이 아니라, 불의를 저지를 수 없는 허약함, 다시 말해 불의를 저지르고도 처벌을 받지 않을 수 있는 힘이 없기 때문입니다. 그렇다면 정의롭지 못한 사람이든 정의로운 사람이든 각자가 하고 싶은 것은 무엇이나 '제멋대로 할 수 있는 자유exousia'를 갖는다면, 정의로운 사람도 탐욕 때문에 정의롭지 못한 사람과 다를 바 없겠지요. 글라우콘은 바로 이런 견해를 제시하며, 그런 자유를 갖게 된 뤼디아인 귀게스 혹은 그의 선조와 관련한 설화를 들려줍니다. 《국가》에는 온갖 흥미로운 이야기가 잔뜩 담겨 있는데, 2권에 나오는 이 '귀게스의 반지'도 그중 하나입니다.

내용은 이렇습니다. 어느 날 양치기인 귀게스가 양들에게 풀을 먹이던 중 갑자기 지진이 발생합니다. 호기심에 갈라진 땅 사이로 내려가 보니 작은 문들이 달린 청동말 한 필이 눈에 띄고 그 말의 안쪽을 들여다 보니 금반지를 끼고 있는 송장이 보입니다. 그 반지를 빼 들고 밖으로 나온 후 양치기들의 모임에 그 반지를 끼고 참석합니다. 반지를 만지작거리다 반지의 보석받이를 자신 쪽으로 돌리자 이상한 일이 발생합니다. 동석자들이 자신을 찾고 언제 집에 갔냐고 난리입니다. 슬며시 반지를 되돌리자 이번에는 어디 갔다 왔냐고 난리입니다. 그 반지는 사람을 투명인간으로 만들어주는 마법의 반지였던 것입니다.

우리가 이런 반지를 얻게 된다면 무슨 일을 할까요? 한번 상상력을 발휘해보죠. 그야말로 내 멋대로 할 수 있는 자유가 생긴 게 아닌가요! 독자 여러분은 당장 무슨 일을 하고 싶지요? 설화의 주인공 귀게스는 무슨 일을 했을까요? 귀게스는 마법의 반지를 이용해 왕비와 간통하고 왕을 살해한 후 왕국을 차지하기까지 했다고 합니다. 그런데 이런 악행은 과연 귀게스 같은 정의롭지 못한 사람들이나 저지르는 일일까요? 글라우콘은 아니라고 합니다. 부정의한 사람뿐 아니라 정의로운 사람도 그런 반지를 얻게 되면 정의로움을 유지하지 못한다는 것이지요. 제아무리 정의로운 사람이라도, 이를테면 시장에 가서 갖고 싶은 것은 무엇이든 갖고, 원하는 누구와도 동침도 하고, 또한 마음대로 누구든 죽이기까지 하는 온갖 부정의한 행위들을 하지 않겠느냐는 것입니다. 글라우콘이 이 설화를 통해 말하고자 하는 바는 "아무도 자발적으로 정의롭지는 않고, 어쩔 수 없어서 정의로울 뿐이라는 것"(360c)입니다. 불의를 저지르고도 처벌만 면할 수 있는 힘이 있다면 누구든 부정의를 저지를 것입니다. 결국 우리가 정의를 좋아하는 것은 처벌에 대한 고려 때문이지 그 자체 때문은 아닙니다.

글라우콘의 추가적 열변에 형 아데이만토스도 합세합니다.

그는 정의가 그 자체로는 기피할 성질의 것이고 결과 때문에 사람들이 좋아하게 된다는 또 다른 예들을 이어나갑니다. 그리고 결론적으로 "아직껏 그 누구도 부정의를 비난하거나 정의를 찬양함에 있어 평판이나 명예 또는 이것들에서 생기는 선물과 무관하게 그 자체로만 그렇게 한 적이 없다"(366e)고 말합니다. 그러고는 정의와 부정의 "각각이 그걸 지니고 있는 당사자에게 그 자체로 인해 (…) 무슨 작용을 하기에, 한쪽은 좋은 것이지만, 다른 쪽은 나쁜 것인지도" 밝혀달라고 요청합니다. 글라우콘도 앞서 "정의와 부정의 각각이 무엇인가"뿐만 아니라 "그 각각이 영혼 안에 있을 때 그 자체로 무슨 힘을 갖는가"(358b) 하고 물었지요.

그리하여 소크라테스가 설명해야 할 문제는 두 가지인 셈입니다. 그 하나는, 정의는 그것을 지닌 자에게 그 자체로 인해 무슨 작용을 하는가 하는 것입니다. 정의는 그것을 지닌 자에게 그 자체로 인해 어떤 이로움을 주는가를 묻는 것입니다. 더 간단히 표현하면, 정의가 그 자체 때문에 좋은 점은 무엇인가 하는 것입니다. 다른 하나는 '정의란 무엇인가'입니다. 앞엣것이 밝혀지면 '정의가 부정의보다 더 낫다'거나 '정의로운 사람이 부정의한 사람보다 더 행복하다'는 것이 밝혀지는 셈입니다. 그런데 앞서 말했듯이, 먼저 밝혀야 할 문제는 '정의가 무엇인가'입니다.

오늘날도 많은 학자들이 정의에 관한 논하고 있습니다. 그런데 여기서도 알 수 있듯이, 플라톤은 정의와 관련해 아리스토텔레스 이후의 많은 학자들보다 좀 더 근원적으로 고찰을 합니다. 앞서 살펴보았듯이, 그는 정의의 문제를 다룸에 있어 우리가 당연시하는 가정도 검토한다는 것입니다. 그는 왜 정의가 부정의보다 나은지, 부정의한 자가 정의로운 자보다 행복한지, 그리고 정의가 그 자체 때문에 좋아할 만한 것인지를 묻습니다. 심지어 투명인간이 되더라도 정의를 추구해야 할 만큼 정의가 그 자체 때문에 좋은 것인지를 묻습니다. 정의란 무엇인가 하는 물음도 그렇지만, 이런 물음도 소크라테스나 플라톤이 최초로 철학적으로 주제화한 물음이 아닐까 싶습니다. 아리스토텔레스를 보더라도 정의는 결과와 상관없이 마땅히 추구해야 할 것이라고 전제할 뿐 왜 그런지를 묻지 않습니다. 하지만 플라톤은 그런 근본적인 문제의 해결을 《국가》의 일차적인 과제로 삼고 대화편 전체를 통해 그 해결을 시도합니다.

어떤 국가가 정의로운 국가인가

이제 정의가 무엇인지를 본격적으로 살펴보아야 하는데, 플라톤은 한 사람의 정의도 있고 나라 전체의 정의도 있다고 말합니다. '개인의 정의'가 있다면 '국가의 정의'도 있습니다. 여태까지는 개개의 사람이 갖는 정의에 대해 논했으므로, 개인의 정의가 관심사였습니다. 그런데 소크라테스는 자신과 글라우콘

및 아데이만토스는 정의란 무엇인가 하는 큰 탐구 과제를 다루기에는 유능하지 못한 편이라며 간접적인 탐구 방식을 제안합니다. 즉 '개인의 정의'보다는 '국가의 정의'부터 살펴보자고 합니다. 이를테면, 시력이 좋이 못한 사람이 멀리서 작은 글씨를 읽어야 할 경우 큰 글씨부터 본 후 작은 글씨가 큰 글씨와 같은지를 살피는 순서가 적절하지 않느냐는 것입니다. 그래서 '국가의 정의'부터 알아보기 위해 2권 중반 이후 말로써 국가 또는 나라를 최대한 훌륭하게 수립하는 일에 착수합니다. 여기서 이 '말'은 그리스어 '로고스logos'를 옮긴 것입니다. 잘 알려졌듯 이 로고스는 보통 우리말 '이성'으로 옮기는 단어이지요. 따라서 말로써 국가 또는 나라를 수립하는 일은 이성적 논의를 통해서 국가 또는 나라를 그려 보이는 일이기도 합니다. 그리고 4권에서는 그렇게 수립된 국가가 정말로 훌륭하게 수립된다면 그 속에서 지혜, 용기, 절제라는 덕과 더불어 정의라는 덕도 찾을 수 있을 것이라고 플라톤은 기대합니다.

플라톤은 말 또는 이성적 논의로 수립해나가는 이 나라를 '완벽하게 좋은 나라'(427e)라고 부릅니다. 또는 '아름다운 나라 kallipolis'(527c) 혹은 '하나의 나라mia polis'(422e)라고 일컫기도 합니다. 후대인들에게는 플라톤이 그려본 나라가 이상적이라 해서 '이상국가'라고 알려져 있는 그 나라입니다. 그러면 그가 생각한 아름다운 나라는 어떤 나라일까요? 우선, 한 나라의 구성원들 사이에 아무런 갈등도 불화도 없어야 합니다. 플라톤은 구성원들의 세 부류를 상정합니다. 통치자 부류, 통치자를 보조하는 군인 부류, 돈벌이를 하는 생산자 부류가 그것입니다. 셋 중 통치자와 군인을 통틀어 수호자 부류라고 부르기도 합니다. 그리고 뒤에서 자세히 다루겠지만, 이 세 부류는 《고르기아스》 장에서 소개한 영혼의 부분들 중 각기 다른 한 부분의 지배를 받지요. 통치자는 이성, 군인은 격정, 생산자는 욕구의 지배를 각각 받습니다. 서로 다른 이들 세 부류 사이에 갈등이나 불화가 없는 나라가 완벽하게 좋고, 아름답고, 하나인 나라라는 것입니다. 또 하나, 이 나라는 무엇보다도 시민들의 행복을 목적으로 추구해야 한다고 합니다. 플라톤은 시민 전체가 최대한 행복한 나라를 이 아름다운 나라를 통해 실현하고자 합니다.

그러면 시민들을 최대한 행복하게 만들어줄 아름다운 나라는 어떻게 실현될 수 있을까요? 플라톤이 제시한 방안은 크게 세 가지인데, 모두 이 나라를 구성하는 세 부류와 긴밀하게 얽혀 있습니다. 첫째, 나라가 정의로운 상태를 갖추어야 합니다. 그러면 플라톤이 말하는 이 국가적 차원의 정의란 무엇일까요? 이 정의는 분업의 원리와 관련이 있습니다. 그는 분업의 원리에 따라 시민들이 각자에게 본성에 맞게 한 가지 일에만 종사해야 한다고 봅니다. 그리고 이 원리를 정의에도 적용합니다. 분업의 원리가 적용된 국가적 차원의 이 정의는 나라에서 세 부류 각각이 '제 할 일을 함oikeiopragia'입니다(434c). 앞서 말했듯, 이 할 일은 기능이나 역할을 가리킵니다. 쉽게 말해, 통치자 부류는 통치자의 할 일 가장 잘 수행하고, 군인 부류는 군인으로서의 할 일을 가장 잘 수행하고, 생산자 부류는 생산자가 할 일을 가장 잘 수행할 때 정의가 실현된다는 것입니다. 이런 생각은 공자의 정명론正名論을 떠올리게 합니다. 제나라의 경공이 공자에게 정치에 대해 물으니, 공자는 "군주는 군주답게, 신하는 신하답게, 부모는 부모답게, 자신은 자식답게 자신의 역할을 다하는 것"이라고 말합니다(《논어》 12편 11장). 이렇게 공자도 플라톤도 사회구성원이 각기 자신에게 주어진 역할을 온전히 수행해야 한다는 점을 중시하고 있습니다.

더 나아가, 앞서 영혼의 기능과 덕의 관계에 대해 말했듯이, 세 부류가 제 할 일을 훌륭하게 수행하려면 각기 고유한 덕을 닦아야 합니다. 통치자 부류는 나라 전체에 무엇이 좋은지 잘 헤아리고 적절한 지시를 내리며 다스러야 하므로 '지혜'의 덕을 닦아야 합니다. 군인 부류는 격정을 잘 조절하고 나라를 잘 지키려면 '용기'의 덕을 닦아야 합니다. 그런데 플라톤은 세 번째 생산자 부류와 관련해서는 다른 부류들과 달리 고유한 덕을 언급하지 않았습니다. 하지만 이 부류는 특히 욕구의 지배를 받아 돈벌이를 하는 부류이니 '절제'의 덕을 잘 닦아야 할 것입니다. 이 절제라는 덕에 관해서는 좀 더 살펴봐야 합니다. 플라톤은 생산자 부류뿐 아니라 더 나아가 세 부류가 함께 절제의 덕을 가져야 한다고 보고 있습니다. 왜냐하면 용기나 지혜는 나라의 어느 한 부분에만 있어도 그 나라를 지혜로운 나라가, 혹은 용기 있는 나라가 되게 하지만, 절제는 그렇지 않기 때문입니다. 생산자 부류만 절제한다고 해서 절제 있는 나라가 되지는 않는다는 것이지요. 일반적으로 '절제'는 욕구의 자제를 뜻하지만, 세 부류가 함께 가져야 할 절제는 나라의 구성원들 사이에서 협화음처럼 이루어진 '한마음'(432a)을 뜻합니다. 특히 다스리는 자들과 다스림을 받는 자들 사이에 누가 나라를 다스려야 하는지에 대한 같은 판단 즉 합의를 뜻합니다. 이런 합의에 의해 지혜를 가진 통치자가 지배하고 다른 두 부류가 지배를 받는 관계가 형성되어야 한다는 것입니다. 만약 이러한 합의가 이루어지지 않거나 깨져서, 군인 부류의 격정이 혹은 생산자 부류의 욕구가 나라를 지배하게 되면 어떤 일이 벌어질까요? 나라 전체에 무엇이 좋은지를 헤아리는 지혜가 아니라 맹목적인 격정이나 욕구가 나라를 지배하는 나라가 될 것입니다.

그러니까 이 첫 번째 방안을 요약하자면, 한편으로는 나라를 구성하는 세 부류 사이에 통치관계에 대한 합의를 이루고, 다른 한편 통치자는 지혜를, 군인은 용기를, 생산자는 절제를 닦아 각기 자신의 고유한 덕에 따라 제 할 일을 훌륭하게 수할 때 정의로운 국가가 실현된다는 것이 플라톤의 생각입니다.

정의가 그 자체 때문에 좋은 점은 무엇인가

그런데 국가 차원의 정의는 개인적 차원의 정의와 고스란히 겹칩니다. 애초에 개인에 있어서의 정의를 보다 명료하게 드러내려고 말로써 나라를 세우는 작업에 착수하지 않았던가요? 각 부류의 사람들이 자기 일에 충실한 게 국가 차원의 정의라면, 개인 차원에서는 정의를 어떻게 설명할 수 있을까요? 우선 우리 각자 안에는 나라에는 나라에 있는 것과 똑같은 부류들과 성격들이 있습니다. 나라에 세 부류가 있듯, 영혼에는 세 부분, 즉 이성적인 부분과 격정적인 부분 그리고 욕구적인 부분이 있습니다. 그리고 이성적인 부분은 헤아리는 부분, 배움을 좋아하는 부분이기도 하고, 격정적인 부분은 명예를 좋아하는 부분이기도 하며, 욕구적인 부분은 돈을 좋아하는 부분이기도 합니다. 나라의 세 부류와 관련해서는, 이성적인 부분은 통치자 부류에, 격정적인 부분은 군인 부류에, 욕구적인 부분은 생산자 부류에 상응하는 것입니다. 플라톤은 이 영혼의 세 부분을 간단히 이성logos, 격정thymos, 욕구epithymia라 일컫기도 합니다.

그런데 하나인 영혼이 어떻게 세 부분으로 구분될까요? 앞장에서도 설명한 예를 다시 환기해보겠습니다. 전쟁터에 나간 군인이 있습니다. 목이 몹시 타서 물을 찾아 헤매다가 우물을 발견했습니다. 반가운 마음에 대뜸 마시려고 합니다. 욕구적인 부분이 작동한 결과입니다. 갈증을 느끼는 부분입니다. 욕구적인 부분은 뭔가 욕구를 채울 게 있으면 바로 채우려고 합니다. 그런데 적들이 우물에 독약을 풀어놨을지도 모릅니다. 욕구적인 부분을 말리는 부분이 있습니다. 이런 판단을 이성적인 부분이 합니다. 이성적인 부분이 전체적으로 몸에 좋은 것과 해로운 것을 판단합니다. 이렇게 단일하고 통합되어 있는 것으로 보이는 자아 내부에 갈등이 존재합니다. '피자가 먹고 싶어', '먹으면 안 돼', '먹고 싶어', '살쪄, 안 돼. 건강에 안 좋아', 그런 갈등이 있다는 것입니다. 자아가 하나가 아니라 둘입니다. 게다가 중간에 하나 더 있습니다. 격정적인 부분입니다. 격정적인 부분은 어떤 역할을 할까요? 욕구적인 부분은 무조건 먹으려고 합니다. 이성적인 부분은 그러다 큰일 난다고 판단하고 지시합니다. 둘 사이에 나서는 것이 격정적인 부분입니다. 격정적인 부분이 나서서 '이성적인 부분이 지시하잖아. 죽을 수도 있다고. 안 돼.' 하고 욕구적인 부분을 야단치는 것입니다. 그게 격정적인 부분입니다. 공직자에게 누군가가 큰돈을 주면서 도와달라고 합니다. 욕구적인 부분은 받고 싶습니다. 이성적인 부분은 공직자의 도리에 어긋난다고 판단하고 받지 말라고 지시합니다. 이 둘 사이의 갈등에 이성적인 부분의 지시에 따르는 또 한 부분이 나섭니다. '도대체 나를 어떻게 보고 뇌물을 주는 거야?' 하고 발끈하는 격정적인 부분입니다. '그러면 안 돼'라고 하는 부분입니다.

국가에서처럼 개인에서도 정의는 영혼의 세 부분이 각기 제

할 일을 하는 상태입니다. 반면에 부정의는 세 부분 간의 내분이며 참견과 간섭, 그리고 영혼 전체에 대한 일부의 모반입니다. 따라서 우리가 정의의 덕을 지니게 되면, 이 덕이 영혼의 부분들 각각이 남의 일을 하거나 서로 참견하는 일이 없도록 하는 한편 스스로 자신을 지배하기도 하여 세 부분이 '조화 harmonia'를 이루게 합니다.

영혼이 정의의 덕을 갖추려면, 일차적으로 이성적인 부분의 기능이 중요합니다. 이성적인 부분이 "세 부분 각각을 위해서뿐만 아니라 이 셋으로 이루어진 영혼 전체를 위해 유익한 것에 대한 지식을" 가질 수 있기 때문입니다(442c). 그런데 이성적인 부분이 영혼 전체를 이롭게 하려면 이 부분이 지배해야 한다는 지배관계에 대한 세 부분 사이의 의견 일치, 즉 합의가 필요합니다. 바로 이 합의가 절제입니다. 절제는 세 부분이 반목하지 않고 우의와 화합을 이루게 하는 것입니다. 그러니까 이런 합의를 바탕으로 이성적인 부분은 전체적으로 좋은 것이 무엇인지 판단하고 격정적인 부분은 이성적인 부분을 따르고 보조해 욕구적인 부분이 욕구를 절제할 수 있도록 할 때, 영혼의 정의가 이루어집니다.

하지만 지배관계에 대한 합의가 이루어지지 못하거나 합의가 깨져서 이성적인 부분이 아니라 욕구적인 부분이나 격정적 부분이 지배할 때 영혼이 정의롭지 못하게 됩니다. 이처럼 정의롭지 못한 영혼 혹은 정의롭지 못한 사람은 불행할 수밖에 없지 않을까요? 플라톤은 구태여 분명히 이야기하고 있지 않지만, 다음과 같은 생각을 했을 것입니다. 부정의한 사람의 영혼 속에서 욕구적인 부분이나 격정적인 부분은 어떤 것이 영혼에 좋은지 나쁜지를 헤아리지 못하고 맹목적으로 그것을 추구함으로써 '혼란과 후회'와 온갖 나쁜 것을 초래할 것이다. 반면에 영혼의 부분들이 영혼에 유익한 것에 대한 지식을 지닌 이성의 지배를 받고, 세 부분이 각기 제 할 일을 함으로써 조화가 이루어진 정의로운 상태를 갖게 된다면 영혼 속에 혼란 대신 평온함과 안정감이 생기고 불필요한 악을 예방할 수 있을 것이다. 이런 점에서 정의로운 사람은 행복하지만 부정의한 사람은 불행하다.

이런 생각에 기초해 플라톤은 4권에서 정의에 관한 논의를 마무리하면서 몸의 건강과 질병을 영혼의 정의와 부정의를 비교합니다.

건강을 생기게 함은 몸 안에 있는 것들이 본성에 맞게 서로 지배하고 지배받도록 확립하는 것인 반면, 병을 생기게 함은 하나가 다른 하나를 본성에 어긋나게 다스리고 다스림을 받도록 확립하는 것이다. (⋯) 정의를 생기게 함은 영혼 안에 있는 것들을 본성에 맞게 서로 지배하고 지배받게 확립하는 것인 반면, 부정의를 생기게 함은 하나가 다른 하나를 본성에 어긋나게 다스리고 다스림을 받도록

확립하는 것이다. (…) 덕은 일종의 영혼의 건강이고 아름다움이고

좋은 상태인 반면, 악덕은 질병이며 추함이고 허약함인 것 같다.

_444d~e

여기서 '본성에 맞게 지배한다는 것'은 본성상 지배하는 것이
마땅한 이성적 부분이 지배하는 것이고, '본성에 어긋나게 지배
한다는 것은' 본성상 지배받는 것이 마땅한 욕구적인 부분이나
격정적인 부분이 지배하는 것을 뜻합니다.

이제 소크라테스는 미루어두었던 문제에 답하고자 합니다.
'정의로운 일을 해서 정의롭게 되는 것이 이득이 되는가, 아니
면 귀게스처럼 처벌을 받지 않는다면 부정의한 일을 해서 부정
의하게 되는 것이 이득이 되는가?' 마침내 정의가 결과와 상관
없이 그 자체로 이득이 되는 점은 무엇인가를 묻는 것입니다.
이 물음에 대해 소크라테스의 대화 상대자인 아데이만토스는
"그 문제는 이미 우스운 걸로 되어 버린 것 같다"고 말합니다.
답이 뻔하다는 것이지요. 당연히 정의가 그 자체로 이득이 된
다는 것입니다. 만일 정의가 소크라테스가 말하듯 건강과 같은
것이라면, 정의는 그 자체 때문만이 아니라 결과 때문에도 좋
고 이득이 되는 셈이기 때문입니다. 건강이 그런 두 번째 유형
의 좋은 것이라는 점은 이미 살펴보았지요.

그러면 아데이만토스가 왜 그 문제가 이미 우스워졌다고 보
았을까요? 그의 답은 이렇습니다. 몸이 건강하지 못하면 온갖

음식물이나 부와 권력을 갖고 있더라도 우리의 삶은 살 만한 가치가 없는데, 하물며 우리가 의존해서 살아가고 있는 바로 영혼이 부정의한 상태로 타락할지라도, 즉 영혼이 부정의라는 질병을 갖게 되더라도 우리의 삶이 살 만한 가치가 있겠느냐는 것입니다. 앞 장에서 살펴본 《고르기아스》의 구절이 떠오르지요? 거기서 소크라테스는 부정의한 일을 하고도 처벌받지 않은 사람들과 관련해서 말했습니다. "그들은 '건강한 영혼'이 아니라 상하고 부정의하고 불경한 영혼과 같이 사는 것이 건강하지 않은 몸과 같이 사는 것보다 얼마만큼 더 비참한지를 모르는 것 같다."(479b~c) 이렇게 몸의 나쁜 상태인 질병보다 영혼의 나쁜 상태인 불의가 얼마나 크게 해로운지는 소크라테스나 플라톤에게는 너무도 자명하게 의식되었던 것 같습니다.

아데이만토스의 말로써, 정의는 그 자체 때문에도 좋은가, 그 자체로 좋은 점은 무엇인가 하는 문제는 일단락됩니다. 그러나 소크라테스는 이 문제를 더 분명하게 매듭짓고자 합니다. 그리하여 이를 위해 또 다시 긴 논의를 거친 후 9권에서 다시 이 문제에 대해 또 다른 답을 제시하는데, 이 또 하나의 답변은, 정의로운 자가 가장 큰 즐거움을 누린다는 것입니다. 플라톤에 의하면, 영혼에 세 부분이 있듯이, 즐거움에도 세 가지가, 즉 세 부분 각각에 고유한 즐거움이 있습니다. 이를테면 이성적인 부분에는 지혜를 좋아하니 배움의 즐거움이, 격정적인 부분에는 명예나 승리를 좋아하니 그로 인한 즐거움이, 그리고 욕구적인 부분에는 돈이나 이익을 좋아하니 재물로 인한 즐거움이 있다는 것입니다.

　그런데 지혜를 좋아하는 사람인 철학자와 명예를 좋아하는 사람과 돈을 좋아하는 사람 중 누구의 삶이 가장 즐거울까요? 플라톤을 이를 판정하는 자가 갖추어야 할 요건으로 경험과 분별 및 이성적 추론을 제시합니다. 그러면 우선 세 부류의 사람들 중 누가 세 즐거움 모두에 대해 가장 '경험'이 많을까요? 세 즐거움 중 돈이나 명예로 인한 즐거움은 누구나 어린 시절부터 불가피하게 맛을 볼 수 있지만, 지혜를 좋아함에 따른 배움의 즐거움과 같은 것은 지혜를 좋아하는 소수의 사람 이외에는 다른 누구도 쉽게 맛볼 수 없습니다. 그러니 지혜를 좋아하는 사람들이 세 즐거움을 두루 '많이 경험한 부류'로서 가장 훌륭하게 판정을 할 수 있을 것입니다. 그리고 그 지혜를 좋아하는 사람이야말로 '분별력이 탁월한 사람'입니다. 게다가 '이성적 추론'은 바로 지혜를 좋아하는 사람의 주된 탐구 수단입니다. 결국 지혜를 좋아하는 철학자가 세 가지 요건을 가장 잘 갖추고 있으므로, 철학자의 판정을 따라야 할 것입니다. 그런데 이 부류의 사람은 지혜를 좋아하는 자신의 삶이 가장 즐거운 삶이라고 여깁니다. 그리고 정의로운 사람은 바로 지혜를 좋아하는 사람입니다. 정의로운 사람은 이성적 부분 즉 지혜를 좋아하는 부분이 영혼을 지배하는 사람이기 때문입니다. 그러므로 세 부류의 사람들 중 정의로운 사람의 삶이 가장 즐거운 삶입니다.

결국 정의가 그 자체로 좋은 점은 그것이 가장 큰 즐거움을 준다는 것입니다.

　여기서 의문이 하나 생길 수 있습니다. 애초에 글라우콘은 정의가 결과 때문이 아니라 오직 그 자체 때문에 좋은 점이 무엇인지를 물었는데, 오히려 정의는 행복이나 즐거움이라는 결과 때문에 좋은 것이라고 답한 셈이 아니냐는 것입니다. 실상 오늘날의 관점에서, 특히 앞 장에서도 살펴본 공리주의적 관점에서 보면 행복이나 즐거움은 결과가 맞습니다. 하지만 플라톤의 입장은 좀 더 복잡미묘합니다. 그는 외부로부터 주어지는 보수, 평판, 처벌 등만을 결과로 보고, 영혼의 내적 상태에서 비롯된 즐거움이나 행복은 결과로 보지 않았던 것으로 보입니다. 그렇지만 이를테면 누군가의 선물을 받고 즐거워하는 느낌은 결과로 보았을 듯합니다. 그 느낌의 원인이 외적인 것이기 때문입니다. 한 가지 더 언급해 둘 점은, 플라톤은 즐거운 삶이 행복한 삶이라고 보지는 않지만 행복한 삶은 즐거운 삶이라고 보았다는 것입니다. 그에게는 덕을 지니고 덕에 따라 사는 삶이 행복한 삶인데, 덕에 따른 삶에는 당연히 즐거움이 따른다는 말이지요. 이렇게 즐거움과 행복도 섬세하게 구분해서 아무 즐거움이나 다 행복과 결부시키지는 않았던 것입니다.

철학자가 통치자로, 아니면 통치자가 철학자로!

앞서 플라톤이 아름다운 나라의 실현 방안으로 세 가지를 제시했음을 이야기했고, 그중 하나로 나라가 정의로운 상태를 갖추어야 한다는 점을 지적했습니다. 이제 《국가》 5권에서 제시되는 다른 두 방안도 마저 살펴보겠습니다. 플라톤이 제안하는 둘째 방안은 가정과 재산의 공유입니다. 재산뿐 아니라 가정까지 공유한다니 공산주의보다도 급진적인 셈이라 역사상 많은 논란을 불러일으켰던 제안입니다. 그런데 흔히 오해받듯, 가정과 재산의 공유 의무는 전 시민을 상대로 한 것은 아닙니다. 오직 통치자와 군인을 포괄하는 수호자 부류에게만 요구되는 의무입니다. 생산자 부류는 이 의무에서 제외됩니다. 요컨대 수호자들의 경우에만 "어떤 사유 자산도 가져서는 안 되고"(416d), 서로 '처자'를 공유해야 합니다(457b~d). "친구들의 것들은 공동의 것이다"라는 오래된 잠언에 따라, 수호자들의 교육, 양육, 소유나 혼인 또는 출산 등을 공유화하려는 것입니다. 수호자들에게는 일단 보수가 없습니다. 보수가 없으니 재산도 없고 따라서 식사나 주거도 나라에서 제공하는 대로 공동으로 해야 합니다. 게다가 처자를 공유하니 가정도 없습니다. 나라를 위해 애쓰는 수호자들의 사적 생활을 이다지도 제안하다니 너무 가혹한 처사가 아닐까요? 하지만 플라톤이 이다지도 가혹한 극약처방을 내린 데는 나름의 합리적인 이유가 있습니다.

왜냐하면 사적인 경제 활동에 종사하는 생산자 부류와 달리, 통치자와 군인 부류는 오늘날로 치면 공직자로서 막중한 임무를 수행해야 하기 때문입니다. 이 공직자들이 나라에 해를 끼치는 일이 있어서는 안 될 것입니다. 하지만 오늘날에도 우리는 공직자들이 탐욕을 부려 뇌물죄를 저지르는 등 오히려 사회의 악이 되는 안타까운 현실을 심심찮게 접합니다. 더욱 참담한 것은 최고 권력자들도 예외가 아니라는 것입니다. 권력이 큰 만큼 이들의 탐욕과 부정이 국가 전체에 미치는 해악은 이루 다 말할 수 없습니다. 그러면 어처구니가 없게도 왜 이런 일들이 근절되지 않고 끊임없이 되풀이되는 것일까요? 그 한 원인으로 플라톤이 주목한 것은 사유제입니다. 내 재산, 내 가정을 허용하는 사유제는 공직자들이 탐욕을 완전히 떨칠 수 없게 만드는 원천이라는 것입니다. 그래서 통치자들이 권력을 남용해 사리사욕을 채우고 국사에 소홀할 수 있는 여지를 원천적으로 차단하는 길로, 우선 사유재산의 불허를 그는 제안했습니다. 워낙 급진적인 발상이라 사유재산을 근간으로 하는 오늘날의 자본주의 사회에서는 받아들일 수 없을 테지요. 하지만 자세히 들여다보면 플라톤의 문제의식은 우리 사회에도 면면히 살아있습니다. 이를테면 공직자를 대상으로 매해 실시하는 공직자 재산공개와 같은 제도를 통해서 말이죠. 이 제도는 플라톤이 생각한 만큼 근원적 처방은 아니지만 공직자들의 탐욕에 따른 폐해를 차단하려는 플라톤적 정신의 한 표현이라 할 수 있습니다.

그런데 플라톤은 여기서 한 발 더 나아가지요. 그가 보기에 사유재산의 불허만으로는 미덥지 않습니다. 왜일까요? 혈연이라는 것도 탐욕과 부패의 강력한 원인이기 때문입니다. 그래서 수호자들은 서로 가족을 공유해야 합니다. 내 부인도, 내 남편도 없고, 내 자식도 없습니다. 사적인 가정을 허용하지 않는 것입니다. 이처럼 "친구들의 것들은 공동의 것이다"라는 잠언대로 내 것과 네 것의 구분이 없는 공유를 통해서만, 탐욕으로 인한 나라의 분열과 분쟁을 제거하고 '하나의 나라'를 실현할 수 있다는 것이 플라톤의 생각입니다.

사실, 앞서 수호자들이 '처자'를 공유해야 한다고 말했지만, 이는 부정확한 표현입니다. 플라톤의 제안은 수호자인 남편들과 수호자인 부인들을 서로 공유하는 것이기 때문입니다. 놀랍지요. 여성도 '아름다운 나라'에서는 '수호자로서 나라를 경영하는 일'을 할 수 있다는 것입니다. 여성도 이 일을 하려면 남성과 똑같이 통치자 교육을 받아야 하므로, 여성에게 평등한 교육의 기회도 주어집니다. 놀라울 정도로 혁신적이지 않은가요? 플라톤이 약 2500년 전 인물임을 감안하면, 더욱 놀랍지요. 플라톤 당대에 여성들에게는 시민권도 참정권도 없었습니다. 민주주의에 선도적인 국가인 미국이나 영국에서도 여성에게 참정권이 주어진 것은 고작 100년쯤 전의 일이 아닌가요? 시대를 훌쩍 뛰어넘는 플라톤의 혁신적 발상에 다시금 놀라움을 갖게 됩니다.

이제 마지막 세 번째 방안입니다. 아름다운 나라의 실현을 위해서 플라톤이 무엇보다 중시한 것은 통치자의 지혜입니다. 이런 생각은 이른바 '철학자 통치론'으로 알려져 있습니다. 철학자들이 통치자로 되거나, 아니면 현재의 통치자가 철학자로 되어야 한다는 주장이지요. 이 주장을 플라톤은 무엇보다도 강력하게 펼칩니다. 철학자가 통치해야 한다니 갸우뚱할지도 모르겠습니다. 그런데 플라톤이 철학자를 내세운 이유는 그들이 가장 지혜롭다고 보기 때문입니다. 자신이 철학자라서가 아니지요. 철학자 외에도 지혜로운 누군가가 있다면 그 사람이 통치자가 되어야 한다는 데 플라톤은 십분 동의했을 것입니다. 그러니까 지혜로운 사람이 통치해야 한다는 생각을 철학자가 통치해야 한다는 말로 표현했을 뿐입니다. 그 유명한 철학자 통치론은 다음과 같이 언급됩니다.

철학자들이 나라들에 있어서 군왕들로서 다스리거나, 아니면 현재 이른바 군왕 또는 최고 권력자들로 불리는 이들이 진실로 그리고 충분히 철학을 하게 되지 않는 한, 그리하여 정치권력과 철학이 한데 합쳐지는 한편, 현재 그 둘 중의 어느 한쪽으로 따로따로 치닫는 사람들의 여러 성향들이 강제적으로나마 저지되지 않은 한, 여보게나 글라우콘, 나라들에 있어서, 아니 내 생각으로는, 인류에게 있어서도 나쁜 것들의 종식은 없다네.

_473c~d

이처럼 플라톤은 정치권력과 철학이 합쳐져서 통치가 지혜에 의해 이루어지기를 간절히 열망합니다. 철학자가 통치자가 되어야 한다는 주장은 오늘날에도 마찬가지겠지만 당시로서도 파격적이었을 것입니다. 플라톤은 아름다운 나라의 실현을 위한 자신의 혁신적 방안들에 많은 사람들이 비웃음과 야유를 퍼붓고 불신감을 드러낼 것이라며, 감당하기 힘든 사람들의 이러한 반응을 파도에 비유합니다. 특히 세 가지 제안과 관련해 세 가지 큰 파도가 쓰나미와도 같이 몰아쳐 올 것이라고 합니다. 첫째 파도는 여성의 교육론과 수호자론에 대한 것이고, 둘째 파도는 사유 자산과 가정의 불허에 대한 것이며, 셋째 파도는 철학자 통치론에 대한 것입니다.

플라톤은 이렇게 지혜를 갖춘 통치자들의 역할을 무엇보다도 중시합니다. 그래서 이들을 체계적으로 양성하는 교육 제도에 큰 관심을 기울입니다. 그가 구상하는 통치자 교육은 유년 시절의 시가 교육과 신체 단련을 시작으로, 산술학, 기하학, 천문학, 화성학 등 여러 단계에 걸쳐 이뤄지는데, 이런 교육 단계를 잘 통과한 자들은 궁극적으로 '좋음의 이데아'를 보는 단계까지 나아가야 합니다. 통치자에게 최고의 교육, 최고의 앎을 얻는 단계가 좋음의 이데아를 보는 단계입니다. '이데아idea'는 사실 좀 복잡한 개념이지만, 여기서는 그냥 '이상理想' 정도로 이해해도 좋습니다. 그러면 왜 이런 앎이 필요할까요? 이를테면 우리가 원을 잘 그리려면 원이 무엇인지를 알아야 하듯, 우리가 좋은 나라를 실현하려면 좋음의 이데아가 무엇인지를 알아야 하기 때문입니다.

플라톤은 왜 좋음의 이데아에 대한 앎이 최고의 앎이라고 보는지를 그 유명한 '동굴의 비유'를 통해 설명합니다. 햇빛이 들지 않는 지하동굴 속에 일군의 죄수들이 있습니다. 이들은 평평한 벽면을 마주하고 일렬로 쇠사슬에 묶여 있어서 오직 벽면만을 바라볼 수 있습니다. 이들이 볼 수 있는 것은 이들의 등 뒤에 있는 햇불에 의해 벽면에 투영된 여러 사물들의 그림자들뿐입니다. 이들은 평생 오직 그 그림자들만 봐서 그 그림자야말로 실물이라고 생각합니다. 이상한 형벌을 받고 있는 죄수들로 보이지만, 사실 우리 인간의 지적 상태는 이들과 다르지 않습니다. 이 죄수들이 참된 앎을 얻으려면 동굴 밖의 사물들을 직접 봐야 합니다. 만약 이들이 결박에서 풀려나서 동굴 밖으로 인도된다면 어떻게 될까요? 정면에서 빛을 바라본 적이 없기에 우선은 뒤돌아서 본 동굴 속 햇불에 눈이 부서 고통스러워하고 원래 자리로 되돌아가려 할 것입니다. 하지만 이를 견디고 동굴 밖으로 나가 사물들을 본다면 마침내 그림자가 아닌 실재實在 즉 참된 존재들을 보게 되는 것입니다. 그런데 우리가 사물을 보는 것은 태양의 빛 때문입니다. 태양은 사물들이 우리에게 보이게 해주고 우리의 눈이 그것들을 볼 수 있게 해주는 원인이 되는 것입니다. 이 태양을 바라볼 때 우리는 최고의 앎을 얻게 됩니다. 그런데 대뜸 태양을 정면에서 바라보면 이

번에도 눈이 부시고 고통스러울 것입니다. 그렇기에 먼저 한밤에 별빛과 달빛을 바라보며 하늘의 것들에 어느덧 익숙해졌을 때, 비로소 태양을 그 자체로 보고 관찰함으로써 최고의 앎에 이르게 될 것입니다.

이 동물의 비유에서 동굴 속의 영역은 우리가 감각하는 영역을 비유한 것이고, 동굴 밖의 영역은 이데아들의 영역을 비유한 것입니다. 다시 말해 동굴 속 벽면의 그림자들은 우리가 감각하는 사물들에 상응하고, 동굴 밖의 사물들은 이데아들 즉 다른 말로 형상eidos들에 상응합니다. 그리고 태양은 이데아들 중에서도 최고의 존재인 좋음의 이데아에 상응하는 것입니다. 좋음의 이데아는 "모든 옳고 아름다운 것의 원인이고", "장차 사적으로나 공적으로나 슬기롭게 행하고자 하는 자"가 보아야만 하는 것입니다(517c). 그런데 좋음의 이데아를 보는 게 끝이 아닙니다. 플라톤은 좋음의 이데아를 본 다음에는 다시 우리의 현실인 동굴 속의 영역으로 내려가도록 해야 한다고 역설합니다.

새로운 나라를 수립하는 우리들로서 이제부터 할 일은 우리들의 주민들 중에서 가장 빼어난 성향을 지닌 자로 하여금 앞서 우리들이 최대의 것이라고 말한 그 배움에 이르도록, 즉 좋음의 이데아를 보기 위해 거기(동굴 밖)로 이르는 길에 오르도록 만드는 것이네. 그리고 일단 그들이 거기에 올라가서 충분히 보았을 때는 더 이상 지금의 상태로 있지 못하게 하는 일일세. (…) 현재의 상태로 머물러 있

기만 하고 다시 그들 죄수들의 곁으로 내려가려 하지 않는 일이 없
도록, 그래서 고난과 영예를, 그것이 하찮은 것이건 대단한 것이건
간에 그들과 함께 나누려 하지 않는 일이 없도록 하는 일일세.

_519c~d

그런데 동굴 밖에서 이미 철학자의 삶을 접한 사람들에게 동
료 죄수들 곁으로 내려가려는 의지가 자연스럽게 생기는 것은
아닙니다. 그들에게는 정치의 한복판에서 인간사에 마음을 쓰
는 정치적 삶보다는, 언제나 저 높은 곳에서 좋음의 이데아를
보며 지내는 철학적 삶이 가장 행복하기 때문입니다. 그래서
플라톤은 철학자들에게 다시 동료 죄수들 곁으로 내려가서 통
치의 길로 들어서도록 하자면 불가피하게 '강제'를 할 수밖에
없다고 봅니다.

통치자가 아니라 시민들 전체의 행복을!

철인 통치자들에게는 사유재산도, 가정도, 더 나아가 순수하게
철학에 몰두할 자유마저도 허용되지 않습니다. 아무래도 너무
가혹하고 부당한 듯합니다. 그런데 플라톤은 "우리의 이 나라
에서 철학자들이 된 사람들로 하여금 다른 사람들을 보살피고
지켜주도록 우리가 강요한다고 해서, 우리가 이들에게 부당한
짓을 하는 것이 아니다"(520a)라고 합니다. 그가 그렇게 주장하

는 근거는 세 가지입니다.

첫째, 나라를 수립하는 목적은 "어느 한 집단이 특히 행복하게 되도록 하는 게 아니라, 시민 전체가 최대한으로 행복해지도록 하는 것"(420b)이라고 플라톤은 역설합니다. 통치자들만 특별히 행복하게 하는 것이 아니라 시민들 전체를 행복하게 하는 것이 국가의 목적 혹은 정치나 통치의 목적이라는 것입니다. 이런 사상은 아리스토텔레스가 이어받았고, 현대에는 바로 뒤에 나올 마이클 샌델을 비롯한 공동체주의자들이 계승하고 있습니다. 그런데 이런 사상은 플라톤이 자기 고유의 사상을 펼치는 중기 대화편《국가》뿐 아니라, 스승 소크라테스의 육성이 담겨 있는 초기 대화편《고르기아스》에서도 이미 엿볼 수 있습니다. 이 대화편에서 소크라테스는 참된 정치술은 가장 좋은 것을 목적으로 한다고 말합니다. 이 말은 정치는 시민들을 가능한 한 훌륭하게 만드는 것이고, 다시 말해 시민들이 덕들을 갖출 수 있게 하는 것이라는 뜻입니다. 그러면 정치가 왜 시민들이 덕들을 갖추게 하려는 것일까요? 그래야 시민들이 행복한 삶을 살 수 있기 때문입니다. 이렇게 보면《고르기아스》는 정치의 목적을 시민들을 행복하게 만드는 것으로 보는 셈입니다. 그렇다면 소크라테스로부터 시작된 정치사상이 제자 플라톤과 제자의 제자 아리스토텔레스를 거쳐 오늘날까지 그대로 전해 내려오고 있다고 할 수 있습니다.

물론 "시민 전체"를 강조하다 보니 플라톤의 '아름다운 나라'

에서는 시민들 개개인이 단지 국가를 위한 단순한 수단에 불과하고 그들의 권리나 이익은 도외시되지 않는가 하는 문제 제기를 하는 학자들도 적지 않습니다. 그러나 '아름다운 나라'의 또 다른 명칭은 '하나의 나라'라고 했었지요. 그가 그리는 '하나의 나라'는 손가락을 다치면 손가락만이 아니라 온몸이 고통을 느끼듯이, "시민들 중 한 사람이 좋은 일이든 나쁜 일이든 어떤 일을 겪게 되면" "나라 전체가 함께 기뻐하고 함께 슬퍼하는" 나라입니다(462c~e). 그러니까 플라톤은 국가 전체를 위해 개인의 희생을 당연시하는 전체주의자라기보다는, 시민들 개개인이 국가 공동체의 일원임을 중시하고 아픔과 기쁨을 함께 나눠야 한다고 보는 오늘날의 용어로는 '공동체주의자'라 할 수 있습니다. 물론 《국가》에는 이런 관점에서 해소할 수 없는 것들도 있겠지만, 논란이 되는 어떤 것들은 이를테면 천국을 화폭에 담고자 하는 화가가 천국에 어울리지 않는 요소들은 최대한 배제하려는 것과 비슷한 동기에서 비롯된 것들로 이해할 수도 있습니다.

둘째, 1권을 다루면서 살펴보았듯이, 훌륭한 사람들이 통치를 하지 않으면 최대의 벌로 자신보다 못한 사람들한테 통치를 받게 됩니다. 따라서 이들은 그런 벌이 두려워 통치를 하게 된다는 것입니다. 물론 철학자들에게 최선은 다른 철학자가 통치할 때 자신은 철학을 하는 것일 테지요. 하지만 이렇게 자신보다 못한 사람들의 통치를 받는 최악의 상황이 올 수도 있습니다. 따라서 자기가 직접 통치자가 되는 차선을 선택할 충분한 이유가 있습니다. 그러니 철학자들에게 통치를 맡기는 일은 완전한 강제는 아닐 것입니다. 잠시 후에 언급하겠지만, 플라톤이 이상적인 정치체제라고 생각한 철학자 정치체제 중 최선자 정체에서는 여러 명의 철학자들이 번갈아가면서 통치를 할 수 있느니, 철학에 몰입해 행복을 누릴 자유가 전적으로 박탈되는 것은 아닌 셈입니다.

셋째, 철학자들은 국가에서 다른 시민들보다도 더 훌륭하고 완벽하게 교육받을 수 있게 해주었고, 또한 양쪽 생활 모두에 더 잘 관여할 수 있도록 해주었다는 것입니다. 그 교육의 결과로 철학자가 된 사람들은 국가의 혜택을 가장 크게 받아 훌륭한 사람이 되었으니 보답을 해야 하겠지요. 그리고 그들은 양쪽의 생활, 즉 철학하는 생활과 통치하는 생활 둘 다 남들보다 월등하게 잘 할 수 있습니다. 한편으로 철학을 하면서 행복한 삶을 누릴 수도 있고, 다른 한편 시민들을 다스리는 일도 가장 잘할 수 있습니다. 그러니 가장 잘 통치할 수 있는 철학자들이 통치를 해야 마땅하고, 방금 말했듯 철학자들이 여럿일 경우라면 번갈아 가면서 통치를 할 수 있을 테니 철학적 삶도 행복하게 영위할 수 있다는 점을 이야기하는 것으로 보입니다.

물론 통치하기 싫어하는 사람들에게 나라를 다스리게 한다면 나라가 잘 경영될까 하는 생각이 들지도 모릅니다. 그러나 플라톤은 "한 나라에 있어서 장차 통치하게 될 사람들이 통치하기를 가장 덜 열망하는 그런 나라가 가장 잘 그리고 제일 반목하는 일이 없이 경영될 게 필연적일 것이지만, 이와 반대되는 자들을 지배자들로 갖는 나라는 그 반대로 다스려질 게 필연적이다"(520d)라고 봅니다.

그런데 플라톤은 좋음의 이데아를 본 사람들은 "시민들과의 동거를 위해 각자가 번갈아 내려가서는, 어두운 것들을 보는 데 익숙해져야 한다"(520c)고 덧붙입니다. 좋음의 이데아를 본다고 해서 곧바로 통치자가 되는 것은 아니라는 이야기입니다. 동굴 속에서 출발해 동굴 밖 빛의 세계에 이르러 좋음의 이데아를 보는 단계까지의 교육은 35세에 끝납니다. 이 과정을 마친 사람들은 동굴 속의 어두운 현실 세계에 적응하고 이데아에 대한 앎을 현실에 적용할 수 있도록 다시 일종의 실무 경험 과정을 15년간 거쳐야 합니다. 그리하여 공자가 지천명知天命의 경지에 이르렀다는 50세가 되어서 이 모든 과정을 마친 사람들만이 비로소 통치자가 됩니다.

플라톤이 《국가》에서 궁극적으로 추구하는 정치체제는 '아리스토크라티아aristokratia'입니다. 이 용어는 일반적으로 '귀족정체'를 뜻하는데, 그렇다고 그가 귀족제를 옹호하고자 하는 것은 아닙니다. 이 용어의 문자 그대로의 의미는 '가장 훌륭한 자들airistoi'이 '지배하는 정체kraita'를 뜻합니다. 플라톤은 문자 그대로의 의미에 충실하게 가장 훌륭한 자들이 지배하는 정치체제를 추구하는 것입니다. 그리고 그에게 '가장 훌륭한 자들'은 '가장 지혜로운 자들'이었으니, 이런 정체가 바로 '철학자 정치체제'라 할 수 있습니다. 이 철학자 정치체제는 특출나게 지혜로운 자가 한 사람만 생기면 '왕도 정체basileia'라 불리고, 여럿일 경우에는 '최선자 정체aristokratia'라 불립니다. 명칭은 달라도 사실상 동일한 철학자 정치체제이지요.

　플라톤이 그려본 좋은 나라는 현실적으로 실현 가능할까요? 그 자신은 실현 가능하다고 믿은 것 같지 않습니다. 그는 좋은 나라의 '본paradeigma'을 말로써 만들었을 뿐이지 그것이 그대로 실현될 수 있음을 밝히려고 하지는 않았다고 합니다. 어떤 화가가 '가장 아름다운 인간'이 어떤 것인지 그 본을 하나의 그림에 모든 걸 다 충분히 표현해 넣었다고 해보죠. 그 화가가 그와 같은 인물이 실제로 생길 수 있음을 실증해 보여줄 수 없다고 해서 덜 훌륭한 화가라고 여긴다면 옳지 않은 일이겠지요. 마찬가지로 좋은 나라의 본을 말로써 만든 사람이 그런 나라를 그 말대로 수립할 수 있음을 입증할 수 없다고 해서 그가 덜 훌륭하게 이야기했다고 해서는 안 됩니다. 그러니 "말로써 자세히 말한 그런 것들이 완전히 실제로 실현되는 것을 보여주어야 한다고 내게 강요하지 말라"고 플라톤은 역설합니다. 그리고 9권 말미에서는 "그 나라는 지상의 그 어디에도 존재하지 않을 것"(592b)이라는 지적에 별반 이의를 제기하지도 않습니다.

　그러면 플라톤이 말로써 수립한 좋은 나라의 그 본은 어떤 의미가 있을까요? 그에 따르면, '아름다운 나라'가 현실에서 그대로 실현 가능한가를 물을 것이 아니라, 그보다는 어떻게 현실적으로 그 본에 최대한 가까운 나라를 만들 것인가에 관심을 기울여야 합니다. "한 나라가 어떻게 하면 언급된 것들에 가장 가깝게 다스려질 것인지를 우리가 알아낼 수 있다면", 이로써 만족해야 한다는 것입니다(473a~b). 그래서 플라톤은 《국가》에서 말로써 만든 좋은 나라의 본에 가까운 나라의 현실적인 모습을 최후의 작품 《법률》에서 그려 보입니다. 《국가》에서는 좋은 나라의 실현을 위해 철인통치를 제시한 데 비해, 《법률》에서는 현실의 한계를 고려해 법에 의한 통치를 내세웁니다. 그리고 《국가》에서는 "친구들의 것들은 공동의 것이다"라는 잠언대로 사유재산과 가정을 불허하지만, 《법률》에서는 가정도 허용하고 사유재산을 허용합니다. 다만 사유재산의 허용으로 인해 빈부의 차이가 심화되고 시민들 중 일부가 기본 생활도 힘들 정도로 가난해지는 사태를 막을 수 있는 방안도 강구합니다. 요컨대 플라톤은 《국가》에서 최선의 나라를 그려 보았다면, 《법률》에서 그것을 본으로 삼아 차선의 나라를 그려 보였던 것입니다.

❋ 《국가》에서의 인용문들은, 국내에 출간된 《국가》의 그리스어 원전 번역본인 《플라톤의 국가·정체》(박종현 옮김, 서광사, 2005)를 지은이 이기백이 가독성을 위해 부분적으로 수정해서 사용했습니다. 그 밖의 원전 번역으로 《플라톤전집 4》(천병희 옮김, 도서출판 숲, 2013)가 있습니다.

인간은 누구나 늘 어떤 행위를 선택해야 합니다. 또 그 행위에는 어떤 목적이 있고, 그 목적에도 또 상위의 목적이 있습니다. 그러다가 더 이상 올라갈 수 없는, 그 행위 자체가 목적인 것들에 도달하게 됩니다. 그것이 바로 행복입니다. 아리스토텔레스는 "덕에 따른 영혼의 활동"을 행복이라고 부릅니다. 벨기에 화가 프란스 프란켄의 유화 〈덕과 악덕 사이의 선택〉. 1633년. 미국 보스턴미술관.

9

《니코마코스 윤리학》아리스토텔레스

우리에게 달려 있는 것과 아닌 것

김주일

《니코마코스 윤리학》이라는 명저 중의 명저에 잘 어울리는 그림을 하나 소개하며 이야기를 풀어가려고 합니다. 제목은 〈덕과 악덕 사이의 선택〉입니다. 영혼을 보는 두 틀인 기독교적 세계관과 르네상스 시기에 다시 살아난 그리스 문화가 결합된 상징적인 그림이라고 들었습니다. 지하의 세계는 악덕을 대표할 테고 천상의 세계는 덕을 대표할 텐데, 덕과 악덕 간의 싸움이 인간의 영혼이라는 생각이 담겨 있고 그림도 멋있어 보입니다. 《니코마코스 윤리학》은 어떻게 덕 있는 삶을 살 것인지, 덕 있는 삶을 살아야 할 이유가 무엇인지를 잘 설명해주는 책이라서 이 그림이 적당하다고 생각했습니다.

아리스토텔레스는 그리스 북쪽 마케도니아 출신입니다. 마케도니아의 그 유명한 알렉산드로스 대왕과 인연이 있다는 이야기가 전해집니다. 스승 플라톤이 세운 아카데메이아Akadēmeia에 18세에 입학해서 학생으로 그리고 교사로 활동하다 기원전 348년경 아카데메이아를 떠났고, 그 사이에 어린 알렉산드로스의 교육을 맡았습니다. 완전한 정설은 아닙니다만 비교적 믿을 만한 것으로 통용되고 있는 이야기지요. 그 후 아테나이로 돌아와서 뤼케이온Lykeion이라는 자기 나름의 철학 학원을 차립니다. 거기서 10년 넘게 교장으로서 강의를 하다가, 323년 얄궂게도 스승의 스승 소크라테스도 받았던 불경죄라는 혐의를 받고는 몸을 빼서 칼키스라는 곳으로 갑니다. 아테나이에 남아서 사형을 당했던 소크라테스와는 달랐죠. 그렇다면 오래라도 살아야 했는데 고작 1년 후에 죽습니다. 고대의 철학자치고는 일찍 사망한 경우입니다. 60세 정도까지 살았는데, 플라톤이 80세에, 소크라테스는 70세에 사형을 당해서 죽었으니까 상당히 젊은 나이에 죽었어요.

《니코마코스 윤리학》을 이해하려면 먼저 아리스토텔레스의 저술 체계를 간략하게나마 살펴봐야 합니다. 아리스토텔레스의 남아 있는 저술들은 아마 아카데메이아 시절부터 나왔을 것이라고 추정하고 있습니다. 아카데메이아에서 강의했던 내용들이 대체로 저술로 남았습니다. 책으로 펴내려고 따로 글을 썼다기보다는, 강의 교안, 강의록, 학생들이 적어놓은 노트들이 오늘날 아리스토텔레스의 저술이 되었다는 겁니다. 정확하지는 않지만요. 그런데 아리스토텔레스는 강의를 굉장히 체계적으로 한 사람입니다. 플라톤이 대화편이라는 형식으로 이런 저런 주제들을 매 작품마다 아주 잘 섞어놓은 것과는 달리, 아리스토텔레스는 학문 전체를 분류하고 분류된 항목에 따라서 단계별로 강의를 해나갔던 사람입니다. 이론학, 실천학, 제작학을 구별하고, 여기에 도구학이라는 것도 추가했습니다. 어떻게 보면 서양의 역사에서 처음으로 학문 분류를 했던 사람이에요. 그리고 그 분류에 따라 거의 모든 학문 영역을 탐구했습니다. 그래서 그 강의들을 저본으로 삼은 저술 체계도 잘 잡혀 있습니다.

뒤에서부터 보면, 도구학은 '오르가논Organon'이라고 하는데, 그리스어로 오르가논은 '도구'라는 뜻입니다. 오르가논이란 책이 따로 있는 건 아닙니다. 도구학으로 분류하는 논리학 관련 저술들을 통칭해서 아리스토텔레스 아닌 후대의 다른 사람이 이름을 붙였습니다. 다른 학문을 하는 데 필요한 도구적인 학문이라서 그렇게 분류된 것 같기도 하고, 실제 대상과 직접 연결이 안 된다는 의미에서 그렇게 분류된 것 같기도 합니다. 유명한 《범주론》이라는 책이 여기에 속합니다. 그리고 이론학은 우리에게 달려 있지 않은 것들, 우리가 무슨 짓을 하더라도 그 대상이 바뀌지 않는 것들에 대한 학문입니다. 자연학/자연철학, 천문학, 기상학, 영혼론, 형이상학, 수학 등이 이론학에 속합니다. 예컨대, 숫자 2를 뚫어지게 쳐다본다고 숫자 2가 부끄러워하지는 않으니까, 우리에게 달려 있지 않은 것들이죠. 반대로 우리에게 달려 있는 것들, 우리가 어떻게 하느냐에 따라 달라지는 것들에 대한 학문을 실천학이라고 합니다. 정치를 어떻게 하느냐에 따라 세상이 바뀌고 내가 어떤 선택을 하느냐에 따라 나의 삶이 바뀌니까요. 《니코마코스 윤리학》이나 《정치학》이 대표적으로 여기에 들어갑니다. 다음으로 제작학이 있습니다. 고대 그리스는 노예제 사회였기 때문에 실용적인 물건을 만드는 데 큰 가치를 두지 않았습니다. 노예들이 하는 일이니까요. 자유인들은 연설을 하거나 문학 작품을 만들었죠. 그래서 그것과 관련된 《시학》과 《수사학》 등을 아리스토텔레스가 제작학 부류에 넣었습니다. 우리가 앞으로 다룰 작품들은 실천학 쪽의 《니코마코스 윤리학》과 제작학 쪽의 《시학》, 이 두 개입니다.

인간의 목적의, 목적의, 목적은?

《니코마코스 윤리학》은 총 10권으로 되어 있습니다. 10권이라는 것은 고대의 책 분절 방식에 따른 겁니다. 각 권의 분량이 많은 것은 아닙니다. 오늘날로 치면 한 장章씩의 분량 정도입니다. 물론 아리스토텔레스의 저술이 전승되어온 방식 때문에 일부 중첩되는 부분도 있습니다만, 비교적 잘 짜여 있는 강의 형태로 되어 있습니다. 1권은 우리는 무엇을 위해 살아야 하는가, 삶의 목적에 관한 내용입니다. 구체적인 내용에 대해서는 사람마다 생각이 다르겠지만, 아리스토텔레스는 적어도 형식적으로나마 우리 모두가 동의할 수 있는 삶의 목적은 행복eudaimonia이라고 말합니다.

우리 인간은 누구나 늘 어떤 행위를 선택해야 합니다. 그 행위에는 목적이 되는 것도 있고 수단이 되는 것도 있죠. 예를 들어, 지하철을 탈지, 걸을지, 자전거를 탈지, 교통 수단을 선택합니다. 그런데 그 수단의 선택에는 목적이 있습니다. 가령 저 김주일의 강의를 들으러 온다거나 하는 목적이 있을 테죠. 그리고 강의를 들으러 오는 이유가 또 있을 거예요. 인문학 소양을 쌓으려고? 어쨌든 여러 가지 이유들이 있을 겁니다. 그리고 그 이유의 이유를 또 물어볼 수 있을 겁니다. 우리가 이렇듯 어떤 행위를 하면 그 행위의 목적을 다시 물어볼 수 있죠. 그리고 그 행위의 목적의 목적을 다시 물어볼 수 있습니다. A를 하는 목적은 B, B를 하는 목적은 C, 이렇게 계속 타고 올라가게 됩니다. 그러다가 더 이상 올라갈 수 없는 단계에 속하는, 그 행위 자체가 목적인 것들에 도달하게 됩니다. 그것이 바로 최고선 또는 가장 좋은 것summum bonum입니다. 그 최고선 중 대표적인 것이 행복 아니냐는 것이지요. 우리가 무엇 때문에 행복해질 이유는 없거든요. 행복해지기 위해서 무엇을 할 뿐이지 다른 것을 위해 우리가 행복해질 필요는 없으니까요. 그래서 아리스토텔레스는 우리가 무언가를 하는 가장 최선의 목적을 행복으로 놓았습니다.

하지만, 그렇다면 그 행복이 과연 뭐냐는 질문이 남게 됩니다. 아리스토텔레스는 행복을 다른 말로 잘 삶eupratteins이라고 하는데요. 그렇다면 또 잘 삶이 뭐냐고 물을 수 있겠지요. 명확하게 규정하고 있지 않은 까닭에, 행복이든 잘 삶이든 일종의 미지항未知項으로 놓고 아리스토텔레스가 논의를 시작하는 것이 아닌가 하는 생각이 듭니다. 하지만 거기서 멈추는 게 아닙니다. 아리스토텔레스는 다시 "인간이 인간답게 사는 것이 행복한 게 아닌가?"라는 질문을 던집니다. 행복 그리고 잘 삶을 이렇게 표현하면 당연히 또 "인간답게"가 뭔지 알아봐야겠지요. 그래서 인간이란 무엇인지, 인간의 본질과 기능에 대한 이야기를 하고, 2권으로 넘어갑니다.

1권을 이어받아 2권에서는 인간의 몫 또는 역할, 기능을 잘한다는 것이 무엇인지를 논의합니다. 아리스토텔레스는 인간의 본질을 크게 이성의 부분과 욕구의 부분으로 나눕니다. 물론 인간의 몸이 아니라 영혼을 나눈 겁니다. 플라톤이 확립한, 인간의 삶의 주체는 영혼이란 생각이 이미 깔려 있습니다. 그런데 아리스토텔레스는 이성은 계획에 능하고 욕구는 추진력을 갖고 있다고 생각하지요. 나아가 인간에게는 이성과 욕구의 부분이 있으니까 각각에 대응하는 지적인 탁월함과 성격적 탁월함도 있다고 말합니다. '아레테aretē', 즉 탁월함이란 말은 플라톤, 아리스토텔레스 시대 훨씬 전부터 있었던 말이고, 이전에는 용기를 의미했습니다. 호메로스의 서사시에도 나오지만, 남자가 뛰어나려면 전쟁터에서 물러서지 않는 용맹함 또는 용기를 가져야 한다는 생각에서요. 용기라는 뜻을 가졌던 이 아레테가 플라톤이나 아리스토텔레스 시대에 와서는 전쟁의 특별한 영웅이 아니라 일상 속 각 개인이 사람으로서 잘한다는 의미로 바뀌었습니다. 그래서 탁월함 또는 잘함이라는 의미가 되었습니다. 지적 탁월함이야 알아듣기 쉽지만, 성격적 탁월함은 설명이 필요합니다. '성격적'은 '에티케ēthikē'입니다. 《니코마코스 윤리학》의 원제목도 '에티카 니코마케이아Ēthika Nikomacheia'입니다. 서양에서 에티케란 말이 ethics가 되었기 때문에 우리말 윤리학으로 옮긴 겁니다. 그런데 여기서는 '성격적'이라고 옮겨야 합니다. 그게 원래 의미이니까요. 아리스토텔레스가 생각했던 윤리학은 우리의 성품과 관련되는 학문입니다. 우리 성품을 어떻게 가질 것인지, 또 성품이 뭔지를 다루는 거지요. 결론적으로 아리스토텔레스는 "영혼의 탁월성에 따르는 활동"이 행복이라고 말합니다.

아리스토텔레스는 약 2500년 전 사람입니다. 옛날 사람이라서 뻔한 이야기를 했을 거란 생각도 있고 철학자니까 심오한 이야기를 했을 거란 생각도 있는데, 그 두 개가 다 맞을 것 같아요. 알고 보면 뻔한 이야기지만 그건 아리스토텔레스가 그 이야기를 상식으로 만들었기 때문입니다. 게다가 피상적인 관점에서 보면 뻔한 이야기이지만, 앞뒤 문맥을 따져서 읽으면 굉장히 복잡하고 통찰력이 번득입니다. 영혼의 탁월성에 따르는 활동이라고 하면 뭔가 어렵게만 들리지만, 그냥 탁월함/덕 있는 삶을 산다는 뜻입니다. 뛰어난 판단력, 통찰력, 이런 것들이 지적 탁월성인 반면에, 성격적 탁월성은 욕구와 연결되어 있습니다. 성격은 우리에게 있는 욕구에 대한 우리의 태도에서 생성된 것입니다. 가령 우리 모두에게는 물욕이 있습니다. 그 물욕을 따라가면 돈 좋아하는 사람, 구두쇠나 수전노가 될 테고, 그 반대라면 돈 욕심 없는 사람, 청렴한 사람이 될 겁니다. 이렇듯 아리스토텔레스는 욕구 자체를 부정하지는 않습니다. 욕구에 대해 어떤 태도를 취하는지가 그 사람의 성격을 결정한다고 할 뿐이지요. 그래서 욕구에 대한 탁월성이 성격적 탁월성입니다. 용기, 절제, 정의, 관대함 등의 탁월함/덕을 갖춘 성격은 간단히 말해서 좋은 성격입니다. 그렇다면 성격적 탁월성을 어떻게 획득할 수 있을까요? 습관입니다. 아리스토텔레스는 우리가 본성적으로 받아들일 수 있는 것을 습관을 통해 완성한다고 주장합니다. 겁쟁이도 용기 있는 사람으로 바뀔 수 있을까요? 아리스토텔레스는 그렇다고 대답합니다. 인간이라면 누구나 본성적으로 가능합니다. 하지만 그냥 되는 것은 아니고 습관을 통해서 계속 자기 자신을 길들여야만 가능합니다. 습관만 들인다고 바로 탁월한 행위가 가능한 것은 아니고, 실천하는 상황에서 판단의 문제가 발생합니다. 성격적 탁월성과 실천적 지혜가 어떻게 만나서 행위를 이루느냐의 문제입니다. 예를 들어 용기 있는 성격을 가졌는데, 그 성격을 가지고 어떤 상황에서 어떻게 행동해야 용기 있는 행위가 되느냐의 문제입니다. 용기를 가지고 있다고 해서 무작정 모든 상황에서 용기 있는 행위가 이루어지는 게 아니라, 상황에 적절한 선택을 해야만 용기 있는 행위라는 결과가 나오는 거지요. 합리적 선택을 매개로 상황에 대한 판단과 성격까지 만나야만 행위를 하게 된다는 이야기입니다. 그게 2권부터 6권까지 내용이고, 7권에 가서는 악덕에 관한 이야기를 합니다. 피해야 할 성품들로는 비겁, 파렴치, 자제력 없음 등이 있습니다. 피해야 할 성품과 악덕의 차이는 그것이 악으로 완전히 전환되느냐의 여부에 달려 있습니다.

7권 후반부에서는 '헤도네ʰēdonē' 즉 즐거움에 대한 이야기를 합니다. 헤도네는 주로 쾌락이라고 번역되는데, 그러면 마치 헤도네가 덕 있는 삶과 대립하는 것처럼 보입니다. 하지만 아리스토텔레스는 7권 후반부에서 누려서 마땅한 즐거움이 있다고 말하면서, 그것이 활동을 완성하는 즐거움이라고 주장합니다. 즐거움은 자제력 없음의 원인이지만 동시에 행복의 조건이라는 거죠. 행복한 사람이 즐겁지 않다면 이상하거든요. 이게 아리스토텔레스 윤리학이 가진 특징입니다. 그리고 나서 8, 9권에서는 우정 이야기를 해요. 덕목을 이야기하고 악덕을 이야기하고 즐거움을 이야기한 다음 우정을 이야기합니다. 우정을 이야기하는 이유 중 하나는 그것이 일상적 삶에서 가질 수 있는 즐거움에 관한 중용적인 품성 상태이기 때문입니다. 중용은 덕과 관련됩니다. 덕은 너무 지나치지도 너무 부족하지도 않은 것이니까요. 예를 들면 용기와 관련해서는 너무 부족하면 비겁함이 되고 너무 과하면 만용이 됩니다. 그러니 우정이 중용적인 품성 상태라는 것은 우정은 우리가 친구를 사귀는 것과 관련된 일종의 덕 있는 활동이라고 이야기하는 거예요.

10권이 마지막인데 이 책에서는 7권부터 10권까지, 특히 그중에서도 10권을 중심으로 다룰 겁니다. 이렇게 잡은 이유는 그게 결론부이기도 하고, 다른 한편으로는 아리스토텔레스가 전반부에서 했던 이야기와 다른 이야기를 7권 후반부와 10권 사이에서 하기도 해서 앞뒤 이야기들을 어떻게 연결하는지가 커다란 논란이기 때문입니다. 그 논란을 다 소개할 수는 없지만, 제 나름대로 7, 8, 9권을 읽을 방법을 소개하면 그 안에 아리스토텔레스가 하고 싶었던 이야기가 상당 부분 포함될 거라고 생각했습니다. 10권은 '탁월함 중에 최고의 탁월함은 무엇인가?'라는 질문을 던집니다. 지금까지는 두 개의 탁월함을 이야기했습니다. 지적인 탁월함과 성격적 탁월함. 아리스토텔레스는 7권 심지어는 9권까지 성격적 탁월함에 관해 이야기했습니다. 욕구와 관련해서 어떤 자세를 취할 것인지를 다룬 거죠. 그런데 10권에 와서 탁월성 중에서도 최고의 탁월성에 따르는 활동이 행복이라고 말하면서, 바로 그것이 '테오리아theōria' 즉 관조적 활동이라는 이야기를 합니다. 영어의 theory(이론)라는 말이 여기서 나온 겁니다. 원래 테오리아의 뜻은 '구경'입니다. 여기서 theater(극장)도 나옵니다. 구경하는 곳이지요. 아리스토텔레스는 관조적 활동이라는 게 어떤 정치적 활동보다 훨씬 더 자족적이고 자체 목적성을 가지기 때문에, 관조적 활동이라는 것이 가장 신적이며 동시에 가장 인간적인 활동이라고 봅니다. 아리스토텔레스는 10권 후반부에서 관조적 활동을 하는 것, 즉 삶의 문제에 직접 뛰어들지 않고 말하자면 이론적인 활동을 하고 자신의 앎을 반추하는 삶이 행복한 삶이라고 말합니다.

행복happiness 대 행복eudaimonia

《니코마코스 윤리학》의 전체적인 내용을 훑어봤으니, 이제 오늘의 주제를 본격적으로 다루어 보겠습니다. 우선 행복이라는 말부터 살펴봅시다. 우리에게 익숙한 행복이라는 단어는 실제로는 오래된 우리말이 아닙니다. 영어의 happiness를 일본 사람들이 '운'을 뜻하는 '행幸'과 '복福'을 묶어서 번역해놓은 것이지요. happiness를 보면 운을 의미하는 'hap'을 포함하고 있습니다. 행복이란 말에 가까운 고대 그리스어 단어인 '에우다이모니아eudaimonia'도 운의 의미가 강하죠. 그게 happiness의 전통적인 의미였습니다. 그러다가 "최대 다수의 최대 행복"을 주장한 벤담으로 오면서 우리가 조절할 수 있는 어떤 것이 되고 그래서 만족감이란 의미로 바뀝니다. 서양에서도 마찬가지로 '행복은 생각하기 나름이다'라는, 즉 행복을 만족감으로 이해하는 입장이 그다지 긴 역사를 가지고 있지는 않는 것입니다. 물론 오늘날 happiness에는 이 두 가지 뜻이 다 담겨 있어요. 그래서 《니코마코스 윤리학》에서 삶의 목적이 행복이라고 했을 때, 이 행복을 주관적 만족감으로 오해하기 쉽습니다. 아리스토텔레스에게 행복은 객관적인 개념이에요. 내 생각에 따라 달라지는 게 아니라, 성과로 나타나는 것이지요. 내가 나 자신을 덕 있는 사람이라고 생각한다고 해서 덕 있는 사람이 되는 건 아니잖아요. 그래서 서양 학자들 중에도 eudaimonia를 행복이라고 번역하는 게 문제가 있다고 생각하는 학자들이 많습니다. 그렇다고 행복이라는 말을 버리기에는 이 말로 담을 수 있는 것도 또 많기 때문에 우리는 그냥 행복이라는 말을 쓰기로 합니다.

아까 행복은 영혼의 탁월성에 따르는 활동이라고 정의했어요. 이 '활동'이라는 표현도 잘 봐야 합니다. 활동과 대비되는 말이 소유hexis입니다. 원래 '헥시스hexis'는 소유가 아니라 '품성 상태'로 옮기는데, 어원적으로는 소유라는 뜻을 내포해요. 마음가짐이라고 생각하면 돼요. 내가 용기 있는 마음가짐을 갖고 있어요. 그런데 갖고만 있어 봤자 소용없어요. 용기 있는 활동을 해야 행복해지죠. 용기 있는 사람인데 잠만 자고 있어요. 성격적 탁월함인 용기를 활용하지 않고 잠만 자고 있는데 행복할 수 있을까요? 따라서 소유는 행복이 아니라고 말할 수 있죠. 또 행복에는 단순히 운의 소관으로 볼 수 없는 부분도 있죠. 이게 아리스토텔레스의 큰 전제입니다. "노력을 통해서 행복할 수 있다." 물론 운이 작용하니까 지나치게 운이 나쁘면 행복하기 쉽지 않겠죠. 하지만 특별한 경우가 아니라면 누구나 노력에 의해서 행복할 수 있다고 아리스토텔레스는 생각합니다. 그다음에 이어지는 것은 가지고 있는 것들은 사용하기 위해 있고, 모든 소유 대상에는 수단과 목적이 있다는 생각입니다. 앞에서도 행위와 관련해서 이야기했기는 한데, 소유물과 관련해서는 내가 가진 것이 물건이든 능력이든 그것은 그 자체가 목적이되는 것으로 쓰일 수도 있고 어떤 목적을 위한 수단으로 쓰일수도 있다는 말입니다. 춤을 잘 추는 능력은 그 춤 자체를 즐기기 위해 사용될 수도 있고 춤을 춰서 인기를 얻거나 돈을 벌기위해 사용될 수도 있겠지요. 그런데 각각의 행위들의 목적을타고 올라가면 복수의 최고선이 있을 수도 있고 하나의 최고선이 있을 수도 있습니다. 제가 보기에 아리스토텔레스의《니코마코스 윤리학》은 두 가능성을 다 열어놓는 것 같아요.

이제는 행복의 내용을 살펴봅시다. 아리스토텔레스는 1권에서 2권까지 나왔던, 행복의 후보를 뽑는 이야기들을 10권에와서 다시 한번 정리하지만 방향이 다릅니다. 여기서는 10권의 내용으로 이야기를 풀어봅시다. 최고선은 행복이지만, 그 행복이 무엇이냐는 사람마다 생각이 다를 수 있다고 말했었잖아요? 그래서 그 생각들을 검토하는 겁니다. 첫 번째 후보는 노는 삶입니다. 놀이는 그 자체로 선택할 만해 보입니다. 로또 맞아서, 혹은 땅 부자라서 매일 여행 다니면서 더우면 시원한 곳에 추우면 따뜻한 곳에 가서 살 수 있다면, 먹고살려고 일하지 않아도 된다면, 그게 좋은 삶이라고 생각할 수 있잖아요. 심지어 우리는 놀이를 위해서 재산과 몸을 망치기도 합니다. 도박이나 마약을 하면서 스스로를 망치기도 하니까 그 자체로 좋은 것처럼 보인단 말이지요. 게다가 정치권력을 가지거나 부유한 사람들이 맨날 노는 삶을 사는 것처럼 보이니까, 다른 사람들은 저게 좋은 거라서 저렇게 사는 것 같다고 생각한다는 거예요. 하지만 아리스토텔레스는 놀이는 활동을 위한 휴식이지 그 자체가 목적이지도 않고 진지하지도 않다고 주장합니다. 그리고 육체적 즐거움은 동물도 노예도 갖는 것이라서 더 나은 자의 즐거움이 아니라고 말합니다. 우리는 더 나은 삶을 살고 싶어 한다는 암묵적인 전제가 있는 겁니다. 아리스토텔레스의 기본 신념이지요. 이렇게 이야기하면 어떨까요. 어릴 적에 빠졌던 소꿉장난을 이제는 다시 안 하잖아요. 더 나은 상태가 되어서 재미가 없어졌기 때문이죠. 너무나 재미있었던 건데 지금은 시시하단 말이에요.

그런 관점에서 이해하면 좋겠고, 후보 중 두 번째가 탁월성 즉 아레테arete에 따르는 삶입니다. 로마 사람들이 arete란 말을 번역하고 싶어서 만든 라틴어가 '비르투스virtūs'이고, 그 말이 영어의 virtue(덕)가 되었어요. 아까 설명했듯 원래는 전쟁터에 나간 전사가 갖추어야 될 용기, 또는 직업이나 물건에 대해 썼던 말입니다. 호메로스의 서사시에는 "날개 달린 신발"이 가진 탁월함에 대한 언급이 있습니다. 그게 아레테란 말의 용법들이었어요. 그런데 기원전 5세기 아테나이에서 인간 중심의 철학이 번성하면서 인간이 인간으로서 가지는 뛰어남을 의미하게 되었어요. 전통적인 덕목들인 용기, 지혜, 절제, 정의가 인간의 뛰어남으로 꼽히게 되면서 오늘날에는 덕이라는 의미를 가지게 된 겁니다. 묘하게도, 우리가 '무엇 덕분이다'라는 말을 쓰잖아요. "냉장고 덕분에 음식이 상할 일이 없어"라는 식으로요. 영어에서도 'in virtue of(~덕분에)'라는 말을 씁니다. 그래서 동서를 막론하고 '덕'은 사물에 대해서 쓰였던 말인데, 이게 인간적인 의미로 바뀐 거죠. 덕은 사람다움을 가리키는 겁니다. "사람이 사람다워야 사람이지", "사람의 제구실"이라는 표현에서 볼 수 있는 것 같아요.

그런데 사람이라는 것이 결국 생명체이고, 생명체들을 생명체이게끔 하는 게 영혼입니다. 영혼을 분석해보면, 영양 섭취와 성장 부분은 식물이나 동물도 가지고 있습니다. 돌은 아무리 놔둬도 성장하지 않는데, 식물은 씨를 심으면 자란단 말이지요. 이게 살아 있다는 증거잖아요? 한편, 감각을 동반하고 운동을 하는 것은 인간과 동물에게 공통됩니다. 인간의 영혼에는 식물처럼 영양을 섭취하는 부분도 있고 동물처럼 감각을 동원해서 활동하는 부분도 있는 것이죠. 반면 이성을 가진 실천적 삶을 가능하게 하는 능력은 인간의 영혼만 가지고 있습니다. 그러니까 인간은 인간이 가진 자기 능력과 몫에 맞게 이성을 발휘하면서 살아야 한다는 것이 아리스토텔레스의 행복론입니다.

여기서 이성을 가진다는 말을 아리스토텔레스는 두 가지로 설명합니다. 하나는 이성에 복종한다는 것입니다. 이성에 복종한다는 것은 말을 알아듣는다는 겁니다. 이성을 가리키는 로고스logos라는 단어에는 원래 '말'이라는 뜻이 있거든요. 말에는 인간의 이성이 담겨 있는 까닭에 말을 사용한다는 것은 인간이 이성을 갖고 있다는 증거이기도 합니다. 나아가 이성에 복종한다는 것은 우리가 가진 욕구가 이성의 명령에 따른다는 의미입니다. 욕구라는 것은 때로는 참을 수가 없지만, 때로는 꾹 참기도 하잖아요. 어젯밤에는 라면을 꾹 참고 안 먹어서 얼굴이 덜 부을 수도 있고, 오늘 밤에는 못 참고 먹을 수도 있는 거지요. 참기도 하고 못 참기도 하는 부분이 욕구인데, 다른 말로 하면 그 욕구가 때로는 말을 듣기도 하고 때로는 말을 안 듣기도 하는 거지요. 욕구가 아예 비이성적이면 욕구에 따라 짐승처럼 살 텐데, 아예 비이성적인 것도 아니고 이성적인 것도 아니라서 우리의 삶을 때로는 부끄럽게 만들고 때로는 활기차게 만드는 거지요. 성격적 탁월성도 여기서 나오는 겁니다. 이성의 목소리에 귀 기울이고 욕구를 길들여서 그에 따른 활동을 할 수 있으면 성격적 탁월성을 발휘하는 거지요. 이성을 가진다는 말의 다른 설명은 이성 그 자체를 가지고 생각한다는 것입니다. 우주 전체를 관조하거나 인생의 의미를 반추하거나 어떤 학문 활동을 한다는 거예요. 또 다른 탁월성인 지적 탁월성과 연결되는 의미입니다.

성격적 탁월성 곧 '에티케 아레테ēthikē aretē'에 따라 활동하는 삶이 행복한 삶이라고 이야기했잖아요. 그런 에티케 아레테는 습관으로부터 얻어진 겁니다. 습관이란 말이 재미있습니다. 장음으로 시작하는 에토스ēthos는 성격이고, 단음으로 시작하는 에토스ethos는 습관이에요. 성격은 습관에 기반해서 형성된다는 의미입니다. 성격이란 말에 반드시 좋은 뜻만 있는 건 아닙니다. 중립적인 단어예요. 나쁜 성격도 있고 좋은 성격도 있으니까요. 또 아리스토텔레스는 성격적 탁월성이 즐거움과 고통에 관련한다고 말합니다. 어릴 때를 생각해보세요. 우리는 태어날 때부터 울었고, 배고프면 고통스러워하고, 잘 먹으면 헤헤거리고 잘 놀고 잘 자고 했잖아요. 어릴 때부터 즐거움과 고통은 우리의 삶을 크게 좌지우지해 왔고, 그로부터 우리가 자유로울 수는 없다는 거예요. 따라서 성격적 탁월성은 즐거움과 고통과 관련될 수밖에 없고, 마땅히 기뻐할 것에 기뻐하고 마땅히 괴로워할 것에 괴로워하는 것이 덕 있는 삶을 사는 겁니다. 남의 물건 훔치는 것을 괴로워하면 안 훔칠 것이고, 지혜롭게 행동하는 것에서 즐거움을 느끼면 그렇게 살 테니까요. 아리스토텔레스의 윤리학이 행복의 윤리학인 이유가 여기에 있습니다. 즐거움과는 동떨어진 덕 있는 행동이 있다고 생각하지 않아요. 즐거움이 없는 행동은 덕 있는 행동이 아닙니다. 단지 흉내에 불과하지요. 아까 용기를 예로 들어 중용에 대해 설명했죠? 부족하면 비겁이 되고 너무 과하면 만용이 된다고요. 마땅히 그래야 할 때, 마땅히 그래야 할 일에 대해, 마땅히 그래야 할 사람들에 대해, 마땅히 그래야 할 목적을 위해, 마땅히 그래야 할 방식으로 감정을 갖는 것, 이게 중용의 덕입니다. 기계적이지 않습니다. 상황에 따라 달라지는 거예요. 아이들을 매섭게 야단쳐야 할 때도 있고, 한없이 온화하게 대할 때도 있지만, 늘 같은 마음이잖아요. 잘되기를 바라는 마음. 그런 식으로 중용을 찾아가는 겁니다. 때에 따라 다른 거예요. 아리스토텔레스는 성격적 탁월성으로서 용기, 절제, 온화, 자유인다움, 통이 큼 등을 열거합니다.

도대체 즐거움 없는 행복은 없다

지금껏 주로 《니코마코스 윤리학》의 전반부 내용을 다뤘습니다. 아리스토텔레스는 1권에서 즐거움을 행복의 후보로 놓았다가 금방 쳐냈습니다. 즐거움은 행복한 삶이 아니라고 했죠. 그러고는 영혼의 탁월성에 따른 활동이 행복이라고 정의했습니다. 하지만 후반부로 넘어오면서 사뭇 달라집니다. 즐거움을 행복과 다시 이어 붙이면서 덕 있는 삶 또는 탁월한 삶과 즐거움이 양립 가능하다는 식으로 말하기 때문입니다.

먼저 아리스토텔레스는 즐거움은 운동이나 과정이 아니라 완성된 것이라고 주장합니다. 말이 어렵죠? 이런 뜻입니다. 걷기 운동을 예로 들어보죠. 우리는 천천히 걷거나 빨리 걸을 수 있죠. 반면 천천히 즐겁거나 빨리 즐거울 수는 없습니다. 즐거우면 즐거울 뿐이죠. 물론 즐거움에 이르는 과정은 느리거나 빠를 수 있지만, 천천한 즐거움이나 빠른 즐거움은 없죠. 그래서 즐거움은 완성된 것입니다. 또 최선의 활동 능력이 최선의 대상과 만나야 최고의 즐거움을 낳습니다. 시각을 예로 들면, 저처럼 노안이나 근시 말고 2.0 시력을 가진 사람이 날씨가 쨍할 때 아름다운 경치를 봐야 즐거움을 만끽할 수 있습니다. 최선의 대상과 최선의 활동 조건이 만나 최고의 활동이 이루어지고, 그럴 때 최고의 즐거움이 생기는 거고요. 즐거움은 최선의 활동의 발현이기도 하고 촉진제이기도 합니다. 친구를 만날 때를 떠올리면 돼요. 친구 만나면 받는 것 없이도 좋고 즐겁잖아요. 이게 바로 즐거움이 활동과 연결되는 방식입니다. 그런데 어떤 활동은 즐거움을 동반하지 않아요. 반면 어떤 활동은 즐거움과 분리될 수 없고 그 자체로서 활동의 목적이 됩니다. 예를 들면, 김연아 선수가 깔끔하게 피겨 스케이팅을 할 때, 그 활동은 그 자체로 목적이 되고 김연아 선수는 그 활동과 일체가 되어 즐거움을 느낄 수 있습니다. 그것이 바로 아리스토텔레스가 이야기하는 탁월성에 따른 활동입니다. 목적과 활동 자체가 합쳐지고 그 자체로 즐거움을 낳는 겁니다. 스스로 가장 사랑하는 능력을 발휘해서 자기가 가장 사랑하는 것들에 대해서 활동할 때 즐거움과 덕이 분리되지 않는 일이 가능해집니다. 즐거움은 활동을 완성시키고 그래서 사람들이 추구하는 삶 또한 완성시킵니다. 삶과 즐거움은 서로 굳게 결부되어 분리를 허용하지 않습니다. 활동 없이는 즐거움이 생겨나지 않고 즐거움은 모든 활동을 완성시킵니다. 그렇다면 이제 이해할 수 있겠지요. 노는 삶이 행복한 삶은 아니라고 하더라도 즐거움이 탁월성에 따른 활동에서 배제되지 않는 까닭을요. 즐거움과 탁월성, 이 두 가지는 궁극적으로 조화를 이룹니다. 즐거움이 목적인 활동이 아니고 탁월성이 목적인 활동인데도 그 활동은 자연스럽게 즐거움을 낳습니다.

그런데 이런 활동은 주로 성격적 탁월성에 따른 삶이고, 이러한 삶은 이차적인 의미에서만 행복한 삶입니다. 용기나 절제를 발휘하는 삶은 어떤 상황에서 그 상황에 맞는 행위를 해나가는 과정입니다. 그런 행위는 나름의 목적을 달성하기 위해 이루어지는 활동이지요. 하다못해 아파트 주민위원회에서 아파트 외벽을 도장하는 업체를 선정하려고 주민회의를 한다고 했을 때, 한정된 예산을 가지고 공정하게 업체를 선정해서 모두의 권익에 부합하게 하는 것도 덕을 발휘하는 일입니다. 거기서도 덕 있는 삶을 살 수가 있어요. 그 활동은 어떤 의미에서는 의무적이기도 하고 강제적이기도 합니다. 해야 하니까 하는 일이라는 의미에서요. 그런데 행복은 그런 활동이 좋은 방향으로 가고 있다는 것을 내가 포착할 때만 느껴집니다. 그런 의미에서 성격적 탁월성에 따른 삶은 이차적인 의미에서 행복한 삶입니다. 분명히 아파트 주민 활동을 해서 어떤 일을 해내면 그 자체로 좋은 것을 만들어내는 겁니다. 이렇듯 좋은 활동을 해서 좋은 것을 산출하는 것이 일차적인 좋음입니다. 반면 행복은 좋은 활동을 하고 있는 나 자신을 이해할 때 이차적으로 발생합니다. 강한 해석이긴 합니다만, 내가 나를 관조할 때 행복이 생긴다고 저는 이해하고 있습니다. '아, 내가 좋은 사람이구나', '나는 좋은 삶을 살고 있구나' 하고 나의 위치를 깨닫는 순간 내 삶에 대한 만족감이 생기는 거지요.

성격적 탁월성은 좀 전의 예로 보면 아파트에 살면서 아파트와 관련되어 할 수밖에 없는 일들에 적용됩니다. 성격적 탁월성은 우리가 현실에서 삶을 살면서 어쩔 수 없이 해야 되는 일들과 관련되어 있다는 말입니다. 먹고 살아야 되니까 돈을 벌어야 하고, 돈을 벌다 보니까 사람들과 관계를 맺어야 하고, 그들과의 관계에서 공정해야 하고, 어떨 때는 화가 나도 좀 참아야 하고 절제도 해야 되는 겁니다. 그래서 여러 사람과 어울려 살 때 요구되는 덕들은 인간적입니다. 또 복합적입니다. 한 가지 일에 대해서도 슬픈 감정을 느낄 수도 있고 아쉬운 감정도 느낄 수 있고, 여러 감정들이 복잡하게 얽혀 있잖아요? 그리고 성격적 탁월성에 따라 살려면 외적인 수단이 필요합니다. 정의 正義의 가장 기본적인 의미는 '내 것을 내가 갖고 남의 것을 남이 가져야 한다'입니다. 따라서 빚을 졌으면 갚는 것이 정의로운 일인데, 그러려면 돈이라는 외부 수단이 필요하죠. 절제 있는 행동을 하려 할 때도 절제가 필요한 상황이 있어야 합니다. 그리고 성격적 탁월성에 따른 활동은 별도의 목적이 있습니다. 대표적인 것이 정치적 활동입니다. 꼭 정치가에게만 해당되는 것은 아닙니다. 아테나이의 경우 자유민들에게는 누구나 공적인 활동을 할 심리적 의무가 있었으니까요. 공적인 활동을 안 하는 사람은 사람 구실을 제대로 못한다고 비난받았습니다. 그런 의미에서 아파트 주민 활동도 충분히 덕 있는 활동을 하는 겁니다. 그런 활동은 주민의 행복이나 자신의 명예 같은 것들을 부가적인 목적으로 가집니다.

그렇다면 최고의 행복은 어디에?

그런데 아리스토텔레스는 성격적 탁월성에 따른 활동은 여가 시간에 하는 활동이라고 하지만, 이것은 역설적인 표현입니다. 그리스어로 '활동' 또는 '실천'이라고 번역되는 단어는 '엔에르게이아energeia'와 '프락시스praxis'입니다. 엔에르게이아는 주로 활동으로, 프락시스는 주로 실천으로 번역되기는 합니다만, 둘을 묶어서 설명하면 엔에르게이아는 자신의 역할ergon을 해내는

(발휘하는) 상태인데, 그것이 인간의 삶에서 탁월하게 발휘되는 영역이 실천의 영역입니다. 그리고 그 실천이 이루어지는 시간이 '스콜레scholē' 즉 '여가'입니다. 스콜레는 먹고사는 일에 매여 있지 않은 시간을 의미하고, 프락시스도 먹고사는 일이 아닌 공적 영역에서의 활동입니다. 그러니 인간의 인간다움의 역할을 발휘하는 공적 영역에서의 탁월성에 따른 활동은 자투리 시간인 여가 시간이 아니라 온전한 시간을 들여 실천해야 하는 것입니다. 하지만 공적 활동의 대표 격인 정치에 뛰어들면 개인의 삶이 없지요. 정치를 안 하겠다고 선언했던 어떤 정치인은 정치를 하게 되면 365일 을로 살아야 하기 때문에 갑으로 살고 싶어서 정치 안 하겠다고 했잖아요. 그 이야기를 아리스토텔레스가 하는 겁니다. 성격적 탁월성에 따른 삶을 사는 것이 먹고 살기 위한 삶보다는 훨씬 월등하고 인간답지만 여전히 인간적인 한계를 갖고 있다는 생각이지요.

그래서 나온 게 지성nous입니다. 이성은 이미 등장했지만, 이성과 지성을 구분하기는 쉽지 않습니다. 이성이라는 것은 논리적으로 앞뒤를 따져 계산하는 능력, 수학적인 계산 능력입니다. 지성은 원리를 파악하는 능력, 통찰하는 능력입니다. 아리스토텔레스는 행복이 탁월성에 따른 활동이라면, 우리 안에 있는 최선의 것인 지성의 탁월성에 따르는 관조적 활동theōria이 최고의 행복이라고 선언합니다. 이를테면, 천문학자가 우주에 대한 탐구를 해서 자기 나름대로 우주관을 갖게 된 뒤에, 우주에 대한 자신의 지식들을 머릿속에 떠올리면 장관이 펼쳐질 것 아니에요. 멋있겠지요. 멋있을 겁니다. 그게 가장 엄격한 의미의 테오리아입니다. 그게 아리스토텔레스에게는 최고의 행복이라는 거예요. 공부하는 일은 물론 고되지만, 공부를 마치고 공부했던 내용을 떠올리는 순간 최고로 행복하다는 겁니다. 철학자로서 세계에 대해 하나하나 공부한 뒤에 자신의 생각들을 엮어서 하나의 그림을 만드는 순간이지요. 그런데 이게 너무 희소하니까 넓혀서 탐구 활동, 즉 공부하는 과정까지 다 넣자고 하는 해석도 있습니다.

그런데 우리 인간이 관조적 활동을 할 수 있게 하는 이 지성이 우리 안에 있는 가장 최선의 것이라고 했습니다만, 따라서 이것은 가장 신적인 것이기도 합니다. 이렇게 말하는 데에는 복잡한 사정이 있습니다. 여기서 아리스토텔레스의 세계관이 엿보여요. 영혼을 가진 존재로는 식물, 동물 그리고 인간이 있습니다. 그런데 하나 또 있습니다. 그리스의 전통적인 믿음에 따르면 신들도 영혼을 가지고 있거든요. 게다가 우리가 알고 있는 그리스 로마 신화의 신들에게는 육체가 있지요. 몸을 갖고 있잖아요. 플라톤이나 아리스토텔레스는 그런 식의 전통적 신관을 넘어섭니다. 그들에 따르면, 신은 육체가 없어요. 영혼만 가지고 있습니다. 영혼의 식물적인 부분이나 동물적인 부분은 인간이나 동물이 몸을 갖고 있어서 필요한 부분인데, 신에게는 이 부분이 빠집니다. 그러니까 신은 지성만 가지고 있어요. 아리스토텔레스에 따르면, 우리가 탁월성에 따른 여러 가지 활동을 하는 이유도 몸이 가지고 있는 한계 탓이에요. 우선 몸도 건사해야 하고, 사회적 활동도 해야 해서죠. 신은 몸이 없기 때문에 그런 한계가 없어요. 사회적 활동을 할 이유가 없습니다. 신이 하는 것은 자기 정신을 들여다보는 일뿐입니다. 자기반성적 활동만 해요. 이게 그 이후 서양에 굉장히 중요한 영향을 미친 신관입니다. 나중에 기독교가 받아들인 신관이지요. 자기 자신을 들여다보는 신, 자기 관조적 신입니다.

이 지성이 바로 관조적인 활동을 하는 능력이고, 그 지성이 우리에게도 있는 거예요. 그래서 우리에게 있는 가장 신적인 부분이 지성이고, 지성의 활동이 최고의 활동입니다. 이성의 활동이나 욕구와 관련된 성격적 탁월성의 활동은 외적 조건에 매여 있지요. 그래서 조건이 바뀌거나 하면 활동이 끊어지거든요. 반면 나를 관조하는 지성의 활동은 다른 조건이 필요 없기 때문에 연속적이지요. 지속적으로 행복한 겁니다. 또 지혜에 대한 사랑이 가장 순수하고 견실하며, 관조적 활동은 그 자체로 사랑받는 활동이고, 동반자가 필요하지 않다는 의미에서 가장 자족적입니다. 지성에 따른 활동이 최고의 행복이라니, 어쩌면 허황되게 느껴질지도 모르겠습니다. 어떻게 보면 종교적일 뿐만 아니라 관조적인 삶을 권장하는 셈이니까요. 그렇다면 전원의 삶, 시골에서 사는 삶, 조용하고 고요한 삶, 이런 걸 떠올려보면 됩니다. 다른 사람들과의 관계에서 스트레스 받지 않고 나만의 시간을 갖고 나의 고요함에 침잠하고 명상을 하는 삶의 방식과 연결시키면, 우리가 아리스토텔레스의 속내를 반 뼘쯤 더 이해할 수 있는 지점이 생깁니다.

이제 9권 9장 9절의 한 대목을 읽으며 이 관조적 삶과 탁월함에 따른 활동적 삶을 연결해 보겠습니다.

> 보는 사람은 자기가 보고 있음을, 듣는 사람은 자기가 듣고 있음을, 걷는 사람은 자신이 걷고 있음을 지각하고 (…) 우리가 지각하고 있음을 지각하고 우리가 사유하고 있음을 사유한다면, 그런데 우리가 지각하고 있음을, 혹은 사유하고 있음을 지각하는 것이 우리가 존재한다는 것을 지각하는 것이라면, 그것은 좋은 사람들이 선택할 만한 것이다.

성경 말씀 같기도 하고, 알쏭달쏭하지요. 사실은 별 이야기 아닙니다. 내가 물을 마신다는 사실을 내가 알고 있어요. 물을 마시는 나를 내가 의식해요. 우리의 의식은 쌍방향으로 이루어집니다. 물을 마시는 순간 입을 대고 있는 물병에 내 의식이 가지만 그 의식은 돌아서 다시 마시고 있는 나를 보고 있지요. 보고 있음을 지각한다거나 듣고 있음을 지각한다는 것은 그 의미입니다. 통칭하면, 지각하고 있음을 지각하는 것, 또는 사유하고 있음을 지각하는 겁니다. 나아가 우리가 존재한다는 것을 지각하는 것이니까 좋은 사람들에게는 그 자체가 즐거운 일이 됩니다. 그런데 왜 하필 좋은 사람들일까요? 저는 아리스토텔레스가 이 구절을 통해 탁월성에 따른 활동에도 관조적 즐거움이 있다는 주장을 하고 있다고 해석하고 싶습니다. 내가 좋은 사람이라면 좋은 활동을 하고 있는 자신을 자각할 때 즐겁고 행복할 테니까요. 꼭 우주의 진리를 눈앞에 한꺼번에 떠올리지 않더라도, 친구와 좋은 일을 같이 하고 있을 때 내가 좋은 삶을 살고 있다고 느끼고 행복할 수 있습니다. 관조는 우리 자신의 활동을 관조하는 것이기도 하니까요.

9권 4장 3절을 보면, 좋은 사람이 왜 행복할 수 있고, 자기 자신은 누구인지를 더 잘 알 수 있습니다.

좋은 사람은 자기 자신과 일치해서 생각하고 영혼 전체에 걸쳐서 동일한 것을 욕구한다. 그는 자기 자신에게 좋음과 그렇게 보이는 것을 바라며 실제로 행하는데, 바로 자기 자신을 위해서 그렇게 한다. 즉 사유하는 부분을 위해서 그렇게 한다. 각자는 바로 이것과 동일시되는 것처럼 보이기 때문이다.

첫 줄은 좋은 사람에게는 자기모순이 없다는 말이에요. 예를 들어, 한편으로는 좋은 집에 살고 싶고, 다른 한편으로는 청렴하다고 남들로부터 칭찬을 받고 싶기도 하는 식으로 영혼이 나뉘어 있으면 불행하다고 할 수 있겠죠. 갈팡질팡하고 왔다 갔다 하니까요. 마지막 두 줄에서 볼 수 있듯이, 아리스토텔레스에게 한 인간의 중심은 사유하는 부분이고 각자는 바로 그 사유하는 부분과 동일시됩니다. 아리스토텔레스의 윤리학을 이성주의 윤리학이라고 하는 이유도 여기에 있습니다. 이성이 중심에 서 있어야 한다고 생각하거든요. 그렇지만 또 한편으로 아리스토텔레스는 감정이 인간에게 무시할 수 없는 조건임을 인정합니다. 예를 들어, 용기는 두려움이라는 감정을 토대로 성립합니다. 용기 있는 행동은 두려움을 제거하고 나서 하는 행동이 아니라 두려움을 느끼면서도 하는 행동이거든요. 아리스토텔레스는 이렇게 감정의 영역도 중요하게 생각하지만, 결국 이성이 그걸 주도한다고 봤습니다. 사유하는 부분이 각자와 동일시되기 때문이기도 하고, 행복은 우리의 활동을 이해하고 관조함으로써 얻어지는 것이기 때문이기도 합니다.

행복한 사람도 친구가 필요할까

9권 9장에서는 이런 질문을 합니다. 행복한 사람들은 친구가 필요할까? 우리는 어디 얽매이거나 아쉬운 소리를 해대는 사람이 아니라 어떤 것에 의존하지 않고 구속받지 않고 사는 사람을 행복하다고 이야기합니다. 따라서 '이미 행복한 사람이라면 자족적이고 완전할 텐데 왜 친구가 아쉬울까?'라는 의문이 생깁니다. 친구는 보통 도움을 주는 존재라고 생각하잖아요. 아리스토텔레스는 그 물음에 답합니다. "행복한 사람은 좋은 것들을 다 갖추고 있을 테니까, 외적인 좋은 것들 중 가장 좋은 것인 친구가 없을 리가 없다." 친구는 크게 세 종류가 있습니다. 하나는 즐거움을 위해 같이 노는 친구입니다. 주로 어릴 적 친구들이지요. 그다음은 유익함 때문에 필요한 친구, 주로 사회 친구입니다. 그러나 진정한 의미의 친구는 탁월성에 따른 친구입니다. 덕을 갖춘 사람, 나와 같은 사람입니다. 이런 친구는 아무나 사귈 수 없어요. 진정한 의미의 친구를 사귀려면 그 자신이 덕 있는 사람이어야 합니다. 덕 있는 사람이 덕 있는 사람을 친구로 삼는 거예요. 즐거움을 위해서도 아니고 유익함을 목적으로 하는 것도 아니고, 단지 덕 있는 사람이라서 그렇습니다. 동양 고전을 보면 "영웅호걸을 사귄다"는 표현이 나오잖아요. 또 덕 있는 선비가 있다고 하면 멀리서 찾아간다고도 하고요. 그런 식으로 탁월성에 따른 친구를 사귀면 나머지는 저절로 따라옵니다. 그 친구를 만나면 즐거우니까 즐거움의 목적이 달성되고, 그 사람과 서로 사귀면 또 서로 덕을 권하니까 유익합니다.

하지만 친구가 외적인 좋은 것들 중 가장 좋은 것인 이유는 탁월성을 가진 사람은 자신의 선행을 가장 잘 받아줄 존재로서 친구가 필요해서입니다. 탁월성을 갖춘 사람은 다른 사람을 상대로 용기나 절제를 발휘해야 하지요. 하지만 탁월성에 따른 활동을 했는데 받아들여 주는 쪽이 내 의도를 계속 오해하고 시비 걸고 모함하면, 탁월성이 제대로 반영되지 않겠지요. 내 탁월성을 가장 잘 받아주는 사람이 친구인 겁니다. 그래서 덕 있는 사람으로 활동하려면 친구가 필요해요.

또 좋은 사람의 활동은 그 자체로 즐겁습니다. 자신의 행위보다는 자신과 가까운 사람의 행위가 더 잘 보이기 마련이죠. 자신을 객관화하기는 어렵잖아요? 그래서 자기 대신 친구들의 아름다운 행위를 보며 즐거워합니다. 친구가 탁월한 활동 또는 덕이 있는 활동을 하면 내 기분이 좋아지지요. 내 친구가 잘되면 좋잖아요. "친구는 또 다른 나"라는 말을 아리스토텔레스가 했어요. 친구한테서 나를 본다는 겁니다. 친구가 나의 분신이 되어 탁월성에 따른 활동을 하면 그걸 보면서 즐거워하는 거예요. 자기 내면의 자아를 바깥으로 만들어놓았다고나 할까요? 사실 거창하게 이야기하면 기독교의 신을 이렇게 해석하기도 합니다. 신이 왜 세계를 만들었을까? 보고 좋으려고 창조했죠. 성경에 나오잖아요. 하나님이 "보시기에 좋았더라." 이렇듯 기독교의 신도 자신을 바깥으로 만들어놓고 즐거워합니다. 아리스토텔레스의 친구 개념도 비슷해요. 친구를 만나면 즐거운 가장 핵심적인 이유죠.

같은 맥락에서 덕 있는 친구와의 우정은 자기애이기도 합니다. 자기애로부터 우정이 생겨납니다. 좀 이상하지 않으세요? 이상하다면 우리가 자기애라는 말을 이기적이라는 의미로 받아들여서입니다. 아리스토텔레스는 당연히 자기애와 이기심을 구별하지요. 물질적인 것을 탐하는 마음은 이기적인 반면,

덕 있는 행위는 이기적인 것이 아닙니다. 물질적인 것은 나누어 쓰면 나누어 쓸수록 줄어들지만, 덕 있는 행위는 나누어도 줄어들지 않기 때문이죠. 물론 아리스토텔레스의 자기애는 낙관적인 생각입니다. 비현실적이라고 코웃음 칠 수 있어요. 덕 있는 사람만이 자신을 사랑할 수 있다고 전제하고 있으니까요. 덕이 없는 사람은 자기 자신조차 맘껏 좋아할 수 없다는 거예요. 덕이 없는 사람은 늘 괴롭습니다. 비록 덕 있게 살지는 못하지만, 덕 있는 삶이 어떤지를 은연중에 알고 있기 때문이죠. 알면서도 그렇게 살지 못하니까 자기모순으로 괴로워한다는 겁니다.

《니코마코스 윤리학》을 읽을 때마다, 고전은 한편으로는 당연한 말을 하는 듯 보이지만 다른 한편으로는 늘 새롭고 놀랍다는 생각이 듭니다. 아까 이야기했지만 고전이 전하는 내용이 당연해 보이는 이유는 그걸 당연해 보이게 만든 게 고전이기 때문입니다. 《니코마코스 윤리학》을 예로 들면, 우리가 스스로의 감정에 대해서 어떤 태도를 취하느냐가 우리의 삶이 훌륭할지 그렇지 않을지를 결정한다는 주장이 최초로 등장한 책입니다. 하지만 그 영향력이 지속되어 우리에게까지 이어져 내려와 상식으로 굳어졌습니다. 그래서 당연해 보이면서도 놀랍습니다. 고전은 상식으로 받아들여지면서도 또 우리의 상식을 넘어서기 때문입니다. 약 2500년 전 사람인데도, 아리스토텔레스의 사상을 피상적으로 훑는 철학사(이를테면 아리스토텔레스는 이성주의 윤리학자라는 설명)에서는 도무지 들을 수 없는 놀라운 생각들을 아리스토텔레스의 책을 직접 펴서 들여다보면 만날 수 있습니다. 생각도 못했던 이야기들이 내내 펼쳐집니다. 행복이 뭐냐는 굉장히 상식적인 질문에서 출발해서 탁월성에 따른 활동에 대해 말하고, 관조의 즐거움에 대해 말하고, 친구라는 것이 무엇인가 하는 생각하지 못했던 곳까지 끌고 들어갑니다. 이게 아리스토텔레스 철학의 매력이자 고전이 선사하는 매혹입니다. 우리가 일상에서 쉽게 떠올리지 못하면서도 뻔하고 다 안다고 여겼던, 바로 그 일상적인 삶을 구축하고 있는 전제들을 들춰내는 겁니다.

끝으로, 우리의 삶에서 예술이 갖는 의미를 밝힌 아리스토텔레스의 말을 인용하며 마치고자 합니다. 《정치학》에 나오는 구절인데, 《니코마코스 윤리학》과 바로 다음 장에서 다룰 《시학》의 정신을 자연스레 이어주는 듯해 제법 적절해 보입니다.

그래서 이가의 삶을 위한 것들도 배우고 교육받아야 한다는 것이 분명하다. 확실히 이것들이 그 자체를 위한 배울 거리이고 배움인 것과는 달리, 다른 것들은 필요에 따른 것이고 다른 것들을 위한 것이며 먹고사는 일에 관한 것이다. 이런 이유로 시가넓은 의미의 예술를 이전 사람들은 필요에 따른 것도 아니고, 유용한 것도 아닌 것으로서 교육 과정에 포함시켰다(시가에는 그런 종류의 필요가 없고,

글공부가 돈벌이와 경제 활동과 배움과 많은 정치적 활동을 위해 유용하고, 그림 그리는 기술 역시 기술자들의 작품을 더 훌륭하게 판단하는 데 유용하다고 생각되는 것과도 다르다). 체육이 건강과 체력을 위해 유용한 것처럼 유용한 것도 아니다. (…) 이전 사람들은 이것을 자유인의 삶으로 생각하여 교육 과정에 포함시킨 것이다.

※ 《니코마코스 윤리학》에서의 인용문들은, 국내에 출간된 《니코마코스 윤리학》의 그리스어 원전 번역본인 《니코마코스 윤리학》(김재홍, 강상진, 이창우 옮김, 도서출판 길, 2011)과 《니코마코스 윤리학》(천병희 옮김, 도서출판 숲, 2013)을 지은이 김주일이 다소 수정해서 사용했습니다.

호주의 하이퍼리얼리즘 작가 론 뮤익의 조각 〈보트를 탄 남자〉. 이 미술 장르에서는 머리카락 한 가닥 한 가닥까지 세세하게 그리거나 만듭니다. 그런데 문득 이런 작업을 왜 하느냐는 의문이 듭니다. 실물을 대신 보여주기 위해서라면 사진을 찍어도 될 테니까요. 하이퍼리얼리즘은 예술은 대상을 그대로 옮겨놓는다고 성립하지는 않는다는 역설적인 메시지를 전달합니다.
Wald1siedel©Wikimedia.Commons

《시학》아리스토텔레스

성숙과 도약으로 빛나는 예술의 시간

김주일

《니코마코스 윤리학》은 도덕적 행위를 비롯해서 행위 일반에 대한 이론을 담고 있었습니다. 그리고《시학》에서는 드라마 drama가 행위를 모방한다고 아리스토텔레스는 진단합니다. 드라마가 우리의 삶에서 이루어지는 행위들을 메타적이라고 할 관점에서 다시 접근한다는 입장입니다. 드라마도 원래 '행위하다'라는 뜻을 지닌 그리스어 '드란dran'에서 나온 말이죠. 그렇게 행위의 문제를 두고 두 작품이 맞물리기 때문에《니코마코스 윤리학》에 이어서 이번 장에서는《시학》을 다루어보려고 합니다. 앞선 장들에서는 비극 작품을 다루었지만, 이《시학》은 비극 작품이 아니라 비극 자체에 관한 철학책이라는 점을 우선 이야기하고 싶고, 이번에도 미술 작품을 하나 소개하며 시작하겠습니다. 그림은 아니고 〈보트를 탄 남자〉라는 하이퍼리얼리즘 hyperrealism 조각입니다. 하이퍼리얼리즘은 우리말로 극사실주의라고도 하는데, 극도의 사실적 묘사를 추구하는 미술 장르입니다. 이 작품을 보다 보면, 문득 이런 작품을 왜 만드느냐는 의문이 듭니다. 그리고 이 문제는 《시학》이 다루고 있는 주요 주제 중 하나이기도 합니다.

문학 이론? 인간 행위에 관한 철학?

데이비드 로스라는 영국의 학자가 있습니다. 작위까지 받은, 20세기 중반까지 아리스토텔레스 연구에서는 독보적인 학자였습니다. 로스는 "《시학》은 아리스토텔레스의 저술 중 가장 생명력 있는 것 중 하나고 아리스토텔레스의 어떤 저술도 이보다 더 해석자의 주목을 끌지 못했다"고 평가합니다. 이 평가를 달리 이해하면, 대략 2500년 전부터 오늘날까지 아리스토텔레스《시학》은 논란거리라는 것입니다. 《시학》에 관한 무수한 논쟁들은 서양의 문학사를 견인해왔고 그 과정에서 문학에 대한 규정들을 낳기도 했습니다. 로스는 계속해서 말합니다. "그런데 이 조그마한 조각글 외에 그의 저술이 우리에게 전혀 남아 있지 않다고 하더라도 우리는 여전히 아리스토텔레스를 가장 위대한 분석적 사상가로 꼽을 것이다." 로스는 '분석적'이라는 표현을 굳이 썼는데, 분석적인 성격은 아리스토텔레스의 전반적인 사상적 특징이기도 합니다. 스승과 제자 사이인데도 플라톤과 아리스토텔레스는 스타일이 참 다릅니다. 둘 다 철학자로서 분석과 종합에 능했지만, 그럼에도 플라톤은 좀 더 종합적이고 아리스토텔레스는 좀 더 분석적입니다. 그런 점에서 아리스토텔레스에게는 도드라지는 면이 있습니다. 고전기 철학자들은 종합적인 사상체계를 세우는 것이 자연스러웠던 사람들이라는 사실을 감안하면 말이죠.

그렇다면 《시학》이 왜 논란거리가 되었을까요? 기본적인 문제들만 간단히 살펴보도록 하겠습니다. 첫째로, 《시학》은 강의 노트일까요, 저술 초고일까요, 혹은 완성된 저술일까요? 사실 대부분의 아리스토텔레스 저술에 해당하는 논란이기도 한데요. 아리스토텔레스의 모든 저작이 강의 노트인지 글을 쓰기 위한 초고였는지 완성된 저술인지 명확하지 않아서 여러 가지 해석상의 문제를 낳고 있습니다. 《시학》도 마찬가지입니다. 이 문제는 아리스토텔레스 사후에 해석자들이 가필한 부분이 있느냐는 또 다른 문제와도 연결되어 있습니다.

둘째로, 저술의 의도 또는 배경과 관련한 논쟁이 있습니다. 대표적으로, 《시학》은 플라톤 《국가》에 대한 응수일까요? 《국가》 2~4권에 예술에 관한 논의가 있어요. 그곳에서 플라톤은 그리스의 서사시와 비극 전통을 비판했고 최초로 예술을 모방이라고 규정했습니다. 물론 당시에는 '예술'이란 말이 없어서 '시가'라고 표현하고 있기는 하지만 말이에요. 플라톤은 예술이 모방이라는 관점에서 비극과 서사시에 대한 비판을 했습니다. 그런 데《시학》은 예술이 모방이라는 관점에서 아리스토텔레스 나름대로 예술을 옹호하는 저술로 볼 수 있습니다. 그래서 이 두 저서를 대비시켜 봐야 하느냐는 문제가《시학》해석의 배경으로 깔려 있습니다.

플라톤과의 관계뿐만 아니라 아리스토텔레스 자신의《시학》주변 저술들, 즉《정치학》,《니코마코스 윤리학》과의 관계도 문젯거리입니다. 이 저술들에《시학》과 관련한 내용들이 흩어져 있거든요.《정치학》의 경우 후반부에 음악에 대한 논의가 있습니다. 또 서두에 말했듯,《니코마코스 윤리학》에서 다루는 행동의 문제도《시학》과 연결되어 있습니다. 그래서 저서들 간의 연속성을 고려해서《시학》의 개념과 용어들을 이해할 것이냐, 아니면《시학》자체의 맥락에서 이해할 것이냐는 논란이 생겼습니다. 그런데 저술들 간의 연계가 그렇게 명확히 시사되어 있지는 않습니다. 아리스토텔레스의 저술들을 읽어보면, 상당수가 분명 강의에서 했던 내용이라는 사실이 많이 드러납니다. 가령, "우리가 지난번 얘기했듯이"라는 구절이 종종 등장합니다. 다른 저술들을 지시하는 것입니다. 그런데《시학》에서는 그런 구절이 별로 없습니다. 딱 하나, 희극은 다음 기회에 다루겠다고 했습니다. 하지만 희극에 관한 저술은 오늘날 남아 있지 않습니다. 이 구절이 움베르토 에코의 유명한 소설《장미의 이름》의 모티브가 되기도 했지요. 이렇게 연관관계에 대한 시

사가 불분명한 상황에서 '카타르시스', 즉 '정화' 개념을 《정치학》
에서 음악과 관련해서 언급하는데, 《정치학》에서의 카타르시
스의 의미와 《시학》에서의 카타르시스의 의미를 연관 지어 이
해할 것이냐 말 것이냐가 중요한 문제가 됩니다. 카타르시스는
《시학》에서 굉장히 중요한 용어인 것 같은데도 별로 언급이 안
되고 고작 한두 번 나오고 말거든요. 그런 사정 탓에 스승인 플
라톤과의 관계, 또는 아리스토텔레스 저술 내부에서의 관계를
어떻게 볼 것인지에 대한 문제가 생겼습니다.

세 번째로, 《시학》의 저술 방식과 성격이 그리스 문학에 대
한 경험적 고찰인지 혹은 일반론에 따른 예증의 성격인지를 물
을 수 있습니다. 논리적인 용어로는 《시학》에서 비극을 고찰하
는 방식이 귀납적인지 연역적인지에 대한 문제입니다. 이 문제
와 관련해서는 전반적으로 흐름이 잡혀 있습니다. 적어도 제가
이해하는 바로는 경험적 고찰이라고 보기에는 너무 많은 작품
들이 누락되어 있습니다. 《시학》의 내용은 비극을 어떻게 제작
할 것인가이지 어떻게 제작되고 있는지는 아닙니다. 당시 현존
하던 비극들이 어떤 특징을 가진다는 식의 설명이 귀납적인 방
식일 텐데, 《시학》의 논의가 거기에 꼭 들어맞지는 않습니다.
그보다는 전형적인 사례를 통해서 비극이란 무엇인가를 규명
하는 방식으로 탐구가 이루어지기에, 연역인지 귀납인지를 똑
떨어지게 말하기 힘듭니다. 다만, 아리스토텔레스 자신이 말하
는 귀납의 방식 중에는 하나의 예를 들어놓고 거기서 전형적인

일반성을 뽑아내는 방식도 있기 때문에, 그런 의미에서라면 귀납으로 부를 수도 있을 것입니다. 하지만《시학》의 탐구를 적어도 우리가 이해하는 귀납, 즉 개별적인 사례들을 충분히 검토해서 예외적인 사례들이 별로 없는 어떤 일반 법칙을 만드는 경우로 보기는 어렵습니다.

마지막으로,《시학》전체가 아리스토텔레스의 온전한 저술이냐, 고대 필경사나 학자의 가필이냐는 문제가 있습니다. 첫번째 문제와도 연결되는 저술의 진위 문제입니다.

이 짧은 장에서 이 네 가지 문제를 모두 다룰 수는 없고,《시학》전체가 아니라 그중 가장 재미있고 논리적인 줄거리가 되는 내용만 짚어보려고 합니다. 사실《시학》자체는 아리스토텔레스의 저술 특성상 상당히 짜임새가 있습니다. 아리스토텔레스는 자신의 범주론에 따라 대상을 정의 내릴 때 유類와 종種의 관계 그리고 같은 종들끼리의 종차種差를 활용합니다.《시학》에서도 상위의 예술 개념을 규정해놓고 하위 개념으로서의 비극은 어디에 위치하고 있는지를 밝혀나가는 방식으로 서술합니다. 상당히 논리적인 순서를 갖추고 있지요. 그런데 그 순서를 밟으면 좀 따분하기도 하고 내용이 너무 많기도 해서 곁가지는 가급적 쳐내고 이야기하려고 합니다.

모방, 세상을 마주하는 근본적인 힘

제목 '시학'은 그리스어로 '포이에티케poiētikē'입니다. 포이에티케를 시학으로 옮겨야 하느냐에 대해서 아직도 논란이 많습니다. 전통적으로 영어로도 poetics라고 번역해왔고 그래서 '시학'으로 번역하고 있기는 한데, '포이에티케' 본래 의미를 고려하면 시학이라는 우리말이 적합한지 의문을 제기할 수 있습니다.

포이에티케는 '포이에인poiein', 즉 '만들다'라는 동사와 연결되어 있는 말입니다. 앞 장에서 설명한 것처럼, 제작술은 아리스토텔레스가 제시한 학문의 세 부류에서 이론학, 실천학과 구별되는 범주인데, 포이에티케의 '만들다'라는 의미는 일차적으로는 제작술과 연결되어 있습니다. 재미있는 것은 '만들다'에서 어떻게 '시'라는 뜻이 나오게 되었는지입니다. 결국 포이에인에서 영어의 poem이나 poet이 나온 것이니 말입니다. 《시학》 1장에는 "서사시와 비극, 희극과 디튀람보스dithyrambos 그리고 대부분의 피리 취주와 키타라 탄주는 전체적으로 모두 모방 양식으로 볼 수 있다"는 구절이 있습니다. 당시 실용적인 물건을 제작하는 일은 노예들이 했고 자유인들의 관심사가 아니었습니다. 자유인들이 만들 수 있는 것은 이 구절에 적혀 있듯 비극이나 연설, 그리고 대부분 오늘날의 예술에 해당하는 것들이었습니다. 그러다 보니 그런 것들의 제작술이 학문의 대표적인 부류가 되었던 것입니다.

플라톤을 이어받아, 아리스토텔레스는 비극, 희극, 디튀람보스, 피리, 키타라 음악, 이 모두가 모방mimēsis의 형식을 취하고 있다고 주장합니다. 그런데 모방은 기술의 일반적인 성격으로도 이해할 수 있습니다. 가령, 선배 철학자 데모크리토스는 거미가 거미줄을 짜는 것을 보고 우리가 직조술을 배웠다고 합니다. 인간이 자연으로부터 기술을 배웠다는 말입니다. 그런데 위 구절에서 아리스토텔레스는 '모방술'이라는 말을 실용 기술과 구별되는 비실용적 기술에 대해 썼습니다. 그래서 오늘날에도 '파인아트fine art'라는 말을 씁니다. 물론 그 말을 우리는 '순수 미술'이라는 뜻으로 씁니다. 하지만 예전에 파인아트는 '순수 기술'을 가리켰습니다. 고대 그리스어 '테크네technē'는 영어 technic이 유래하는 말인데, 테크네가 로마의 라틴어 '아르스ars'로 번역이 되었습니다. 그런데 테크네는 본래 기술이란 뜻이었습니다. ars도 원래 기술입니다. 이 ars가 나중에 영어 art로 번역이 되었는데 이때도 여전히 기술을 뜻했습니다. 파인아트는 이 기술들 중에서 실용적 목적을 갖고 있지 않은 기술들, 즉 예술들을 통칭하면서 fine이란 단어를 넣은 것입니다. 순수 예술이 아니라 순수 기술이었던 셈입니다. 그러다가 나중에 art만 떨어져서 예술이란 말이 되고, 파인아트는 따로 순수 미술이 되었습니다.

이런 맥락에서 《시학》에서의 모방술은 다른 실용적 기술들과 대비되는 '무시케mousikē'로 이해할 수 있습니다. 예술을 관장하는 무사mousa 여신들과 관련된 기술들이라고 부르는 것입니다. 포이에티케를 시학으로 옮기는 이유도 비실용적 제작에 속하는 비극을 짓는 기술에 관한 저술이어서입니다. 그렇지만 말의 뜻만 놓고 보면 그저 제작술입니다. 다만 시를 제작한다는 것입니다. 본래 의미에 충실하자면 작시술作詩術입니다. 우리말로 시학이라는 말은 시에 대한 평론을 연상시킬 수 있으니까요.

이 모방술을 좀 더 들여다보죠. 아리스토텔레스는 《시학》 4장에서 주장합니다.

시는 대체로 인간이 타고난 두 원인에서 생겨난 것 같다. 인간은 어릴 때부터 본능적으로 모방을 하며, 인간이 다른 동물과 다른 점도 인간이 가장 모방을 잘하고 처음에는 모방을 통해서 지식을 습득한다는 점이다. 또한 모든 인간은 날 때부터 모방된 것에서 즐거움을 느낀다. (…) 혐오스러운 동물이나 시신의 형상처럼 불쾌감만 주는 대상도 더없이 정확히 그려냈을 때 우리는 그것을 보고 즐거워한다.

아리스토텔레스가 대단한 철학자인 게 가끔 보면 깜짝 놀랄 만큼 현대적입니다. 어린아이가 모방을 통해 배운다는 생각은 우리에게도 익숙합니다. 소꿉장난을 하면서 엄마, 아빠를 흉내내죠. 말도 문화도 모방을 하면서 배웁니다. 그런데 아리스토텔레스는 배우는 데 그치지 않고 모방에서 즐거움도 느낀다고 합니다. 특히 "혐오스러운 동물이나 시신의 형상처럼 불쾌감만 주는 대상도 더없이 정확히 그려냈을 때 우리는 그것을 보고 즐거워한다"는 통찰은 인간의 중요한 본성을 보여줍니다. 《시학》 전체는 이 모방의 즐거움과 깊이 관련되어 있습니다.

예를 들자면, 영화 〈에일리언〉에 등장하는 괴물은 남성의 성기를 본떠서 만들었다고 합니다. 굉장히 끔찍한 형상을 한 괴물인데, 인간들은 이런 끔찍한 형상도 잘 모방하면 즐거움을 느낍니다. 인간은 모방을 통해서 배우고 모방된 것을 보고 즐거워한다고 했는데, 이 두 가지가 아리스토텔레스에게는 서로 얽혀 있습니다. "우리가 그림을 보면 즐거운 이유는 보면서 배우기 때문이다. 예를 들어, '이건 그 사람을 그린 것이로구나' 하는 식으로 그림 속 각각의 사물이 무엇인지 추론하는 것"이라고 말합니다. 이때 '추론'에 방점을 찍어야 합니다. 그림을 보면서 사고한다는 것, 그로부터 무언가를 발견하고 알게 되고 지각하는 것이 즐거운 것입니다. 아리스토텔레스는 《형이상학》에서 "인간은 누구나 날 때부터 알기를 좋아한다"고도 말합니다. 득이 되는 것도 없는데 인간은 구경하기를 좋아합니다.

꼼꼼히 따져보면, 무언가를 모방한다는 것은 대상의 형상을 드러냄으로써 지성이 추론할 기회를 제공하는 것이기도 합니다. 아이가 그림을 그려놓으면 부모가 "이거 뭘 그린 거야?"라고 묻습니다. 아이는 "꽃이야, 하늘이야, 엄마 마음이야" 하고 다양하게 대답합니다. 그림을 잘 그릴 수도 있고 못 그릴 수도 있지만, 그 그림이 무엇을 그린 것인지에 대한 물음과 답변 속에서 그림과 사물 간의 일치, 인과관계를 찾아내는 즐거움이 생겨납니다. 여기서 '그린다'는 것은 말 그대로 그림으로 그려내는 것일 수도 있지만, 사진을 찍거나 말로 설명하는 것일 수도 있습니다. 그 모두가 이러한 모방의 사례들입니다.

그런데 모방의 수단을 막론하고 무슨 수를 쓰더라도 모방해낸 것이 실물과 같을 수는 없습니다. 실물을 그림이나 어떤 매체로 옮기는 과정에서 변형이 이루어집니다. 그렇다면 모방은 원본을 추적해서 변형하는 과정일까요? 그게 아니라는 것이 아리스토텔레스의 생각입니다. 원본을 추적한다는 발상은 플라톤의 것입니다. 그래서 아리스토텔레스가 보기에, 플라톤이 예술을 모방에 불과하다고 비판하는 이유는 플라톤 자신이 모방된 것을 보면서 원본을 떠올리고 원본과의 관계를 따지는 데 집중했기 때문입니다. 그와 달리, 아리스토텔레스에 따르면, 우리는 모방된 것을 보고 원본을 따지는 것이 아니고 모방된 것 안에 있는 어떤 형태를 봅니다. 모방을 통해서 변형이 이루어지고 변형을 통해서 사물의 일반적 본질을 본다는 생각에 가깝습니다. 복제본이 형상을 드러냄으로써 지성이 추론할 기회를 제공받는다는 말을 이렇게 이해할 수 있습니다. 정리하자면, 발견 행위의 쾌감은 복제본이 원본과 닮아서 생기는 것이 아닙니다. 오히려 복제된 것 안에 있는 어떤 고유한 형태를 발견하는 데서 우리는 쾌감을 느낍니다.

다시 관련 구절을 살펴보겠습니다. 아리스토텔레스의 다른 저술인 《수사학》 1장에 "놀라면서 동시에 배우는 것은 얼마나 유쾌한 일인가, 실제로 쾌감은 원래 대상에서 오는 것이 아니라 '이것이 바로 그것이다'라고 판단하는 추론에서 비롯된 것"이라는 구절이 있습니다. 인간은 이상한 동물입니다. 우리는 흔히 좋은 경치를 바라보면서 '그림 같다'고 합니다. 그저 '아름답다'고 말하는 대신 그림을 떠올립니다. 풍광이 그 자체로 미학적 가치를 갖고 있다면 그냥 그 풍광을 아름답다고 말하고 말았을 것입니다. 아리스토텔레스의 주장은, 사물 자체가 지니는 가치는 미학적 가치가 아니라 사물로부터 유래하지만 사물로부터 성립된 모방물이 미학적 가치를 갖는다는 것입니다.

예를 들어보겠습니다. 렘브란트는 젊은 시절부터 평생 자화상을 그렸습니다. 그런데 실존인물 렘브란트는 아무도 모릅니다. 수백 년 전 인물이라 아무도 본 적이 없으니까요. 램브란트가 그린 다른 사람들의 초상화도 마찬가지입니다. 그 초상화의 모델들은 이미 오래전에 죽어 21세기의 그 누구도 그 사람을 실제로 본 사람이 없습니다. 그런데도 우리는 누군가의 초상화를 감상합니다. 저 초상화는 어떻다, 저 사람은 어떤 사람인 것 같다, 따뜻하다, 야심만만하다 따위의 감정과 형상을 초상화로부터 읽어냅니다. 이런 감상은 실제 대상과 무관합니다. 모방물 안에 자체적으로 성립하는 형태를 감상하는 것입니다. 맨 앞에서 소개한 하이퍼리얼리즘 작품들에서는 이런 점이 더 두드러집니다. 머리카락 한 가닥 한 가닥까지 세세하게 그리거나 만드는데, 문득 이런 작업을 왜 하느냐는 의문이 듭니다. 솜씨를 자랑하기 위해서일까요? 실물을 대신 보여주기 위해서라면 사진을 찍어도 되니 말이죠. 하이퍼리얼리즘은 어떤 역설적인 메시지를 전달합니다. 예술은 대상을 그대로 옮겨놓는다고 성립하지는 않는다는 것입니다.

모방과 관련해서 플라톤은 《국가》 10권에서 침대를 예로 들고 있습니다. 이데아idea의 침대가 있고, 그 이데아의 침대를 생각하면서 기술자가 침대를 만들고, 그 침대를 보고 화가가 그림을 그립니다. 그래서 플라톤은 '화가의 그림은 이데아의 침대로부터 두 등급 아래'이기 때문에 '모방으로서의 예술작품은 하급'이라는 비판을 합니다. 우리가 플라톤의 예술 비판을 한편으론 이해하면서도 다른 한편으론 답답해하는 이유가 이런 점에 있습니다. 실제로는 예술 작품을 그 자체로 감상하기 마련인데, 플라톤은 제대로 설명하지 못하는 것 같습니다. 반면 아리스토텔레스의 모방론에서는 예술의 독자적 가치를 인정할 수 있는 가능성이 생깁니다.

사람 말고 그 행동에 집중하라!

모방에 대한 지금까지의 논의를 바탕으로 이제 모방술의 한 사례인 비극에 대해 살펴보겠습니다. 아리스토텔레스는 "플롯plot은 행동의 모방"이라고 말합니다. 영어 plot은 '뮈토스mythos'의 번역어입니다. 뮈토스는 흔히 '신화'로 통하는 말입니다. 그런데 많이들 알고 있듯, 단순히 신화라고 이해해서는 안 됩니다. 원래는 '이야기'라는 의미이고 말, 스토리story, 플롯이란 뜻까지 가집니다. 다음으로 '행동' 즉 '프락시스praxis'가 등장합니다. 프락시스는 《니코마코스 윤리학》에서도 많이 나왔던 말입니다. 아리스토텔레스가 보기에, 그리스 비극(시)의 특징은 모방하는 대상이 인간의 행동이라는 점입니다. 인물에 집중하지 않고 인물의 행위에 집중했다는 것인데, 아리스토텔레스가 가지고 있던 아주 참신한 시각이었습니다. 한마디로, 시가 모방하는 대상은 '행동에 연루된 인간'입니다. 행동이 일차적이고 행위자는 이차적입니다. 또한 행위자는 필수적이지만 성격은 추가적이고, 성격은 설명되는 것이 아니라 서사 속에서 행위자의 행위에 의해서 드러나야 합니다.

앞서 비극을 다룬 장에서는 비아리스토텔레스적 비극과 아리스토텔레스적 비극을 구별할 수 있다면서 할리우드 영화가 아리스토텔레스적 비극 또는 드라마와 비슷하다고 설명했습니다. 그런데 실제로 할리우드에서는 아리스토텔레스 《시학》의 내용을 시나리오의 모범으로 삼는다고 합니다. 할리우드에서 영화 대본을 심사하던 사람이 있었어요. 그 사람은 아르바이트로 영화 제작사로 보내오는 수천 편의 시나리오를 요약하고 의견을 달아서 스토리 편집자에게 넘겨주는 스토리애널리스트 일을 했습니다. 그런데 시나리오가 아리스토텔레스식으로 쓰여 있지 않으면 심사를 통과하지 못한다는 것입니다. 《시학》이 여전히 유용한 실용서인 셈입니다. 영화 작법에서는 강조합니다. 성격은 행위자의 행위에서 드러나는 것이기 때문에 설명하면 안 된다고요. 행동action으로 보여줘야지 '이 사람은 우울한 사람'이라는 식으로 직접 설명하면 안 됩니다. 드라마는 서사시가 아니기 때문에 설명이 아니라 인물을 보여줘야 하며, 인물을 보여주려면 행위밖에 없겠지요. '행동에 연루된 인간'은 이런 뜻입니다.

그런데 흥미롭게도 비극의 모방 대상은 특히 고귀한 인간의 행동이라고 합니다. '고귀하다'는 말의 원어는 '스푸다이오스spoudaios'입니다. 번역이 좀 궁해서 '고귀하다'고 했지만, 스푸다이오스는 '진지하다serious하다'는, 게다가 '중요하다'는 뜻도 가지고 있습니다. 어떤 때는 '훌륭하다'고도 옮기는데 《시학》에는 잘 맞지 않습니다. 비극의 주인공은 중요한 인물일 수는 있어도 꼭 도덕적으로 훌륭한 사람은 아니기 때문입니다. 대체로 영웅이고 영웅의 기백을 가진 사람들이라서 중요한 인물이고 또 진지하고 심각한 사람들이기는 하지만 그렇다고 해서 꼭 훌륭한 사람은 아닙니다. 비극의 주인공이 꼭 선한 것은 아닌 것이죠. 악녀 메데이아가 대표적인 사례입니다. 아리스토텔레스는 등장인물이 너무 훌륭하면 감정이입을 방해한다고까지 말합니다.

비극에서 나타나는 행동의 진지함 혹은 심각성은 비극이 원시 종교극에 뿌리를 대고 있어서이기도 합니다. 아리스토텔레스는 상당히 합리적인 이성주의자입니다. 물론 인간이 갖고 있는 감성적인 부분, 감각적인 부분에 대한 충분한 이해와 고려를 하고 있지만, 그럼에도 불구하고 《니코마코스 윤리학》에서 알 수 있듯 인간이 이성 중심의 행위를 해야 하는 것을 당연하게 생각하는 사람입니다. 그래서 《시학》에서도 지적인 측면에서 비극을 이해하려는 관점이 드러납니다. 하지만 비극은 기본적으로 종교극에서 출발합니다. 신화를 원재료로 삼아 다듬어가면서 비극이 만들어졌기 때문에, 신화를 비극으로 만들어가는 과정에서 작가들은 신화에 있던 어떤 원시성을 꾸준히 극복해나가야 했습니다. 하지만 그럼에도 그 잔재들이 계속 남아 있을 수밖에 없었습니다. 아리스토텔레스가 분석하고 있는 비극 작품에도 그리고 스푸다이오스라는 말에도 이러한 원시성이 완전히 가시지 않은 채로 남아 있습니다. 그런 까닭에 오늘날 스푸다이오스를 딱 한마디로 규정짓기는 어렵습니다. 아리스토텔레스는 비극의 주인공이 가진 성격을 스푸다이오스라는 표현으로 잡아내려고 했지만, 이 말 자체가 우리말의 의미망 안에 온전히 들어오지 않아서입니다. 아리스토텔레스가 전하려는 느낌을 실감하려면, 거꾸로 비극의 중요한 몇몇 인물들과 그들이 겪었던 상황들을 떠올려야 합니다. 오이디푸스나 메데이아가 겪는 도덕적인 상황이나 감정의 발산에 주목해 그 진폭을 헤아려보는 것이지요. 인물에 따라 다르지만 어떤 부분에서는 겹치는 부분도 있습니다. 먼저 비극의 주인공들을 살펴보고, 그들에게 공통으로 사용되는 스푸다이오스라는 말의 의미를 역으로 떠올려야 원의에 좀 더 가까울 것입니다.

또 하나 강조할 내용은 실제 인간의 행위는 선악의 복합물이지만 비극의 행동은 단 하나여야 한다는 것입니다. 먼저, 인물은 단일 행동을 보여줘야 합니다. 예를 들자면, '외국에 있던 사람이 돌아오자 남자와 여자가 죽는다'는 식입니다. 이렇게 한 줄 시나리오를 만들 수 있어야 단일한 행동입니다. 그래야만 통일된 작품이 됩니다. 물론 다양한 사건들이 있고 무대에서 또는 영화에서 배우가 연기하는 다양한 행동이 있겠지만, 그것들이 모여서 하나의 뮈토스 즉 이야기를 이루어야 합니다. 가령, 독자 여러분 모두 실제 인물들이고 소설책 10권으로도 모자를 만한 인생들을 살고 있지만, 당장 그 인생의 매 순간을 영화로 찍기는 어렵습니다. 각각의 구체적인 행동들이 있고 별별 생각들과 동기들이 있을 텐데, 한 편의 영화로 찍으려면 곁가지들을 치고 정리해서 통일성 있는 하나의 행동으로 만들어야 합니다.

《시학》을 읽을 때 꼭 염두에 두어야 할 게 있습니다. 그리스 비극이 꼭 비극적 결말, 다시 말해 '새드엔딩sad ending'으로 끝나지 않다는 것입니다. 전해지는 총 33편의 작품 중 이런 의미의 비극으로 엄밀하게 구별할 수 있는 작품은 10개 정도입니다. 가령, 이피게네이아와 관련한 작품은 영화 〈인디애나 존스〉와 유사한 시나리오를 갖고 있습니다. 이피게네이아의 동생인 오레스테스가 누나가 사제로 지내고 있는 곳에 우연히 찾아가 누나를 구해 오는 어드벤처게임과 같은 줄거리입니다. 우리가 생각하는 비극적 결말은 아닙니다. 비극, 그리스어로 '트라고디아tragōidia'는 어원적으로 '염소의 노래'란 뜻입니다. 염소를 상으로 걸고 디오뉘소스 축제 때 불렀던 노래들이란 말에서 온 것입니다. 당연히 우리말 '비극'은 번역어에 불과합니다. 쭉 그래 와서 트라고디아를 어쩔 수 없이 비극이라고 옮기지만, 아리스토텔레스가 《시학》에서 다루는 트라고디아는 슬픈 결말을 갖는다는 의미의 비극이 아님을 유념해야 합니다. 굳이 따지자면, 코미디 즉 희극과 비교되는 정극正劇, 진지한 연극 정도로 이해하면 됩니다. 참고로, 흔히 비극적 결말의 대명사로 알려진 《로미오와 줄리엣》도 본래 의미의 비극으로 분류되지 않는다고 합니다. 인물 자신의 선택이 아니라 우연한 외부 상황이 사랑하는 두 남녀의 죽음이라는 비참한 결말을 초래하기 때문이라지요. 아무튼 그러한 의미에서의 비극의 결말에는 '해피엔딩'도 있고 새드엔딩도 있습니다. 또 아리스토텔레스 자신이 비극의 플롯을 두 가지로 나눕니다. 좋은 시나리오는 주인공이 행복했다 불행해지거나, 불행했다 행복해지거나, 둘 중 하나여야 한다는 것입니다. 어쨌든 결말은 행복할 수도 불행할 수도 있습니다.

"성격과 사상은 행동의 원인이요,

성공과 실패, 행복과 불행의 원인이다"

아리스토텔레스는 "성격ēthos과 사상dianoia은 행동의 원인이요, 성공과 실패, 행복과 불행의 원인"이라고 말합니다. 먼저 성격에 대해 살펴보겠습니다. 아리스토텔레스에 따르면, 어떤 상황에서 어떤 선택을 하고 어떤 행동을 하는지가 그 사람의 성격을 보여줍니다. 우리는 누군가의 행동을 보면서 그 사람의 성격을 이해하고, '그 사람, 성격이 좋아서 저런 선택을 하는 거야' 하고 연결 지으면서 그 인물을 이해하게 되잖아요. 이런 식으로 인물의 행동과 성격이 관계됨으로써 줄거리의 개연성과 필연성이 높아집니다. 그게 성격이 갖는 중요성입니다.

또 하나 살펴볼 것은 사상인데, '사상'은 '디아노이아dianoia' 란 말의 우리말입니다. 그런데 '위대한 사상가'라고 할 때의 사상보다는 '지성'이라는 의미에 가깝습니다. 아리스토텔레스 《니코마코스 윤리학》에서 보았듯, 덕에는 두 종류가 있습니다. 성격적 덕과 지성의 덕이 그것입니다. 우선, 행위를 할 때 무엇을 할지를 선택하는 데 있어 큰 방향을 잡는 것이 그 사람의 '성격'입니다. 어떤 위험한 상황이 닥친 순간 용감한 사람이라면 그 위험을 피하지 않을 테고 비겁한 사람이라면 도망가겠지요. 이런 결정적 순간에 성격이 선택을 근원적으로 결정합니다. 그런데 용감한 사람이더라도 구체적으로 어떤 용감한 행위를 할 것이냐란 문제가 또 있습니다. 빌딩에서 뛰어내릴 것이냐? 달리는 자동차에 올라탈 것이냐? 이런 구체적인 수단에 대한 고려가 필요합니다. 수단에 대한 이 고려가 디아노이아, 즉 사상의 몫입니다. 아리스토텔레스는 '실천적 지혜phronēsis'라고도 부릅니다. 어떤 생각을 갖고 있느냐는 주로 드라마 대사에서 드러납니다. 특히 고대 그리스인들은 논쟁을 많이 했습니다. 그래서 논쟁으로 이루어진 대사에서 그 사람의 사상이 대개 드러납니다.

이제 "성격과 사상이 그 사람이 어떤 행동을 하는 원인이 되고 그것이 행복과 불행의 원인", 그리고 "플롯은 행동의 모방"이라는 두 주장을 종합해볼 수 있습니다. 비극이 성격 자체가 아니라 행동을 모방하는 이유는 행동을 통해서 성격이 드러나도록 구성해야 하기 때문입니다. 비극의 등장인물은 허구입니다. 로미오는 존재하지 않습니다. 허구적 존재라서 실제 인물과는 달리 성격을 가질 수 없습니다. 로미오의 성격은 행동을 통해서만 존재합니다. 드라마를 통해서 재현이 이루어짐으로써 가상공간 속에서, 정확히는 감상자들의 마음속에 성격이 생겨납니다. '아, 저런 행동을 하는 것을 보니까 저런 성격이구나', 이렇게 되는 것입니다. 그래서 뛰어난 극작가는 행동과 성격 간의 필연성과 개연성을 통해서 등장인물의 환상을 더욱더 강화합니다. 우리가 '아침드라마'를 욕하는 이유 중 하나도 '쟤가 거기서 왜 나와?' 하는 의문이 들어서입니다. 드라마를 인위적으로 만드는 과정에서 우연성을 강조하다보면 등장인물들이 하나의 인물로 존재한다는 환상이 깨져버립니다. 반대로 아리스토텔레스가 언급하는 뛰어난 작가들은 행동을 통해서 성격을 보여주고, 그런 성격에서는 그런 행동이 생길 수밖에 없다는 개연성을 보여줌으로써 등장인물들의 환상성을 강화시킵니다.

무질서한 인간사, 이야기의 통찰

플롯 즉 뮈토스는 사건들pragmata의 짜임새systasis입니다. 아리스토텔레스는 7장에서 비극을 이렇게 정의합니다. "비극은 완결되고 일정한 크기를 가진 전체적인 행동의 모방이다." '완결되었다'는 말은 처음과 중간과 끝을 갖는다는 뜻입니다. 굉장히 일반적인 철학적 정의인데, 비극에 적용하면 아무 데서나 시작하거나 끝내면 안 된다는 뜻입니다. 필연성과 개연성을 강화해야 하기 때문입니다. 아리스토텔레스는 이야기의 시작보다 앞선 원인이 없어야 하고, 이야기의 끝 이후에는 결과가 없어야 한다고 말합니다. 무슨 소리냐면, 드라마는 어떻게든 시작을 해야 하고 그보다 이전으로 돌아가는 상황을 만들어서는 안 됩니다. 또 결말에서는 행위가 완결되어야 합니다. 요즘 흔한 '열린 결말'은 안 됩니다.

이러한 짜임새를 위해 시인은 본래의 신화를 재단해야 합니다. 예를 들어, 비극《오이디푸스 왕》에서 진행되는 사건과 신화가 오이디푸스에 대해 전하는 이야기는 다릅니다. 기본적으로 비극은 신화로부터 소재를 가져오는 까닭에 당시의 관객들도 오이디푸스 왕의 전설에 대해 잘 알고 있었습니다. 하지만 드라마가 벌어지는 동안에 다루어지는 신화적 소재들은 본래 전설의 일부에 불과합니다. 그 나머지는 배경으로 날립니다. 그 나머지 이야기들은, 가령 스핑크스의 수수께끼를 푸는 장면도 중간에 대사로 처리하고, 아버지를 죽이는 장면도 중간에 대사로 처리합니다. 또 어떤 것들은 합창단이 대신 전해줍니다. 본래의 신화적인 사건이 갖는 인과관계 중 하나의 행동으로 보이지 않는 이야기들은 배경으로 날려버리고 시작과 끝을 설정하는 것입니다. 그래서 드라마의 통일성을 만들어냅니다.

또 다른 예를 들어보겠습니다. 서사시에 대한 앞의 장에 이미 나온 일화입니다만, 트로이아 전쟁에 소환되기 싫어 미치광이 행세를 하던 오뒷세우스가 징병관 팔레메데스에게 들통이 나서 결국 참전하게 되었다는 유명한 이야기가 있습니다. 그런데 이 유명한 전설이 트로이아 전쟁을 다룬《일리아스》에는 나오지 않습니다.《오뒷세이아》에도 없습니다. 시인이 과감히 뺀 것입니다. 하나의 행위를 구성하는 데 적합하지 않다고 봐서입니다. 플라톤도 "비극의 아버지는 호메로스"라고 했지만, 아리스토텔레스도 서사시와 비극이 본질적인 측면에서 같다고 생각하고 있습니다. 그리고 《오뒷세이아》는 다소 문제가 있지만, 특히 《일리아스》는 훌륭하게 단일한 행위를 다루고 있는 작품이라고 평가합니다.

이러한 사례들은 비극이 일정한 크기를 가져야 한다는 아리스토텔레스의 주장에 들어맞습니다. 보다 일반적인 맥락에서, 아리스토텔레스는 어떤 대상을 보고 그 대상으로부터 즐거움과 아름다움을 얻으려면 일정한 크기가 필요하다고 생각했습니다. 너무 작은 것, 이를테면 쥐벼룩을 보면 지각이 일시적으로만 일어납니다. 낱낱이 볼 수가 없습니다. 쥐벼룩의 머리도 보고 몸통도 보고 다리도 보고 전체를 조합해서 봐야 하는데, 모든 것이 한눈에 들어오면 세부사항들은 일시적으로밖에 안들어오게 됩니다. 또 대상이 너무 크면 그 통일성과 전체성이 시야에 들어오지 않습니다. 그래서 드라마는 쉽게 기억할 수있는 길이 안에서 적당한 분량을 가져야 합니다. 그래서 오늘날 영화도 한두 시간 길이로 제작합니다. 당시엔 한 작가가 세 편의 비극과 한 편의 사튀로스극을 하루 종일 공연했습니다. 일출과 일몰을 계산하면 몇 시간일지 대충 나오지요? 그 시간 안에 공연을 마쳐야 했겠지요. 반대로 서사시는 시간과 공간의 제약이 없는 형식이라서 굉장히 자유롭습니다. 정리하자면, 지각의 대상으로 치면 그 전체가 한눈에 들어올 수 있어야 하고, 드라마 같은 관념물인 경우엔 기억의 용량 안에 한꺼번에 들어올 수 있는 정도의 일정한 크기가 필요합니다.

이러한 통일성의 문제를 플롯은 '하나의 전체적인' 행동의 모방이라는 생각에 접목해보겠습니다. 아리스토텔레스는 몇 가지 지침을 제공합니다. 그중 하나는 플롯의 통일은 한 사람을 다룬다고 해서 이루어지지 않는다는 것입니다. 헤라클레스가 되었든 오뒷세우스가 되었든 그 사람 일생을 다룬다고 해서 플롯의 통일이 이루어지지 않습니다. 한 사람이 갖고 있는 무수한 행동들 중에는 서로 연결이 되지 않는 행동들도 있기 마련이라서 그렇습니다. 가령, 오뒷세우스의 일생은 자서전이나 위인전에서는 다룰 수 있지만 드라마에서 다루기엔 재미가 없습니다. 그래서 드라마는 한 사람의 여러 행동들 중에서도 하나의 단일한 통일성을 이룰 수 있는 것들로 만들어져야 합니다.

그런데 통일성을 일부러 깨뜨리는 플롯도 있습니다. 에피소드는 막간에 진행되는 대화를 말하는데(비극을 다룬 장에서 보았듯 사실 그리스어로는 '에페이소디온epeisodion'), 아리스토텔레스 당시에는 이 에피소드를 중심으로 짜인 플롯들이 있었습니다. 아리스토텔레스는 이런 에피소드적인 플롯을 문제시했습니다. 가령, 어떤 영화들은 배우의 이름을 전면에 내세우고 관객은 영화 내용보다는 그 배우를 보려고 영화표를 구매합니다. 마찬가지의 일이 당시의 그리스에도 있었습니다. 배우들이 점점 인기가 많아져서 배우와 그의 '애드립'이 부각되게끔 에피소드를 중심으로 구성한 작품들이 있었죠. 아리스토텔레스가 보기에는 좋은 드라마가 아니었습니다. 정반대로 하나의 통일된 행동을 이루는 것들로 구성이 되어야, 달리 말하자면 필연적이거나 개연적인 인과관계를 보여줌으로써 사건들을 통일해야 좋은 드라마였습니다. 그런 미덕들은 유명한 그리스 비극들에 잘 구현되어 있었습니다. 소포클레스《오이디푸스 왕》이 대표적입니다.

그리고 실제로 일어난 사건들이 아니라 일어날 법한 사건들이 개연성 또는 필연성에 따른 짜임새를 더 드러내기도 합니다. "시는 역사보다 철학적"이라는 아리스토텔레스의 유명한 구절이 있습니다. 아리스토텔레스는 실제 사건들은 무질서하게 발생한다고 생각했습니다. 역사에서 일어난 사건들을 쭉 나열하다 보면 꼭 그래야 할 이유나 그럴 가능성이 떨어지는 것들이 있기 마련입니다. 드라마가 오히려 철학적이라고 말하는 이유는 일어날 법한 사건들로 짜여 있으며, 그래서 보편적인 사실을 더 잘 드러내기 때문입니다. 드라마적 진실이랄까요? 아리스토텔레스는 "모방의 즐거움은 학습에서 오는 즐거움이고 이 학습은 재현된 대상과 그 속에 구체화된 어떤 보편적 요소들 사이의 한 관계를 발견함으로써 이루어진다"고 말합니다. 비극의 시인은 본래적으로 연민과 공포의 대상이 될 수 있는 일련의 사건들을 선택해서 단일한 행동 속에 통합하며, 개연성과 필연성의 원리가 드러나도록 사건들을 제시합니다. 관객은 그러한 비극을 보면서 어떤 일반적인 원리에 의해 사건들 간의 관계가 명확해지는 것을 깨닫고는 재미를 느낍니다. 이런 느낌을 '통찰 체험'이라고 부르기도 합니다.

다시금 오이디푸스를 예로 들어보겠습니다. 오이디푸스라는 개인이 저주스러운 신탁으로부터 벗어나기 위해서 행위를 했는데, 결국 그 행위가 오히려 신탁을 실현시키는 결과를 낳습니다. 여러 사건들이 그 이야기를 위해서 연결됩니다. 오이디푸스가 삼거리로 갔고, 사람들과 마주쳐서 싸웠고, 그 결과 죽은 사람이 아버지였다는 식입니다. 관객들은 이런 식으로 사건들이 연결되는 것을 보면서 한 개인의 이야기를 통해 막연하고 어렴풋했던 운명의 작동 방식, 혹은 인간의 의지와 그 운명이 어떻게 얽히는지에 대한 명료한 그림을 얻습니다. '아, 그런 거구나!' 하는 통찰! '사랑은 저런 거야, 운명은 저런 거야, 전쟁은 저렇게 나쁜 거야'라는 통찰을 얻습니다. 우리는 드라마가 보여주는 개별적인 사건들로부터 보편성을 간파하고 그 과정에서 즐거움을 느낍니다. 사람들이 비극을 좋아하는 이유가 그것입니다.

성숙과 도약으로 빛나는 순간, 카타르시스

이제 다시금 비극, 즉 트라고디아의 본질을 되짚어보겠습니다. "진지하고 일정한 크기를 갖춘 완결된 행동을 모방하고 들기 좋게 맛을 낸 언어를 사용하되, 이들 작품의 각 부분에 종류별로 따로 삽입한다. 드라마 형식을 취하고 서술 형식은 취하지 않으며 연민과 공포를 불러일으키는 사건으로 감정의 정화를 실현한다." 아리스토텔레스가 내리는 비극에 관한 정의입니다.

세부적으로 몇 가지 부연하자면, "듣기 좋게 맛을 낸 언어"는 리듬과 선율을 가진 언어 또는 노래라는 뜻입니다. 서사시와 비극의 차이 중 하나가 서사시에는 노래 즉 멜로디가 없다는 것입니다. 반면 드라마는 오늘날의 뮤지컬과 비슷합니다. 대사가 오가다가 노래와 춤이 불쑥 등장합니다. 이 리듬과 선율을 가진 언어는 작품의 각 부분에 종류에 따라 삽입됩니다. 예를 들어, 운문은 대사로 삽입되고 노래는 코러스가 부릅니다.

'연민'과 '공포'라는 아주 중요한 단어가 등장합니다. 중요한 만큼《시학》해석을 어렵게 만드는 논란거리이기도 합니다. 플라톤《파이드로스》에 이런 구절이 있습니다. "어떤 이가 소포클레스와 에우리피데스에게 다가와서, 자신이 원한다면 동정심을 살 만한 연설들을 만들 줄 아는가 하면, 그 반대로 두려움을 주거나 위협을 하거나 또는 그런 종류의 다른 연설을 만들 줄 안다며 (…) 자신이 비극의 작법을 전수하는 것으로 생각한다면" 너는 어떻게 생각하느냐는 질문입니다. 뒤로는 그건 비극의 기초이지 비극의 본질은 아니라는 내용이 이어집니다. 이 인용문에도 동정심과 두려움이란 말이 나옵니다. 플라톤을 다룬 장에서 만났던, 소피스트이자 수사학자 고르기아스의 언급도 있습니다. "두려움의 전율이라는 격동, 눈물을 자아내는 연민, 그리고 애도의 고통을 청중에게." 《헬레네 예찬》이라는 글에 나오는 구절입니다. 이러한 용례를 보면, 비극의 수단이 연민과 공포라는 사실이 아리스토텔레스 이전에도 이미 다 알려져 있었던 것으로 보입니다.

그러나 플라톤이나 고르기아스와 달리, 아리스토텔레스에게 연민과 공포는 '카타르시스katharsis' 즉 '정화'와 관련이 있기 때문에 중요합니다. 사실 이 카타르시스야말로 논쟁적인 주제지요. 우선 카타르시스에 대해서 제가 받아들인 해석을 소개하겠습니다. 정화라는 말은 《시학》에서는 6장에서 쓰인 이후 더 이상 등장하지 않습니다. 그래서 저는 그 의미를 이해하려고 "비극에서 기대해야 될 즐거움은 비극 고유의 즐거움이어야 한다"는 13장의 구절에 주목했습니다. 그런데 앞에서는 일상적으로 혐오감을 주던 것들도 모방을 통해 우리에게 즐거움을 준다고 했었지요? 이 모방의 즐거움을 연민과 공포 그리고 정화 간의 관계에 적용해볼 수 있습니다. 그러니까 연민과 공포를 일으키는 비극적 사건도 연극을 통해 제시되면 우리에게 즐거움을 준다는 것입니다. 여기서 사건 자체가 연민과 공포를 주는 게 아니라 사건이 연극으로 나타났을 때 연민과 공포가 발생한다는 점이 중요합니다. 누구나 실연을 당하고 슬픈 노래를 부르면서 따라 울던 기억이 있겠지요? 그런데 잘 생각해보면,

슬픈 노래를 부르면서 느끼는 슬픈 감정은 실연당한 바로 그 순간의 감정과는 다릅니다. 살짝 달콤하기조차 합니다. 실연 직후에 부르는 슬픈 노래도 실연당한 바로 그 순간과는 다른 감정을 일으키는데, 실연당한 것도 아니면서 슬픈 노래를 따라 부르는 그때의 슬픔은 실연당한 순간에 느끼는 날것의, 시린 고통과는 더더욱 거리가 멀겠지요. 이렇듯 예술화된 작품에서 느끼는 감정은 일차적으로 정화가 된 것입니다. 이런 방식의 정화 작용은 표현주의 예술론이 꼽는 예술의 기능이기도 합니다. 예술이 우리의 감정을 정화시킨다는 것입니다.

그런데 비극 고유의 방식으로 연민과 공포를 일으키기 위해서는, 이러한 감정들이 실재 사물과의 유사성에 기대어 발생해서는 안 됩니다. 그보다는 이야기 구조와 짜임새가 관객들에게 연민과 공포를 불러일으켜야 합니다. 오이디푸스의 운명을 생각해볼까요. 어떤 사람이 자기 아버지를 죽이고 자기 어머니를 부인으로 취하리라는 예언 탓에 버림받고 그 운명에서 벗어나려고 무언가 행동을 취했는데, 그 행동이 오히려 정해진 운명을 부추기는 결과가 되었다는 이야기. 듣고만 있어도 끔찍하고 딱합니다. 비극은 그런 감정을 일으키기 위해 굳이 관객들 앞에서 실제로 그 장면들을 정확히 보여줄 이유가 없습니다. 그래서 '미메시스mimēsis' 즉 모방은 '재연再演' 아닌 '재현再現'입니다. 실재 사물을 화폭이나 이야기나 노래로 옮길 경우, 복제본이 원본 사물과 얼마나 닮았느냐가 아니라 복제본 안에 담긴 변형된 형태 자체를 따져야 합니다.

비극이 즐거운 이유는 이 재현 과정을 통해서 대상이 정화되었기 때문입니다. 비극은 신화를 모티브로 사용합니다. 그런데 시인은 어떤 하나의 단일한 행위를 구성하기 위해서 본래의 신화를 가감합니다. 어떤 경우엔 신화에 없던 인물들을 따로 만들어 넣기도 합니다. 너무 끔찍한 장면은 빼는 경향도 있습니다. 신화에는 사람을 죽여서 수프로 끓여 대접하는 장면 따위가 왕왕 등장하거든요. 당시의 관객들은 그런 신화의 곁가지들을 알고 있었습니다. 그래서 무대로 옮기는 과정에서 신화가 달라졌다는 사실을 눈치 채고 있었습니다. '저게 저렇게 되는 게 아닌데 저렇게 하고 있구나' 하는 식으로 말이죠. 그러면서 신화가 갖고 있던 어떤 끈적함이 제거됩니다. 제 생각에는 재현의 과정으로 대상이 정화된다는 말을 이런 방식으로도 이해할 수 있지 않을까 싶습니다. 끈적함, 또는 잔인함이나 야만성의 제거로요.

카타르시스라는 말은 본래 여러 뜻으로 쓰입니다. 먼저 제사를 지낼 때 제물을 깨끗이 하고 죄를 씻는다는 의미가 있죠. 또 의학용어로 속이 불편할 때 올리브기름을 마시고 설사를 유도해 뱃속을 깨끗이 한다는 뜻도 있습니다. 이런 용례에서는 '정화'로 이해할 수 있고, 그 외에 '순화'라는 의미도 있습니다. 그런데 제가 방금 소개한 맥락에서는 카타르시스를 '명료화'의 의미로 이해합니다.

카타르시스와 관련한 또 다른 문제는 비극을 보고 생겨난 연민과 공포가 어떻게 제거되는지입니다. 비극의 사건은 억울한 것이기에 연민을 일으키고, 실제로 우리에게 닥칠지도 모르기에 공포를 일으킵니다. 이러한 감정들의 제거도 카타르시스와 관련해 많이 논의하는 내용입니다. 시인이 인위적으로 구성된 사건들을 통해서 관객들에게 연민과 공포의 감정을 불러일으킨 다음, 대단원의 결말을 보여줌으로써 그 감정들을 씻어내준다는 설명이 대표적입니다. 연민과 공포의 감정이 막 고양되었다가 싹 빠져나가면서, 속된 말로 스트레스가 풀립니다. 아리스토텔레스의 드라마 이론을 일종의 레크리에이션으로 보는 관점입니다. 예술을 오락으로 보는 것입니다. 표현주의 미학자 콜링우드가 이런 관점에 서 있습니다.

또 이 문제와 관련해서 등장인물의 비극적 실수hamartia가 갖는 기능을 생각해볼 수 있습니다. 관객들은 등장인물의 어떤 결정적인 실수와 그가 맞이하는 종말 사이의 일관성 있는 관계에 대해 생각하게 됩니다. 대표적으로 등장인물의 문제적인 성격이 화禍를 불러오는 경우가 있습니다. 그러한 성격을 가졌기 때문에 슬픈 결말을 맞이한다는 것입니다. 이런 깨달음을 얻으면 비극적인 사건에서 생겨난 연민과 공포가 누그러들 수 있습니다. 그러나 앞서 말했듯, 그리스 비극은 등장인물의 성격이 아니라 행위를 중심으로 구성됩니다. 그렇기 때문에 비극적 실수를 단순히 성격상의 결함으로만 이해해야 할지 혹은 달리 이해해야 할지는 생각해볼 문제입니다. 오이디푸스의 실수는 어떻게 이해해야 할까요? 오이디푸스의 실수는 크게 두 가지가 있습니다. 하나는 자신의 출생을 모른다는 것이고, 다른 하나는 성격상의 결함입니다. 시비가 붙었다고 사람을 때려죽이는 오이디푸스의 행동을 보고, 이 성격이 비극적인 결말에 이바지하는 부분이 있다고 생각하는 관객은, '아, 저 사람은 저런 성격 때문에 저런 일을 겪는구나'라고 판단할 것입니다. 이 경우 관객들은 비극적 사건이 어떤 연유에서 일어나는지에 대한 모종의 이해에 이르고, 그 결과 연민과 공포도 어느새 사라져버립니다. 만약 사건들이 발생하는 이유를 명쾌하게 납득하지 못한다면, 관객 자신에게도 화가 무차별적으로 닥칠 수 있다는 두려움은 해소되지 않고 여전히 마음속 한구석에 남게 될 것입니다.

아리스토텔레스가 비극이 갖는 교훈적인 성격을 강조하지는 않습니다. 비극의 목적이 사람들에게 교훈을 주는 데 있다는 주장은 없습니다. 배움이 있고 배움의 즐거움이 있다는 정도만 있을 뿐입니다. 마찬가지로 비극에 어떤 종교적, 신학적인 요소가 있더라도 잉여적인 것으로 보아야 합니다. 원시 비극이 본래 제의적인 성격을 가졌기 때문에 어쩔 수 없이 남아 있는 특징입니다. 물론 종교의식에서 유래했기에, 비극이 영적 체험과 사물의 일관성에 대한 초월적 감각경험, 예컨대 '세상이 이런 것이구나, 세상의 이치가 이런 것이구나' 하는 경험을 포함하지 않을 수는 없겠지요. 하지만 아리스토텔레스는 비극을 철학적으로 다루고 그 비극적 체험 속에 있는 본질을 파악하고자 했습니다. 그러나 비극의 태생적인 성격이 아리스토텔레스의 설명만으로 말끔하게 제거되지는 않았을 것입니다.

비극적 실수의 성격은 비극의 플롯과도 밀접한 관계가 있습니다. 아리스토텔레스는 훌륭한 비극은 단순하지 않은 복합플롯을 가지고 있다고도 말합니다. 우리가 드라마로부터 연민과 공포를 느낄 수 있는 가장 좋은 구조가 복합플롯인 것입니다. 어떤 사람이 태어났고 좋은 사람이었는데 행복하게 살다 죽었다는 이야기는 재미가 없죠. 드라마의 주인공은 행복했다가 불행해지고, 불행했는데 다시 행복해집니다. 중요한 것은 그러한 행복과 불행에 대한 설명입니다. 개연성이나 필연성이 들어가야 하는 것이죠. 운이나 외적인 상황에 대한 내용은 빠지게 됩니다. 오이디푸스가 받은 불길한 신탁이나 그를 죽이지 않고 다른 나라로 넘기게 되는 정황은 외적인 것으로서 배제되고, 대신에 연민과 공포를 일으키기 위한 장치로서 등장인물의 비극적인 실수가 부각됩니다.

등장인물이 너무 훌륭하면 감정이입을 방해하니 너무 훌륭해서는 안 된다는 아리스토텔레스의 말에 대해서 앞에서 이야기했습니다. 이렇듯 비극의 주인공이 너무 완벽해서도 안 되지만, 너무 악해서도 안 되는 이유 역시 '비극적 실수'와 연관해서 해석이 됩니다. 너무 완벽한 사람의 경우엔 해피엔딩과 새드엔딩 둘 다 문제가 됩니다. 완벽한 사람이 잘사는 것은 너무 당연한 일이라 재미가 없지만, 반대로 훌륭한 사람이 나쁜 최후를 맞이하게 되면 관객들에게 상실감과 반감을 안겨줍니다. 반대의 경우도 마찬가지입니다. 주인공이 악한일 경우 그가 끔찍한 최후를 맞이하는 건 너무 진부한 줄거리이고, 그렇다고 해서 천하의 악당이 행복한 결말을 맞이하는 것도 관객들에겐 유쾌한 일이 아닐 것입니다. 그래서 주인공은 극단적이어선 안 됩니다. 상당히 좋은 사람이지만 완벽하지는 않고 우리가 감성적으로 동조가 되는 정도의 인물이어야 하고, 다른 한편으론 사건의 전개가 모두 주인공의 탓이 될 정도로 심각한 결함을 갖고 있어도 안 됩니다. 비극적인 실수는 도덕성이나 성격에서의 과오, 혹은 무지에서 기인하는 지적 과오의 중간 정도에 그쳐야 하며, 그럼에도 이야기의 개연성에 기여를 해야 합니다.

주인공의 지적인 과오는 복합플롯에서 중요한 역할을 합니다. 주인공이 무지한 상태로 있다가 어떤 행위를 하고, 그 행위를 통해 무언가를 발견하게 됩니다. 오이디푸스가 자신의 출생을 알게 된다거나 아니면 엘렉트라가 자기 동생 오레스테스를 알아본다거나 하는 것처럼 말입니다. 이런 발견의 과정이 플롯상의 반전에 기여합니다. 정리하자면, 주인공의 지적 과오 혹은 그의 무지는 자신에 대한 무지이고 이 무지는 '무지-행동-발견'의 패턴으로 극적 반전을 이루어냅니다.

이제 이야기를 마무리해야겠습니다. 비극의 작법은 연민과 공포를 불러일으키는 것이라는 이야기를 앞에서 했습니다. 그런데 어떤 사건에 대해서 연민과 공포를 느끼는가 하는 문제는 어떤 문화의 성격을 잘 보여준다고 생각합니다. 그리스인들이 연민과 공포를 느끼는 사건들과 현대 한국인들이 연민과 공포를 느끼는 사건들이 다르기 때문에 서로 다른 드라마와 영화가 만들어지는 것입니다. 그 이유는 서로 다른 역사적 배경과 문화를 갖기 때문이라고 생각합니다. 우리가 '막장드라마'를 비판하면서도 소비하듯이, 그리스인들은 그들의 신화에 배경을 둔 비극 작품들에 열광했습니다. 그들이 특이한 점은 비록 원형신화가 갖는 야만성과 원시성이 드라마적 장치를 통해 가려졌을지라도 여전히 남아 있는 삶의 끔찍한 비극성을 감내했다는 것입니다. 위대한 기독교 교부이자 철학자 아우구스티누스의 라틴어 저술 연구와 번역에 매진하고 계신 성염 선생님께서 하셨던 이야기가 이 대목에서 기억이 납니다. 이탈리아 사람들은 그리스 비극과 같은 작품들을 참아내지 못한다는 것입니다. 그들은 그런 장면이 무대에서 펼쳐지면 당장 칼을 빼 들고 무대로 뛰처 올라갈 사람들이라서 비극을 즐길 수가 없다는 것이죠. 생각해보면 특이한 일입니다. 왜 이런 끔찍한 이야기들을 일부러 공을 들여 만들어서 공연을 하고, 또 그걸 사람들은 기꺼이 공연장에 가서 볼까? 하지만 우리가 공포영화를 즐기고 가슴이 찢어지는 슬픈 드라마를 '정주행'하는 것을 보면 또 이해가 되기도 합니다. 그렇게 생각하면 비극을 즐기는 것은 시대와 문화의 문제만이 아니라 그리스 문명이 만든 하나의 전통이라는 생각이 듭니다. 드라마가 된 비극적 사건을 보면서 감정을 정화하고 인생에 대한 통찰을 얻는다는 전통입니다. 여기서 그리스인들이 기여한 점은 끔찍한 사건을 드라마로 보는 것은 엽기적인 취향이 아니라 삶의 진실을 통찰하는 예술적 행위라는 체험의 전통을 세운 것이라고 생각합니다.

❊ 《시학》에서의 인용문들은, 국내에 출간된 《시학》의 그리스어 원전 번역본인 《수사학/시학》(천병희 옮김, 도서출판 숲, 2017)을 지은이 김주일이 다소 수정해서 사용했습니다.

강대진

서울대학교 철학과를 졸업하고 같은 학교 대학원에서 플라톤의 《향연》 연구로 석사 학위를, 호메로스의 《일리아스》 연구로 박사 학위를 받았다. 국민대학교 및 홍익대학교 겸임교수를 지냈으며, 현재 정암학당 연구원으로 활동 중이다. 지은 책으로 《그랜드투어 그리스》, 《옛사람들의 세상 읽기, 그리스 신화》, 《세계와 인간을 탐구한 서사시 오뒷세이아》, 《호메로스의 『일리아스』 읽기》, 《호메로스의 『오뒷세이아』 읽기》, 《그리스 로마 서사시》, 《비극의 비밀》, 《잔혹한 책 읽기》, 《신화와 영화》, 《신화의 세계》, 《플라톤의 그리스 문화 읽기》(공저) 등이 있으며, 옮긴 책으로 《아르고호 이야기》, 《아폴로도로스 신화집》, 《오이디푸스 왕》, 《사물의 본성에 관하여》, 《신들의 본성에 관하여》, 《루키아노스의 진실한 이야기》 등이 있다.

김주일

성균관대학교 철학과 대학원에서 〈파르메니데스 철학에 대한 플라톤의 수용과 비판〉으로 박사 학위를 받았다. 성균관대학교와 군산대학교에서 글쓰기와 고전 읽기 관련 강의를 하는 한편으로 정암학당 연구원이자 학당장으로 재직하면서 서양고대철학의 연구와 번역에 힘쓰며 고전강좌에 공을 들이고 있다. 지은 책으로 《소크라테스는 악법도 법이라고 말하지 않았다. 그럼 누가?》, 《플라톤의 그리스 문화 읽기》(공저), 《서양고대철학 I》(공저), 《문명이 낳은 철학, 철학이 바꾼 역사 I》(공저) 등이 있고, 옮긴 책으로는 《아빠와 함께 떠나는 철학여행》(공역), 《소크라테스 이전 철학자들 단편 선집》(공역), 플라톤의 《알키비아데스 I, II》(공역), 《에우튀데모스》, 《파이드로스》, 《편지들》(공역), 《법률 1, 2》(공역) 등이 있다.

이기백

성균관대학교 철학과를 졸업하고 같은 대학교에서 《필레보스》를 중심으로 플라톤의 윤리학과 우주론 및 방법론을 연구하여 박사 학위를 받았다. 현재 정암학당 이사이며 성균관대학교 초빙교수로 재직 중이다. 최근에는 플라톤의 윤리학과 정치철학에 관심을 기울이고 있다. 지은 책으로 《플라톤의 그리스 문화 읽기》(공저), 《철학의 전환점》(공저), 《서양고대철학 1》(공저), 《아주 오래된 질문들: 고전철학의 새로운 발견》(공저) 등이 있고, 옮긴 책으로 《소크라테스 이전 철학자들의 단편 선집》(공역), 《히포크라테스 선집》(공역), 플라톤의 《크라튈로스》(공역), 《크리톤》, 《필레보스》, 《법률 1, 2》(공역) 등이 있다.

이준석

서울대학교 미학과를 졸업하고 같은 학교 서양고전학 협동과정에서 소포클레스의 비극 연구로 석사 학위를, 스위스 바젤대학교에서 호메로스의 서사시 연구로 박사 학위를 받았으며, 한국방송통신대학교 문화교양학과 교수로 재직 중이다. 지은 책으로 《행복에 이르는 지혜》(공저), 《동서양 고전의 이해》(공저) 등이, 주요 논문으로는 〈오이디푸스 튀란노스: 두 목자에 대한 해석〉, 〈아레스를 닮은 메넬라오스: 일리아스의 내적 포물라 연구〉, 〈호메로스의 휴머니티〉 등이 있으며, 옮긴 책으로는 호메로스의 《일리아스》가 있다.

장시은

이화여자대학교 사학과를 졸업하고 서울대학교 서양고전학 협동과정에서 아이스퀼로스의 《에우메니데스》 연구로 석사학위를, 투퀴디데스의 《역사》 연구로 박사학위를 받았다. 현재 안양대학교 HK+ 동서교류문헌연구 사업단에서 연구교수로 재직하면서 서울대학교에 출강하고 있으며, 정암학당 연구원으로 있다. 주로 기원전 5세기 그리스의 비극과 희극, 역사 문헌을 연구하고 번역하고 있다. 주요 논문으로는 〈아테네의 위기와 페리클레스 연설〉, 〈뮈틸레네 논전에 나타난 아테네 민주정과 제국주의〉, 〈테스모포리아 축제와 아리스토파네스의 『테스모포리아주사이』〉, 《『탄원하는 여인들』과 아테네 민주정〉 등이 있고, 옮긴 책으로는 《그리스의 위대한 연설》(공역)이 있다.

고전의 고전

서양 고전학자들이 들려주는 문사철 탄생의 순간 10

1판 1쇄 펴냄 2021년 4월 12일
1판 6쇄 펴냄 2023년 9월 8일

지은이   강대진 김주일 이기백 이준석 장시은
펴낸이   김정호

펴낸곳   아카넷
출판등록   2000년 1월 24일(제406-2000-000012호)
주소   10881 경기도 파주시 회동길 445-3 2층
전화   031-955-9512(편집) · 031-955-9514(주문)
팩스   031-955-9519
www.acanet.co.kr

© 강대진 김주일 이기백 이준석 장시은, 2021

Printed in Paju, Korea.

ISBN 978-89-5733-726-4 03000